修訂三版

經濟地理

Economic Geography

Economic Geography

姜善鑫
陳明健
鄭欽龍　編著
范錦明

三民書局

國家圖書館出版品預行編目資料

經濟地理 / 姜善鑫,陳明健,鄭欽龍,范錦明編著.――
修訂三版六刷.――臺北市:三民,2017
面; 公分
參考書目:面
ISBN 978-957-14-4102-3 (平裝)

1.經濟地理

552   93014151

© 經 濟 地 理

編 著 者	姜善鑫等
發 行 人	劉振強
著作財產權人	三民書局股份有限公司
發 行 所	三民書局股份有限公司
	地址　臺北市復興北路386號
	電話　(02)25006600
	郵撥帳號　0009998-5
門 市 部	(復北店)臺北市復興北路386號
	(重南店)臺北市重慶南路一段61號
出版日期	初版一刷　1996年2月
	修訂三版一刷　2004年9月
	修訂三版六刷　2017年6月
編　　號	S 551820

行政院新聞局登記證局版臺業字第○二○○號

有著作權‧不准侵害

ISBN　978-957-14-4102-3　（平裝）

http://www.sanmin.com.tw 三民網路書店

修訂三版序

　　本書自民國八十五年出版以來，承蒙各校紛紛採用為教科書。但最近十年中，經濟地理這門學科發展快速，而且新增加的內容更多。雖然教育部目前頒布的課程標準尚未修訂，三民書局劉董事長振強先生及各位編輯同仁，均認為此教科書中的資料應有適當的更新與修訂，於是本書各位作者乃在三民書局的鼓勵之下，以維持原有課程章節架構為原則，僅更新部分內容與資料。本修訂版能夠在短短一個暑假完成，實應歸功於三民編輯部同仁的努力。

　　本修訂版內容雖已有部分更新，但因修定時間相當倉促，相信有待改進之處不少，懇請各方專家、教師及讀者，仍能繼續賜教，以便未來作為再版或重新改寫時之參考。

姜善鑫

序於國立臺灣大學地理環境資源學系（研究所）

民國九十三年八月

序

　　經濟地理是發展非常快速的一門學科。在最近二十多年間，幾乎沒有用中文寫的新版經濟地理書籍。民國八十三年暑假，三民書局邀我撰寫此書，以嘉惠莘莘學子。在其竭誠邀約下乃應允此工作。答應編寫工作後，再看到教育部頒發的課程標準，曾猶豫是否該接下此工作？因為教育部這次頒訂的經濟地理課程標準與傳統的經濟地理內容差異頗大，且與歐美的一般經濟地理內容也有相當距離。然因編輯先生們一再鼓勵，才開始了編撰工作。

　　本人所編撰之部分為本書第一、二、三、四、八、十四章，為使內容更加詳實，特邀國立臺灣大學農業經濟系陳明健教授參與本書第五、六、九、十、十一、十二、十三章之編撰工作，此外，中華經濟研究院鄭欽龍和范錦明二位教授則分別完成本書的第七與十五章。若無三位的共同參與，本書不可能如此順利完成。國立臺灣大學地理系張長義教授與黃麗珠教授均提供參考書籍，亦使本書增色不少。出版方面，編輯先生們的不斷鼓勵，也是促使本書如期完成的主因，對上述學者及好友均致上衷心感謝。

　　由於編寫本書時間相當倉促，內容有待加強改進處一定不少，懇請所有專家讀者不吝賜教，以便再版時作為修訂參考。

姜善鑫

序於國立臺灣大學地理系（所）

經　濟　地　理

目　次

第 4 章　經濟活動的區位問題㈡　61

第 5 章　經濟發展的區域差異　81

第 6 章　世界經濟體系的形成　97

第7章　專題研究㈠：產業活動污染的調查與報告　109

第8章　專題研究㈡：超級市場國際商品的調查與報告　129

第12章　當前臺灣地區在國際經濟體系中的地位　197

第13章　臺灣經濟發展的問題與方向　211

附圖目次

附 表 目 次

第 1 章

經濟地理的意義與發展

第一節　經濟地理的意義

經濟地理 (Economic Geography) 是一門研究人類的經濟活動 (economic activity)、經濟系統 (economic systems) 的空間組織 (spatial organization) 和發展、及人類利用地球資源等之區位 (location) 問題的科學。

人類的經濟活動種類繁多，不勝枚舉，但在傳統上大致可分為三大類：即第一級產業、第二級產業和第三級產業。

第一級產業 (Primary production) 是人類一系列生產活動過程中的第一階段，其活動包括一切直接取諸於自然 (nature) 及利用自然繁殖的生產，因此狩獵、農、林、漁、牧、礦等生產部門活動均屬之。

第二級產業 (Secondary production) 是將已有的物質加以改造，以增加其價值 (value) 或效用 (utility)，這種活動又稱為製造 (manufactoring)，所以第二級產業又稱為製造業或工業。第二級產業內容非常複雜，包括紡織、鋼鐵、機械、電氣、化學、食品、藥品等工業製造部門活動。

第三級產業 (Tertiary production) 包括一切勞務的生產，因此又有服務業之稱。但近年來，因為需要專門學問的高級服務業種類愈來愈多，如政府主管、教師、醫師、律師、會計師、建築師、和資訊專家等，為區別這種高級服務業者，因此又稱其為第四級產業 (Quarternary production)。而傳統不需高深學問的服務業者，如店員和打字員等生產活動才

是第三級產業。例如在石油礦區開採原油是屬第一級產業活動；將石油運送到工廠提煉製成各項化學產品，如汽油、柴油、乙烯、苯等，這是屬第二級產業活動；將各項石油產品拿到市場販售給消費者，這是第三級產業活動；而研究鑽探、開採和提煉石油的新科技則屬第四級產業活動。

第二節　經濟地理的發展

經濟地理是一門具有高度實用且有悠久歷史的科學。最早期，經濟地理又名商業地理 (Commercial Geography)。隨著地理學的發展，經濟地理的內容與研究方法也日趨多元。就經濟地理的發展史而言，大致可分為四個不同時期，各時期的特徵如下：

一、商業地理時期

在 17 世紀時期，西歐各國都在拓展其帝國勢力及全球的貿易，當時對未知地區的商業資訊需求非常迫切，因此各國地理學者都積極從事商業地理的研究。1693 年高登 (Patrick Gordon) 出版了《地理解析》(*Geography Anatomized*) 一書，頓時洛陽紙貴，到 1728 年已發行了 20 版。1770 年顧瑟瑞 (William Guthrie) 出版《現代地理新體系》(*New System of Modern Geography*)，這些書對商業地理的推廣和普及影響甚大。

1889 年蘇格蘭地理學者戚受慕 (George G. Chisholm) 出版《商業地理全書》(*Handbook of Commercial Geography*)，然後到 1908 年他又在愛丁堡大學成立地理學研究所，這時使商業地理的發展達到顛峰。戚受慕之《商業地理全書》也再版十次之多，他的書精確的解釋了全球的物產及貿易，他首先用氣候及地質等因子來解釋各種物產的全球地理分布，

其次再敘述各種物產在各國的生產地域。戚受慕認為商業地理的貢獻不僅要正確和詳實的記錄生產事實，而且還應對未來的商業發展提供線索。

戚受慕並闡明生產和貿易之間的依存關係。他認為透過貿易，生產的貨品才能分配到各地，因而使各地區的貨品供應才更具有多樣性，而運輸科技的進步會減低區域間的貨物差價，並擴大商品貿易的商圈範圍。也正因為交通工具的改善，因而會導致商品的集中 (concentration)，並產生區域的專業化 (regional specialization)。

二、環境決定論時期

戚受慕在發展商業地理之時，經濟地理已在美國漸漸發展，經濟地理一詞正式在 1888 年出現在文章中。第一次世界大戰時，由於戰爭的需要，因而對經濟地理產生極大衝擊，當時的經濟地理學者紛紛被要求提供有關全球糧食及原料資源的相關知識，並且還要對不同國家或地區的經濟問題提出看法。因此當時經濟地理的發展非常快速，《經濟地理》(*Economic Geography*) 期刊正式在 1925 年出版，該雜誌為季刊，是地理學界中評價極高的一份期刊。

這個時期的經濟地理深受「環境決定論」(environmentalism) 的影響，它和經濟學之間的關係並不密切。在 20 世紀初期，整個地理學界中都瀰漫著環境決定的思潮。當時「美國地理學者協會」(Association of American Geographers) 的第一任主席戴維斯 (William Morris Davis)，就認為人類社會是調適自然環境 (physical environment) 而存在的有機體，因此人類社會成長的本質是由環境規範的。此外，當時的社會學者索羅京 (Pitirim A. Sorokin) 也在其著作《二十世紀前四分之一世紀之當代社會理論》(*Contemporary Sociological Theories Through the First Quarter of the Twentieth Century*) 中說：「幾乎從人類有歷史開始，一個社會的特性、行為、社會

組織、社會發展過程、及其歷史命運，都是依賴其地理環境。」因此當時的環境決定論者都用地理環境原因來解釋一個社會中的人口分布和密度、建築房屋的型式、道路的區位、衣著、及財富。

　　當時美國經濟地理學者史密斯 (J. Russel Smith)（1919 年為美國哥倫比亞大學經濟地理教授）對戚受慕的書並不滿意，他認為經濟地理應分析自然環境與人類經濟活動和資源利用之間的關係。因此史密斯在 1913 年出版了《工業及商業地理》(Industrial and Commercial Geography)，該書隨後修正再版多次，一直到 1961 年才停止再版，由此可見該書影響之深遠。史密斯在其書中第一章的標題即用「變遷的環境」(Our Changing Environment)，並在其中說：「一群人在環境能充分供應糧食、及充分供應其他物質製造器皿以維持其生存之必需品時，他們才能繁衍茁壯。」不過史密斯早期強烈的環境決定論思想，在他後來的修正版書中，已有部分修正，但是環境決定論的色彩仍然出現在書中。

　　此外，泰勒 (T. Griffith Taylor) 也是影響甚鉅的經濟地理學者，他是澳洲的一位環境決定論者，他曾參加史考特 (Robert Scott) 最後一次的南極探險，也曾參與澳洲新首都坎培拉 (Canberra) 的命名工作，他又分別在澳洲雪梨（1920 年）和加拿大多倫多（1935 年）成立這兩個國家的第一個大學地理系。他的主要著作都和澳洲及加拿大兩國有關。例如：1941 年他出版《澳洲》(Austrilia) 教科書，其副標題即為「溫暖環境及其對英國殖民地的影響研究」(A Study of Warm Environments and Their Effect on British Settlement)；1947 年他又出版《加拿大》(Canada) 一書，其副標題為「涼冷大陸環境及其對英國和法國殖民地影響之研究」(A Study of Cool Continental Environments and Their Effects on British and French Settlement)。當時泰勒就相信環境負載力 (carrying capacity) 及其對人口成長的限制，他一直強調：「一個國家最佳的經濟計畫大部分早已由大自然

(Nature) 決定了，而地理學者的職責即在解釋此計畫。人類可以使國家發展計畫加速、減緩、或停止，如果人類有智慧的話，就不應該偏離自然環境所顯示的方向。」

雖然環境決定論發展到顛峰，但是最後新思想還是取代了它。當時法國地理學者卜拉琪 (Vidal de La Blache) 即主張「環境的影響只有在重大歷史事件中才看得出來」，因此他認為「自然並不能直接控制人類，而只是設定邊界或極限，在此邊界或極限之內，人類可以自由運作發揮」。

三、區域差異時期：1930 年代到 1960 年代

在 1940 年代，經濟地理學者終於放棄了環境決定論的思想。1941 年，布洛克 (Jan Broek) 在《地理評論》(Geographical Review) 期刊中發表〈論經濟地理〉(Discourses on Economic Geography) 論文，他說：「自然環境決定的簡單信念，幾乎已經消失。」這時經濟地理學者開始在經濟學的原理中找尋新方法，例如卡特 (W. H. Carter) 和道奇 (R. E. Dodge) 在 1939 年的《地理評論》期刊上撰文，認為「經濟地理應該分析對整個工業生活有影響的普遍原則」，這時已有些工業區位 (industrial location) 分析的探討。貝克 (O. E. Baker) 也在其土地利用的論文中應用李嘉圖 (David Ricardo) 的「地租理論 (rent theories)」。

1930 年代為經濟大恐慌及美國新政 (New Deal) 時期，這時許多地理學家開始關心環境保育問題，也有許多地理學家加入「田納西流域開發計畫」(Tennessee Valley Authority)（簡稱為 T. V. A.）的國家資源規畫工作。

不過這時經濟地理希望探討經濟原理的企圖卻如曇花一現。基本而言，在 1930 年代到 1960 年代的大多數經濟地理學者不但拒絕了環境決定論，而且也反對經濟地理的理論化。他們絕大多數又回歸到傳統的敘

述研究方法，他們只是收集各項資料，將經濟地理變成容納各項資料的一個「容器」而已。

1968 年厝曼 (Richard Thoman) 在《國際社會科學百科全書》(*International Encyclopedia of the Social Sciences*) 第六卷《經濟地理》一書中說：「經濟地理是就財貨和服務的生產、交換、轉運、和消費方面來探討各個區域 (areas) 之中及其間的相似性、差異性及關係的科學。」1963 年亞歷山大 (J. W. Alexander) 也在《經濟地理》一書中說：「經濟地理是研究地球表面上與生產、交易、和消費財富有關的人類活動之空間差異科學。」

由上述兩本教科書，我們即可大略知道當時的經濟地理只是以國家或地區為主，描述其主要產品及出口物。這種以區域為導向的研究方法 (regionally oriented approaches) 成為這個時期的主流。

四、區位理論時期：1950 年代以後

1950 年代後期，區域差異的研究方法在地理學中漸漸沒落，這時地理學對理論的需求也愈來愈迫切。正好這時社會科學有逐漸整合的趨勢，電腦科技也為大量的量化計算工作開創了新紀元，再加上政府補助研究計畫，因此地理學者又重新開始探討古典的「經濟區位理論」(classical economic theories of location)，其中包括「邱念 (J. H. Von Thunen) 理論」、「韋伯 (Alfred Weber) 理論」、「克瑞斯陶勒 (Walter Christaller) 理論」及「駱許 (August Losch) 理論」等。這時艾薩德 (Walter Isard) 又再鼓勵區位經濟學 (economics of location) 的研究，因而創造了「區域科學」(regional science)，從此區位理論成為經濟地理的核心理論。

這時經濟地理的發展非常迅速而且成果顯著，因而厝曼在 1968 年說：「在過去十年間，經濟地理是以新學派的興起而著稱，其新學派選擇了顯著的理論方法，強調了定律的研究，並依賴了數學的抽象。」

　　1965 年「美國科學院的國家研究委員會」(U. S. National Academy of Sciences′ National Research Council) 在〈地理科學〉(*The Science of Geography*) 報告中也寫道:「傳統地理學中的一些分支,如經濟、都市和交通地理,……這三分科已經結合在一起,……我們稱其為區位理論研究 (location theory studies)。……區位理論與經濟生活、城市和交通系統的地理組織有關,其發展、測試、和精簡已成為最基本之工作。……在應用方面,區位理論包含空間分布和空間關係的抽象概念。……最近,一個新的整合開始隱約出現,其基礎有二:⑴是確定地理學各科所發展的理論和空間概念;⑵是強調互為依存的區域系統 (interdependent regional systems) 中之經濟、都市和交通現象的互動關係。……這個即將出現的新整合即是『地理學應用系統理論』(systems theory) 所獲致的結果。」

　　簡單地說,系統即是一個實體 (entity),它是一組相互依存而且又相互作用的組成成分 (components)。系統主要包含三部分:係組成成分 (components)、各組成成分之間的連繫網線 (links)、及這些組成成分與其他系統之間的邊界 (boundary)。

　　圖 1–1 即為一簡單之人口變化系統。其中四個主要組成成分為出生、死亡、移入和移出。四個組成成分中的出生和移入會造成人口增加,死亡和移出則導致人口減少。若我們以臺北地區(包括臺北市和臺北縣)為例,則發現臺北地區的人口總數強烈地受到上述四個組成成分的影響;若我們考慮全臺灣地區的人口總數,則會發現移入和移出兩項組成成分的影響力已大為降低,控制全臺灣地區的人口總數之組成成分主要為出生和死亡;若再進一步考慮整個地球,將會發現移入和移出兩組成成分已完全可以不計,僅分析出生和死亡就可以完全了解全球人口的變化。

　　在上面的例子中,臺北地區的行政界線、臺灣地區的行政界線、及地球均是系統的邊界。系統的邊界有大有小,邊界的範圍是由研究者決

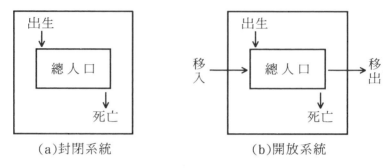

(a)封閉系統　　　　　　　　　(b)開放系統

圖 1-1　人口變化系統

定。在臺北地區的人口變化系統中，移入和移出是外在因子，出生和死亡為內在因子，這種系統內的變化因為受到外在因子的影響所以稱其為開放系統 (open system)。但是就地球系統來看，人口增減則純粹是由出生和死亡兩項內在因子決定，而無外在因子的干擾，這種系統稱為封閉系統 (closed system)。

目前經濟地理即在強調地球資源的空間配置 (Spatial allocation)，它包含了「地理人工智慧」(geocybernetics)，是一門研究經濟活動的空間組織 (spatial organization) 的系統理論科學。

本章重點

1. 經濟地理是研究人類的經濟活動、經濟系統的空間組織和發展、及人類利用地球資源等之區位問題的科學。
2. 就傳統分類，人類的經濟活動大致可分為三大類，即第一級產業、第二級產業和第三級產業。
3. 第一級產業是一切直接取諸自然及利用自然繁殖的生產活動，包括狩獵、農、林、漁、牧、礦等生產部門活動。

4. 第二級產業又稱為製造業或工業，是將已有的物質加以改造，以增加
　其價值或效用的生產活動，包括紡織、鋼鐵、電氣、食品等工業製造
　活動。

5. 第三級產業又稱為服務業，包括一切勞務的生產活動。但近年將其中
　需要專門學問的高級服務業（如政府主管、教師、醫師等）區別出來，
　稱其為第四級產業。

6. 經濟地理的發展大致可分為四個階段：商業地理時期、環境決定論時
　期、空間差異（區域地理）時期和區位理論時期。

7. 19 世紀初期是商業地理鼎盛時期，戚受慕的《商業地理全書》為其代
　表。

8. 20 世紀的前 30 年代是環境決定論的顛峰時期，史密斯的《工業及商
　業地理》及泰勒的《澳洲》和《加拿大》等書，影響深遠。

9. 1930 年代到 1960 年代是空間差異（區域地理）最盛行時期，亞歷山
　大的《經濟地理》可為其代表。

10. 1950 年代以後迄今是經濟地理走向理論的時代，其核心理論為「區位
　理論」。

本章習題

1. 何謂經濟地理學？

2. 人類的經濟活動可分為那些種類？其特徵如何？

3. 就經濟地理的發展史而言，大致可分那幾個時期？各個時期的特徵如何？

4. 經濟地理中有那些重要區位理論？

5. 何謂系統？經濟地理為何是系統科學？

第 2 章

經濟活動與生態環境

第一節　生態平衡

一、生態系統的意義

在第一章中已經介紹了系統的觀念。現在再介紹生態系統 (ecological systems)。生態系統簡稱為生態系 (ecosystems)，在這個系統中，植物、動物與環境之間有一系列的連繫網線，有時這些連繫網線還形成一些反饋的迴路 (feedback loops)。

反饋作用有負反饋 (negative feedback) 和正反饋 (positive feedback) 之分，我們仍用人口為例說明兩種反饋作用的不同。若人口的出生數目一直在增加，而糧食的供應數量不增加或減少，這時平均每個人的糧食將減少，因而會引發飢荒，最後導致人口總數減少，達到人口平衡，這種反饋作用為負反饋作用，也是一種自我調節的反饋作用 (self-regulating feedback)。負反饋作用會使得人口達到穩定平衡（圖 2–1）。另一種情況則是若人口一直在成長，糧食的供應也一直在增加，這時因為糧食無缺，不會有飢荒之虞，因而人口會加速繁衍，這種作用即稱為正反饋作用，又稱為自我加強的反饋作用 (self-reinforcing feedback)。正反饋作用最後會導致人口平衡的不穩定（圖 2–2）。

環境的變遷 (environmental change) 會影響生態系統 (ecosystems)。在

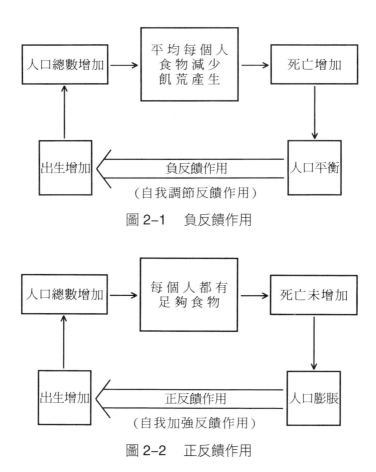

圖 2-1　負反饋作用

圖 2-2　正反饋作用

　　自然界中，有些改變非常劇烈，對生態系統的衝擊非常大，可能會導致生物種的數目和型態減少，或使生物群落的生產力減小。這種劇烈的改變包括火災、洪水、乾旱、颶風或颱風、火山爆發及人類活動等。

　　一個生物群落的有機體在遭逢巨變後，若要再恢復到未遭逢巨變之前那樣的佔有原棲息地時，可能需要經歷一段相當長的時間。例如美國聖海倫火山 (Mount Saint Helens) 的噴發即是一個例子，該火山於 1980 年噴發，迄今已過了二十四年，但是其森林生態系 (forest ecosystem) 仍

未恢復舊觀。

　　人類活動對生態系統的衝擊更大，例如人類活動造成的森林砍伐、酸雨、有毒廢棄物及溼地破壞等只是部分例子而已。

二、生態系統的發展

　　每個生態系統都有其特徵，它們並不是極端的穩定，而是隨著時間的演變而改變其中的群落。例如在溫帶氣候環境中，如果有個農民棄耕了一塊田地，在棄耕一年後，田地中會生長出一年生的野草。第二年田地中會再生長出多年生的草本植物。然後又在草本植物中，再生長出小灌木和樹。當樹長大後，田地中就不再適合草本植物生長，最後田地將被灌木和樹佔據，這個過程稱為生態演替 (ecological succession)。生態演替不僅發生在上述的廢棄田地之中，它也會發生在任何一個棲息地上。

　　一個地方，若其氣候在較長時間內沒有太大變化，則該地方的各生態群落最後會達到平衡，彼此不排擠。這時生態群落也不會改變其生存的環境，否則就不利於其自身的生存。這種平衡現象可以維持得相當久，甚至達到幾個世紀，直到環境發生鉅變或有人類活動的破壞才會打破其平衡。在生態達到平衡時，其穩定的生態群落稱為顛峰群落 (the climax community)。世界各地因地理環境不同，因而各有其不同的顛峰群落，例如高緯度的針葉林、低緯度的闊葉林等都是顛峰群落。

三、非人類族群的動態理論

　　族群 (population) 是指在一個棲息地區域中具有相同生物種 (species) 的一群生物體。族群有其共同特徵，例如種籽散布 (seed dispersal) 和發芽 (germination) 是植物族群的特徵，出生和死亡是動物族群的主要特徵。

　　如果營造一個烏托邦環境 (utopian environment)，這也就是指資源的供應和空間的範圍是無限制的環境，在烏托邦環境中，生物族群的成長是不受限制的。只要一直維持著烏托邦環境，生物族群就會一直毫無限制的成長下去。在這種情況下，一個酵母在 24 小時後即會成長至好幾千個酵母；一個大腸桿菌在 24 小時後會成長至 4×10^{25} 個；二隻蒼蠅在一年後將會生出 6 兆隻蒼蠅。

　　事實上，地球上的環境並不是烏托邦環境，所有生物族群的數目都會隨著時間而波動，牠們的成長都有上限 (upper limit)，這個上限也就是環境所能維持的數量。科學家在實驗室中做實驗，發現細菌、果蠅和老鼠等，在食物和水供應無缺的情況下，牠們成長的型態都一樣，可用圖 2–3 表示。

　　在圖 2–3 中，可分為五個階段。第一階段名為遲滯階段 (lag phase)，第二為緩慢成長階段 (slow growth phase)，第三是指數或對數成長階段 (exponential or log growth phase)，第四是動態平衡階段 (dynamic equilibrium phase)，第五為衰減階段 (decline phase)。

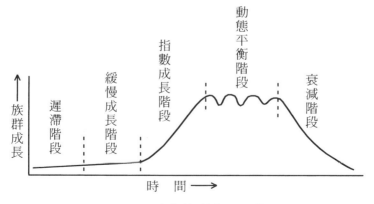

圖 2–3　生物族群成長五階段

在第一階段時，因為有機物要調適其新環境，因此只有少數能成長到成熟期並生產，所以其族群成長極端緩慢。到第二階段，因為個體開始漸漸能生產，因此其成長比較緩慢。到第三階段，因為能生產的有機體已經很多，所以其族群成長極快。到第四階段，因為其出生和死亡大致相等，因而其族群達到波動的動態平衡。然後此有機體再走向第五階段，其族群最後衰減。如果在實驗過程中，我們增加其生存空間，則其族群數目也跟著增加，然後再循著上面的模式發展。

在上面的模式中，到第三階段時，族群成長極快。但是考慮我們的地球，它並不是烏托邦環境，其資源是有限的，因此這時族群的成長會受到環境的限制，因而變成 S 形，其形狀很像上面模式中的第四階段 (參考圖 2–4)。

在這個 S 形曲線中，其上限 (upper limit) 也就是該族群的最大成長率 (maximum growth rate)，這也是環境所能維持該族群的最大上限，所

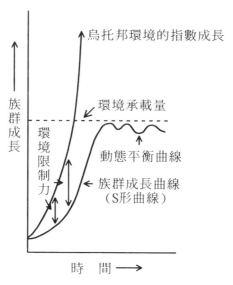

圖 2–4　非烏托邦環境的生物族群成長

以稱其為環境負載力 (environmental carrying capacity)，或環境承載量。一個生物族群的環境負載力也就是該生物族群的動態平衡曲線。

第二節　第一級產業活動與生態環境

第一級產業活動又稱為初級產業活動，包括原始自給產業活動、農業、林業、漁業、牧業及礦業等。

一、原始自給產業活動

原始的自給產業活動又可分為原始的採集 (Primitive gathering)、原始的畜牧 (Primitive herding) 和原始的農耕 (Primitive cultivation) 等。

A. 原始的採集

原始的採集活動主要是指漁獵和採野果為生的經濟活動，目前依賴原始採集活動為生的族群人數不多，其文化相當落後。這種生產活動和原住民的社會密切相關，在北半球它主要集中在高緯度地區、熱帶雨林地區、沙漠地區和太平洋海島地區。不過在上述這些地區中，採集民族並不是主要族群，而且其經濟也不是以採集為主，而上述地區的經濟主要是以游牧和游耕為最重要。例如：北美高緯度地區的愛斯基摩人 (Eskimo) 和澳洲中部的賓地布人 (Bindibu) 等都是以採集為生的族群。

B. 原始的畜牧

原始畜牧即是游牧 (Normadic herding)，主要分布在沙漠和寒漠地區。例如西起北非的大西洋岸、東經撒哈拉大沙漠、阿拉伯半島、伊朗、中亞、延伸到我國的新疆和蒙古等大沙漠帶即是全球最大的游牧地區；

其次西南非沙漠、我國青康藏高原、歐亞大陸北緣、及阿拉斯加北部凍原等寒漠地帶亦均屬之。在這些地區，人口稀少，他們大都是伴著牲畜逐水草而居，每年都要移動好幾百公里。他們住的是帳幕，穿的是皮毛，吃的是肉乳，其生活幾乎都是以牲畜為主。在青康藏高原地區，其游牧是隨著地形高度而垂直移動，與沙漠區或草原區中的游牧民族的水平移動不同，這種垂直式的游牧稱為山牧季移 (Transhumane)。例如阿拉伯的貝都因人 (Bedouins)、伊拉克北部的庫德人 (Kurds) 及青康藏高原的藏人等都屬游牧民族。

C. 原始的農耕

這種生產活動大多分布在赤道附近的熱帶雨林和莽原地區，例如赤道非洲、南美的亞馬遜盆地、及東南亞各地等。在赤道附近，因為溫度高，溼度大，所以森林密布。這些地方雖然森林密，但因為土地為磚紅壤，故相當貧瘠。當地居民為了開墾耕地，種植糧食，常常放火焚林。他們種植的作物以玉米、小米、樹薯、甘薯等為主。由於當地居民在耕種期間不施肥、不除草、不灌溉，因此在土地利用一、二年後，其生產力即已下降，俟四、五年後，即不再有收成。這時當地居民再移往他處，又重新砍樹焚林，另闢耕地，這種經營型態稱為火耕 (Slash or burning farming) 或游耕 (shifting farming)。

二、農業

在一級產業中，以從事農業活動的人口最多，它也是最重要的產業活動。地表的農業基本可分為六型：即自給式農業 (Subsistence agriculture)、集約式農業 (Intensive agriculture)、混合農業 (Mixing farming)、商業性農業 (Commercial agriculture)、地中海型農業 (Mediterranean agriculture)、和熱帶栽培業 (Tropical plantation)。

A. 自給式農業

目前主要分布在生產較落後的地區，如亞洲、東歐和非洲等地。其特徵是農民在小面積的農地上，用傳統的農具種植多種農作物，以求自給自足。

B. 集約式農業

凡在人口密集地區，因為土地面積有限，為供應較多農產品，必須利用各種方法 (如除草、施肥、噴灑農藥、灌溉等)，在單位面積土地上增加農產品，這種農作經營方式稱為集約式農業。目前日本、韓國、中南半島、及我國的臺灣、華南、華中、華北和東北季風亞洲等地區均屬之。

C. 混合農業

是一種農業與畜牧業並重的農業，它所種植的農作物有三種用途，一是做為商品出售，一是做為糧食，另一則是做為飼料以飼養牲畜。其分布主要在歐亞大陸和美國。由於農作物要出售、食用及飼養牲畜，因此其土地利用常在一塊田地上有小麥地、雜糧地、牧草地、和牧場等，並採取輪種 (Crop rotation)，這是其最大特色。

D. 商業性農業

主要分布在地廣人稀的新開發地區，其特徵是耕地面積廣大，採用機械化的粗放耕作，作物總產量大，但因為所費人力少，再配合現代化的交通運輸，因而其農產品價格低廉，在市場上深具競爭性。例如：歐

洲俄羅斯南部、亞洲西伯利亞南部草原、北美洲的加拿大草原三省和美國中西部平原、南美洲的阿根廷、及澳洲的小麥帶等均屬於這種農業活動。其主要農作物為小麥。

E. 地中海型農業

這也是一種栽培農作物和飼養牲畜的混合農業，但是其混合型態則比混合農業複雜得多。其農地主要分布在谷地和緩坡地，作物則自谷地到坡地依序為蔬菜、穀類和耐旱的果樹（包括橄欖、無花果和葡萄等），穀物主要為小麥和大麥。地中海型農業的主要分布地區包括環地中海區、美國的加州南部、南美智利中部、南非西南角及澳洲西南角等地。

F. 熱帶栽培業

是在熱帶地區專業化經營特殊經濟作物之農業，其目的是在輸出圖利。主要經濟作物有咖啡、可可、茶、橡膠、香蕉、甘蔗等。熱帶栽培業最早係 17 世紀在中美洲及南美巴西開始經營，但目前是以東南亞最為盛行。其農業的主要特徵為農地面積廣大（達數千至數萬公頃）、耕作技術科學化、產品均在產區先行加工（以減少運費）、及產品全部外銷。例如東南亞的橡膠栽培業即為世界最大的熱帶栽培業。

三、林業

林業 (forestry) 是指經營林地 (woodland) 的一切措施，林地則是指灌木和喬木組成的植物群落。根據聯合國糧農組織 (FAO) 統計，目前全球林地面積約 4,100 萬平方公里，約佔全球土地面積的 30%。不過森林的分布很不平均，在溫帶地區，因為人口密集，開發歷史悠久，所以天然林很少。目前全球大面積的森林主要分布在熱帶和高緯的寒帶地區。熱

帶森林主要在非洲中部的剛果盆地、南美的亞馬遜河流域和東南亞地區；高緯寒帶森林主要在歐亞大陸北部和北美的北部。1994 年時世界重要國家或地區的森林資源可參考表 2-1。

表 2-1　世界重要國家或地區的森林資源

國家或地區	森林面積 （萬公頃）	森林覆蓋率 （％）
巴西	55,500	65
加拿大	45,330	45
中國大陸	13,051	14
印度	6,850	21
印尼	11,177	59
日本	2,462	65
美國	29,599	31
俄羅斯	76,591	45

資料來源：聯合國糧農組織 (FAO)。

基本而言，世界森林可分為三大類：即針葉林、單子葉林和闊葉林。針葉林木材較軟，又稱軟木 (softwood)，主要樹種為松、杉、和柏等，其分布在歐亞大陸北部和北美北部。單子葉林主要樹種有竹類和棕櫚，其分布在熱帶和副熱帶地區。闊葉林木材較硬，又稱硬木 (hardwood)。闊葉樹因氣候的差異，又可分為三種：即(1)溫帶落葉闊葉林，主要樹種有櫟、樺、山毛欅、栗和榆等；(2)副熱帶常綠闊葉林，主要樹種有常綠櫟和桉樹等；(3)熱帶常綠闊葉林，主要有柚木、桃花心木等。

早期人類僅將森林視為是提供木材、燃料、和食品等之用，因而大量砍伐開採，於是森林面積日益減少，世界陸地的森林覆蓋率已由早期的 70% 降至目前的 30%。根據調查，目前地球上每分鐘約有 20 公頃的

森林被破壞掉，若依照這個速率，則地球上現有的森林不到 400 年即將完全毀滅。

　　森林是非常重要的天然資源，它不但可提供人類木材、燃料和食品，而且它還可改善環境，其主要功能如下：

1. 保持土壤資源並涵養水源

　　森林可保護土壤，使其不受雨水直接打擊，它可減弱降雨的動能，並使雨水緩緩滲入土壤中，再加上森林根部又有固土作用且促進岩層的風化作用，因此森林土壤含水能力強，所以森林有「綠色水庫」或「天然水庫」之稱。根據調查，1 萬公頃的森林可儲積的水量相當於一座 100 萬立方公尺的水庫。

2. 防風定沙保護國土

　　森林可減低風速，因此在有強風地區，種植防風林，可減低土壤被風吹蝕而去。風速減弱，土壤的蒸發率和植物的蒸散作用也隨之下降。

3. 調節氣候淨化空氣

　　森林對局地微氣候的影響很大，它能降低最高氣溫，增高最低地面溫度，因而森林內的溫差小，所以有夏涼冬不冷的舒適感覺。森林內的相對溼度也因蒸發作用而較大，因此空氣較溼潤。此外，森林還可減弱風速，具有防風功能。

　　透過光合作用，森林可吸收二氧化碳，並放出氧，它還具有殺菌和吸收污濁空氣的作用。根據研究發現 1 公頃的闊葉林每天吸收的二氧化碳量為 1,000 公斤，放出的氧為 730 公斤，這些氧可供 1,000 人一天呼吸之用。

　　除上述效益以外，森林還是野生動物的棲息地，又可綠化和美化環境，它更是重要的遊憩資源。日本曾就森林的效益評估，發現森林在涵養水源、保護土壤、防止山崩、促進旅遊、保護野生動物、和淨化空氣

六方面的效益是該森林進行農、林、牧三業開發產值的 2.48 倍。

四、漁業

　　漁業 (fishery) 種類很多，主要可分為海洋漁業、淡水漁業和養殖漁業三大類，其中以海洋漁業為最重要。在全球的漁獲量中，海洋漁獲量約佔全部的 4/5。在世界海洋漁獲量中，以鯡科魚類（包括沙丁、鯷和鯡魚）、鱈科魚類（包括鱈和鱸魚）、金鎗魚、鯖、鰹及鮭等為最重要。目前世界最重要的漁業國家是中國、秘魯、印度、美國、印尼和日本等。

A. 世界五大漁場

　　世界上海洋漁業主要集中於五大漁場：

1. 西北太平洋漁場

　　位在亞洲東部海域，包括堪察加半島、日本、韓國、我國大陸及臺灣等地沿海。本區有黑潮暖流和親潮寒流相會，而且陸上又有大河帶來大量有機物質，因而形成大漁場。本漁場北部產鮭魚，南部產烏魚、鯖魚和黃魚。其漁獲量佔全球的 30% 以上，為全球最大漁場。

2. 東北太平洋漁場

　　位於北美西北海域，包括阿拉斯加至加州沿海地區。本區有阿拉斯加暖流和阿留申寒流相會，漁場北部產鮭魚，南部產鮪、鱈、及鯖魚等。

3. 西北大西洋漁場

　　位於北美東岸海域，包括加拿大的紐芬蘭島到美國東北部新英格蘭沿海地區。本區有拉布拉多寒流和墨西哥灣流（為一暖流）相會，而且大陸棚 (continental shelf) 又廣闊，因而形成漁場。本漁場北部產鱈魚、南部產鯡魚。

4. 東北大西洋漁場

位於西北歐海域，包括斯堪的那維亞半島至伊比利半島之沿海地區。本區有廣大的大陸棚，而且又有大河帶來大量有機物質，因而形成漁場。本漁場北部產鱈、鯖等魚，南部產沙丁魚。

5. 東南太平洋漁場

位在南美洲西岸，有秘魯寒流（又名洪保德寒流）經過，本漁場盛產鯷魚。

B. 世界漁獲量

世界主要漁業國漁獲量可參考表 2–2。

表 2–2　世界主要漁業國之漁獲量（2003 年）

單位：公噸

國別	年平均海洋漁獲量	年平均淡水漁獲量	總　量
中國	16,533,114	27,767,251	44,320,395
秘魯	8,766,991	8,440	8,775,431
印度	3,770,912	2,191,704	5,962,616
美國	4,937,305	497,346	5,434,651
印尼	4,505,474	914,066	5,419,540
日本	4,443,000	828,433	5,271,433
全球	93,190,654	39,798,571	132,989,225

資料來源：聯合國糧農組織 (FAO)。

由上表可知世界六大漁業國家年平均總漁獲量已高達 7 千 5 百萬公噸以上，佔全球總漁獲量的 55% 以上。

就全球人口而言，根據聯合國糧農組織之統計，在 1999 年時，每人每年平均食用漁產為 16.4 公斤。就每人每年漁產消費量而言，全球最大的五個國家為馬爾地夫（330.9 公斤）、馬來西亞（130.3 公斤）、南韓（122.4

公斤）、日本（63 公斤）、和葡萄牙（42.6 公斤）。

五、畜牧業

畜牧業主要是指商業性的放牧業和飼養性的牧業為主。

A. 商業性的放牧業

世界主要商業性的放牧地區有：⑴美國西部的半乾燥高原區，⑵南美阿根廷的巴塔哥尼亞高原、大廈谷 (Gran Chaco) 到巴西的康坡斯 (Campus) 草原，及⑶澳洲和紐西蘭的廣大地區。除紐西蘭以外，世界商業性放牧業都在乾燥氣候地區。

B. 飼養性的牧業

大都分布在氣候溫和、人口稠密的農業區。飼養性牧業和商業性放牧業主要差別在牲畜的活動空間及其牧草飼料來源不一樣。飼養性畜牧是將牲畜圍在柵欄之內，以人工飼料或牧草餵養，利用現代科學化方式經營，因而可在較小的空間內飼養大量的牲畜。這種型態的畜牧業主要分布於：⑴美國中西部的玉米帶（包括伊利諾州、愛阿華州和密蘇里州），產豬肉和牛肉為主；⑵歐洲的丹麥和荷蘭，產牛乳、乳酪、奶油、豬肉和雞為主。

六、礦業

礦業是人類利用各種技術在地面上或地層中開採礦物資源的活動。礦物資源主要包括化石能源礦、金屬礦、和其他非能源及非金屬礦三大類。

A. 化石能源礦

　　主要有煤、石油和天然氣三種，因為這三種能源都是有機體被埋藏在地層中經過了千萬年的時間才形成之故。

　　目前煤是所有能源中最重要的能源。煤可分為泥炭 (peat)、褐煤 (lignite)、煙煤 (bituminous)、和無煙煤 (anthracite) 四大類，其中以煙煤最重要。煙煤含有大量的碳、氫、硫和其他無機礦物。燃燒煙煤時，無機礦物不能完全燃燒，因而會形成煤灰；硫會產生二氧化硫，污染空氣，最後並造成酸雨；碳則產生一氧化碳和二氧化碳，不但污染空氣，而且還加強大氣的溫室效應，促使全球平均溫度上升，進而破壞生態系統的平衡。煤雖是最髒的化石燃料，但是因為其價格便宜，因此目前全球仍然大量在開採及使用它。世界的主要產煤地區可參考圖 2–5。

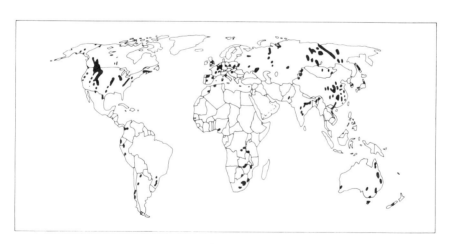

圖 2–5　世界煤礦分布圖

　　石油不但是能源，而且也是化學工業原料，所以石油是當今世界最重要的資源。石油在燃燒時，同樣會產生大量的二氧化碳，它對環境的影響和煤大致相同。除污染空氣外，石油在運送過程中，若不幸發生外洩，更會對生態環境造成嚴重影響。例如 1989 年 3 月，一艘載運原油的

油輪曾在美國阿拉斯加海岸發生原油外洩事件，結果造成 2,200 公里的
海岸污染，並導致大量海洋生物死亡。世界石油的分布非常不均，其主
要產區可參考圖 2-6。

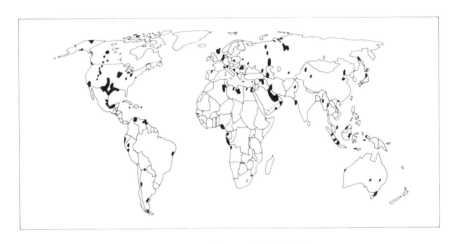

圖 2-6　世界石油分布圖

B. 金屬礦

　　世界上重要的金屬礦有鐵、銅、金、銀、鋁、鉻、鎳、鉛、鋅等。
其中以鐵對我們的影響最大。鐵通常以化合物的型態出現，其主要礦物
有赤鐵礦 (hematite)、磁鐵礦 (magnetite)、褐鐵礦 (limonite)、和菱鐵礦
(siderite) 等。鐵可與其他金屬或非金屬製成合金 (alloy)，稱為鋼 (steel)。
鋼的特性為不生鏽、堅硬而且耐高溫。能與鐵製成合金鋼的重要金屬礦
為錳、鉻、鎳、鎢、鉬、鈷和釩等；碳和矽則是非金屬礦而可與鐵製成
合金鋼之重要礦物。因為發展鋼鐵工業除了需要鐵砂原料外，還需要焦
炭 (coke)，焦炭乃是將煙煤去除硫和揮發性物質後的硬炭，所以鋼鐵工
業也會嚴重污染生態環境。世界重要的鐵礦分布地區可參考圖 2-7。

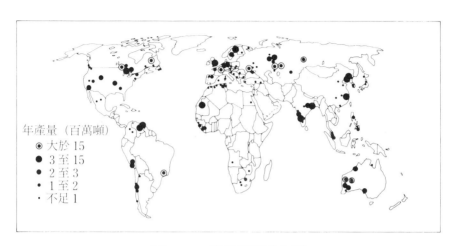

圖 2-7　　世界鐵礦分布圖

C. 其他非能源及非金屬礦

　　重要的非能源及非金屬礦有岩石、砂、黏土、石灰、石棉、石膏、鹽、硫磺及寶石等。人類利用這些礦產的歷史非常悠久，而且到目前，其需求量仍是有增無減。在開採這些礦石時，不但破壞植被（砍伐森林），而且也會污染環境。

　　基本而言，礦產資源是改善我們物質生活不可缺少的資源，但在開採礦產過程中，卻會造成污染空氣、破壞水土和森林資源等情事，所以如何在未來開礦過程中減少破壞環境，是不可忽略之事。

七、一級產業造成的環境衝擊

　　一級產業活動若過度開發和利用土地，將會對環境產生甚大衝擊，其主要衝擊為土地沙漠化。沙漠化和沙漠意義不同。沙漠 (desert) 和乾燥氣候有關，凡是年雨量少（通常都少於 250 公釐）且蒸發量又大的地區

都稱為沙漠。沙漠化 (desertification) 則是指土地資源遭到誤用，導致其土地生產力劣化而且不能再恢復農業生產的現象。通常沙漠化最易發生的地區都是在半乾燥的草原地區。

北非洲有全球最大的撒哈拉沙漠，中非洲為赤道雨林，兩者之間有個狹長的地帶名叫沙黑爾 (Sahel)，其範圍包括塞內加爾、茅里塔尼亞、馬利、上伏塔、尼日和查德等，其面積達 5 百餘萬平方公里（圖 2–8）。

這個區域在歷史上雖然常面臨乾旱，但並未造成災害。在 1960 年時，本區因人口及牲畜成長太快，達到 1930 年代的 3 倍，由於人口成長太快，故草地也大量開墾。但是從 1968 年起，本區降雨量減少，其乾旱現象自沙黑爾向東延伸到東非的蘇丹、衣索匹亞和索馬利亞等地；後來乾旱更向南延伸擴大到迦納、奈及利亞、喀麥隆、中非、烏干達和肯亞等地。

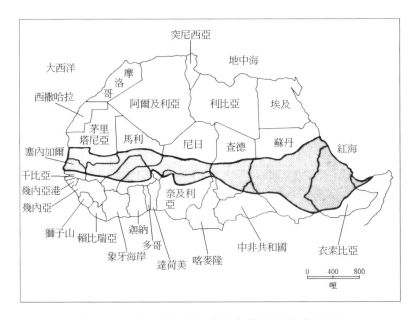

圖 2–8　非洲沙黑爾（圖中陰影區）位置圖
資料來源：姜善鑫 (1993)，〈全球環境變遷〉，《臺灣師範大學環境教育季刊》。

乾旱一直持續到 1984 年，結果造成史無前例的大災難，導致 2 千多萬人的死亡。沙黑爾的大災難固然與乾旱有關，但是沙黑爾地區的人口成長若不太快，牲畜繁殖若不過速，其土地開發若沒有不適當，則災難不會如此嚴重悲慘。

第三節　第二級產業活動與生態環境

第二級產業即是製造業或工業，其內容非常繁雜，大致包含食品加工業、紡織工業、紙漿和造紙工業、煉油工業、鋼鐵工業、電子工業及機械工業等。

在工業革命之後，尤其是最近一百年來，全球工業進步極快，經濟發展迅速，因此第二級產業對環境和生態的衝擊極大，不容忽視。其影響大致如下：

A. 大氣的溫室效應加強

地球的大氣層主要是由氮、氧和氬組成。這三種主要氣體即佔了大氣體積的 99.97%，除這三種主要氣體外，還有許多微量的氣體，其中的二氧化碳、甲烷和氮氧化物等對地球環境影響極大。

地球的主要能源是太陽，太陽為高溫星球，其表面溫度約為 6,000 °K，因此太陽輻射的波長相當短，其主要輻射波段在 0.2～4.0 微米（1 微米 $=10^{-6}$ 公尺）之間，最強輻射波長為 0.48 微米。地球表面吸收太陽輻射後，轉變為熱能，然後再輻射回太空，因為地球溫度低，故其輻射的波長相當長，其主要輻射波段為 4.0～100.0 微米之間，最強的地球輻射波長為 15.0 微米。就地球輻射和太陽輻射的波長而言，太陽輻射因為波長短，所以又名短波輻射 (shortwave radiation)；地球輻射因為波長長，

所以又稱為長波輻射 (longwave radiation)。

　　太陽短波輻射進入地球大氣層中，其中小於 0.4 微米的紫外輻射會被大氣平流層中的臭氧吸收，有部分太陽輻射會反射回太空中，其餘剩下的太陽輻射都會穿過大氣層到達地表面上。然而地球的長波輻射，在其向太空輻射時，大氣層的二氧化碳、甲烷、氮氧化物等微量氣體卻會吸收地球的長波輻射。因為這些氣體吸收了部分的地球長波輻射，因而使大氣層保留了部分能量，所以地球的溫度不致下降太低，這種現象稱為大氣的溫室效應 (atmospheric greenhouse effect)，而這些會吸收地球長波輻射的微量氣體稱為溫室效應氣體 (greenhouse effect gases)。

　　一百多年前，全球大氣中的二氧化碳濃度大約為 260ppm（1ppm 即為百萬分之一）；到 1957 年，全球大氣開始正式有二氧化碳的觀測，當時的濃度為 320ppm；到 1990 年，全球大氣的二氧化碳濃度已上升到 350 ppm。大氣中二氧化碳的增加主要是工業發展燃燒化石燃料（煤和石油等）造成的結果，據估計，目前每年因第二級產業活動而排放至大氣中的總碳量為 50 億公噸。這些碳即是以二氧化碳、一氧化碳等型式進入大氣層，因此大氣層中的二氧化碳濃度就一直上升，所以地球大氣的溫室效應也就一直在加強，其結果造成全球平均溫度上升，進而影響地球的生態系統。在最近一百年以來，全球的平均溫度已上升了 0.7°C 左右；臺灣在過去九十餘年中，平均溫度也上升了 0.7°C 左右。

B. 臭氧層的破壞

　　由於工業的發達，人類創造了氟氯碳化物（Chloroflurocarbons, 簡稱為 CFCs），CFCs 是目前工業界使用非常普遍的物質，其中最常用的是 CFC–11 和 CFC–12，主要用途是冷媒、冷凍劑、和塑膠產品的發泡劑等。CFCs 在大氣對流層中是相當穩定的化合物，它的生命期相當長，有的甚

至超過 100 年。氟氯碳化物隨著大氣的對流作用，會逐漸擴散到平流層中去，在平流層中由於受到太陽紫外輻射的照射，產生光解作用，生成氯原子，氯原子會使平流層中的臭氧還原成氧，因而導致大氣的臭氧層遭到破壞。臭氧層遭到破壞，進入地球大氣中的太陽紫外輻射即會增加，這對人類和整個生態系統都具有殺傷力。科學家現在已連續數年發現南極上空均有臭氧洞的存在，而且其面積還逐年增大。為了拯救大氣的臭氧層，全球已有共識，工業國家已於 1996 年起，完全禁用 CFCs，開發中國家則必須於 2006 年前停止使用。

C. 酸雨

酸雨是大氣污染的副產品。在工業革命以後，因為人類排放了大量的硫氧化物、氮氧化物、碳氧化物和氯化氫等氣體到大氣中，這些氣體與大氣中的水汽結合生成硫酸、硝酸、碳酸、及鹽酸等酸性物質，這些酸性物質降落至地面即為酸雨。1960 年代以後，人們為改善局部地區的環境污染問題，紛紛將工廠的煙囪加高，雖然這樣可以改善局部地區的空氣污染，但是卻不幸更加擴散了污染物，使得酸雨問題更嚴重，而且使酸雨變成跨國性的環境污染問題。酸雨會破壞文物古蹟、影響森林生長，並導致河川和湖泊的酸化，進而影響水中藻類和魚類的生態環境。

第四節　第三級產業活動與生態環境

第三級產業活動是各類的服務業，服務業的主要特徵是集中，人群集中即產生了市鎮 (town)，市鎮又帶來人口集中，於是市鎮一再的擴大，因而形成都市 (city)。都市中工商業發達，交通頻繁，高樓大廈鱗次櫛比，人工鋪面（不透水層）廣，因而其環境和周圍的鄉村地區不同。

　　都市的擴大，對自然和生態環境影響極大，尤其是對氣候的改變更為明顯。

A. 都市的環境特徵

　　基本而言，都市的景觀是以人造的建築物和道路為主，而鄉間則是以植物等自然景觀為主。都市工商業發達，人口密集，人造的熱源多；但鄉村則否。城鄉之間的環境差別可從下列五方面說明：

1. 表面物質不同

　　都市中多高大建築物和街道，大多是岩石般的混凝土材料，而鄉村的建築物和道路則較小且少，且大多不是混凝土。混凝土的熱傳導率 (heat conductivity) 是溼潤土壤的 3～4 倍。此外，都市建材的熱容量 (heat capacity) 也比鄉村土壤大。由於這些物理因素的不同，因而造成都市能夠儲存較多的熱能。

2. 建築物的幾何結構不同

　　都市中有高聳的牆壁和屋頂，有密如蛛網的道路，所以其建築物之幾何形狀和排列方向就好像一座大迷宮。太陽輻射一旦進入都市系統中，它就會在各種表面之間來回反射，然後被吸收，所以都市系統有較長的時間吸收太陽輻射能。但是在鄉村，因為空曠地面大，所以只有土壤表層能吸收太陽輻射。

3. 熱源不同

　　都市因為人口密集，工商業發達，所以人造熱源多，如工廠、車輛、冷暖氣機等。尤其在冬天，都市的人造熱源更為明顯。

4. 排水方式不同

　　都市中因為道路密，這些人工鋪面都是不透水層，為了不使交通受影響，通常都市中的降雨和降雪很快就會被排走或運走。反之，在鄉村，

降水通常都會積留在地表，然後再下滲到地下土壤，然後再蒸發回到大氣中。因為蒸發是一種消耗熱能的冷卻過程，在鄉村的蒸發機會多，時間長，但在都市則蒸發機會非常少，所以在都市中的熱不能用來蒸發水汽，反而是完全用於加熱空氣。

5. 空氣成分不同

都市空氣中的污染物非常多，主要是由於燃燒化石燃料產生的，其中 80% 以上都是極微小的粒子，因而能夠飄浮在空氣中。這些小污染粒子不但會阻止太陽輻射進入大氣，還會妨礙能見度，而且又可做為水汽聚積的凝結核。

B. 都市的熱島效應

因為都市中心地區熱能累積較多，所以其氣溫自然比其周圍鄉村地區要高一些。若將都會區的氣溫用等溫線 (isotherms) 連接起來，即可發現都市中心的氣溫較高，四周鄉村較低，其等溫線的排列是由中心向四周呈同心圓排列，數值則由中心向外遞減。這種等溫線的排列很像海島的地形圖，所以地理學家稱其為熱島 (heat island)（圖 2–9）。

都市的熱島規模與晝夜時間、季節、城市的人口、及地形等都有密切關係。通常在白天時刻，都市熱島比較不明顯，市中心與周圍郊區的溫差約 0.5～1.0℃。在夜間時刻，尤其是在清晨時刻，這也是一天當中氣溫最低的時間，這時市中心的氣溫比四周郊區高出甚多，可達到 2℃ 以上。根據調查，發現城市人口愈多，則城鄉之間的溫差也愈大。例如英國的倫敦和美國的華盛頓特區其城鄉溫差為 2℃，臺北市的中心與郊區溫差在 3.5℃ 以上。

C. 其他氣候因子的差異

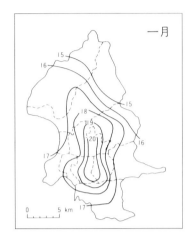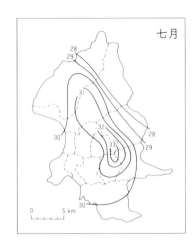

圖 2-9　臺北市下午 2 時的等溫線 (℃)

資料來源: 姜善鑫 (1995),〈臺灣西部地區都市熱島效應之研究〉,《臺灣師範大學
　　　　　地理學報》。

　　在溼度方面,都市地區的平均相對溼度 (relative humidity) 比鄉村
低,主要原因是都市中少植被、多乾燥和不透水的混凝土,因而蒸發率
低。例如東京和倫敦的城鄉之間相對溼度差值為 5%。

　　在能見度方面,都市地區比鄉村地區差,主要原因是都市中大氣污
染粒子濃度大,且常有煙霧 (smog)。例如美國的底特律市,其每年能見
度小於 1.5 公里的平均時數達 150 小時,但是在其鄉村地區卻不到 90 小
時。

　　在霧 (fog) 出現的頻率方面,都市比鄉村多。例如底特律市的霧日數
比鄉村多 30% 以上。

　　在太陽輻射和日照方面,都市地區比鄉村地區少,主要原因是都市
大氣中的污染粒子多。例如倫敦的太陽輻射比周圍鄉村少 25〜55%,而
且其日照時間每年也少 270 小時。

　　在風方面,都市地區的地面風速較弱,這是因為都市中多高大建築

物，因而其地面的粗糙度 (roughness) 大，所以風速減弱。例如倫敦市區全年無風的日數比鄉村多 5%，而且在有風的日子中，其風速也比鄉村弱 20～30%。

本章重點

1. 自然界中有些劇烈變化，如火災、洪水、乾旱、火山、颱風等對環境和生態系統衝擊極大；但是人類活動對環境的衝擊更大，如土地沙漠化、森林砍伐、大氣的溫室效應、臭氧的破壞及酸雨等，都只是部分例子而已。

2. 在實驗室環境中若食物的供應不匱乏，生物的成長可分為五個階段：即遲滯階段、緩慢成長階段、指數成長階段、動態平衡階段和衰減階段。

3. 在實際的地球上面，因為不是烏托邦環境，所以生物族群的成長是呈 S 形，其上限即為環境負載力，也即是生物族群成長的動態平衡曲線。

4. 農業經濟活動主要可分為自給式農業、集約式農業、混合農業、商業性農業、地中海型農業和熱帶栽培業等六種。

5. 世界海洋漁業經濟活動主要集中於西北太平洋、東北太平洋、西北大西洋、東北大西洋和東南太平洋等五大漁場。

6. 化石燃料包括煤、石油和天然氣等，因為它們都含有大量的碳，因此燃燒後都會造成嚴重的環境污染。

7. 目前工業發達，經濟成長迅速，造成了許多環境問題，較重要的全球性問題有溫室效應的加強、臭氧層的破壞、和酸雨等。

8. 大氣中的溫室效應氣體有二氧化碳、甲烷、氮氧化物等。工業革命後，大氣中的溫室效應氣體急遽增加，如二氧化碳已由 260ppm 成長到 350ppm，因而造成近百年來全球平均溫度上升。

9. 人造的 CFCs 是工業界非常普遍的物質，該化合物在平流層中會破壞
   臭氧，目前已分別在南北極造成臭氧層破洞，而且大氣中的臭氧層濃
   度還正在稀釋中。

10. 工廠將硫氧化物、氮氧化物、碳氧化物和氯化物等氣體排放到大氣中，
    已造成跨國性的酸雨環境災害。

11. 第三級產業的興起，形成了許多大都市。大都市的人造環境與鄉村的
    自然環境很不相同。

12. 都市地區因為人口密集、交通頻繁、人造熱源多，因而形成熱島。除
    溫度外，溼度、能見度、霧日頻繁、風及太陽輻射等在城鄉之間也有
    明顯差異。

本章習題

1. 在烏托邦環境中，生物族群的成長特徵如何？

2. 地表的農業可分為那些類型？其特徵如何？

3. 說明一級產業活動對環境的衝擊。

4. 說明二級產業活動對環境的衝擊。

5. 都市的環境有何特色？

6. 何謂都市熱島效應？並說明都市的氣候特徵。

第 3 章

經濟活動的區位問題㈠

　　人類各級生產活動都受地理環境的影響，因此各類產業都有其經營的適當地區，這種適當的地區即是區位 (location)。一般而言，工商化程度愈高的社會，愈重視產業的區位分析，如此才能減輕成本，增加競爭能力，並獲取最大利潤。

第一節　農業活動的區位分布

　　人類在使用土地資源時，早已注意到自然條件對農作物的限制，自然條件主要包括氣候、土壤肥力和地形等。例如稻米區都是在高溫多雨的平原地區，而雜糧則分布在較乾燥的貧瘠地區。除自然條件的限制因素外，歷史和文化也影響土地利用的型態。例如中國人移民東南亞，造成東南亞成為水稻種植區；後來中國人和馬來人再移往非洲的馬達加斯加島，又使馬達加斯加成為水稻區。上述條件是造成宏觀農業活動差異的自然和人文環境因子。不過在一個均質平原上，這也就是說在此平原上沒有自然條件的差異，一個農民對土地利用的方式則會受到土地的報酬定律 (law of returns) 的影響而產生差異。本節所討論的農業活動區位分布是以經濟地理中的土地報酬定律為主，所產生的土地利用差異型態。

一、邱念模式的基本假設

　　邱念 (J. H. Von Thunen, 1783～1850) 於 1826 年出版《孤立國》(*The*

Isolated State)，是最早且有系統討論農業土地利用的空間結構著作，一直到今天，其理論仍然具有重大影響。

邱念的農業活動區位模式主要在探討下面兩個問題：

1. 農作物的生產強度 (intensity of production) 係隨距市場的距離增加而遞減。生產強度是單位土地面積上的投入量，是指財力、勞工和肥料等而言。通常投入量愈大，則農業愈集約。

2. 農業的土地利用係隨距市場的距離而有差異。

邱念將複雜的世界簡化，其基本假設如下：

1. 在「孤立國」中，沒有聯絡網與孤立國以外的世界相聯絡。

2. 孤立國為一農業區，其城市在中心。

3. 城市是該農業區多餘農產品的唯一市場，而且農業區也是該城市的唯一供應區。

4. 在該城市中，同一時刻對所有提供同樣農作物的農民，其農作物價格是相同的。

5. 農業區是一個均質的平原，也就是說該平原上的土壤肥力、氣候和其他自然條件均無差異，而且在此平原上任何方向的運動皆無障礙。

6. 所有的農民都是經濟人 (economic person)，這也就是說所有農民都擁有市場需求的所有知識，而且他們都在追求最大利潤。

7. 只有一種交通運輸工具（當時是馬車）。

8. 各方向的運輸成本與距離成正比。

二、區位租

A. 區位租的意義

　　區位租 (location rent) 係一農民在一片土地上種植一種農作物的總收入與該農作物的總生產和運輸成本之差。農民所獲得的收入係由該農作物在市場的售價決定，而農作物的市場售價又是由供應和需求來決定。

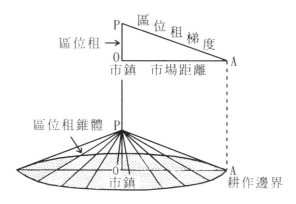

圖 3–1　區位租與市場距離的關係

　　在邱念的假設條件下，相同時刻相同的農產品有相同的售價；而且在均質平原上，所有農民種植相同農作物有相同的生產成本；此外，運輸成本是隨距市場的距離而增加；因而會造成運輸成本愈大，收入和總成本之差就愈小，這也就是說區位租就愈小。由此可以推導出在一片土地上，某一農作物的區位租是隨著距市場的距離增加而遞減，其遞減情形可參考圖 3–1。

　　在圖 3–1 中，A 地的農民種植該農作物時，其收入與成本相等，因而在 A 這個地方是毫無利潤可圖，因此其土地的區位租為 0。當一個地方某種作物的區位租為 0 時，該地即為此作物之耕作邊界 (margin of cultivation)。

B. 單一作物的區位租

　　若某一農作物單位土地面積的區位租為 R，該農作物的單位土地產量為 E，該農作物單位重量的市場售價為 P，該農作物單位重量的生產成本 (包括勞務成本) 為 a，該農作物單位重量在單位距離的運輸成本為 f，該農作物產地與市場的距離為 d，則該農作物的區位租公式如下：

　　　　$R=E(P-a)-Efd$

　　現在假設每公畝的土地可生產 40 公斤的穀物，該農作物每公斤在市場的售價為 200 元，其生產成本為每公斤 100 元，運費為每公斤每公里 2 元。若有甲、乙兩塊土地，甲地位在市場，乙地距市場 25 公里，則兩地的區位租為何？

　　對甲地而言，因為農地在市場，所以無需運費，即 d=0，故甲地的區位租為

　　　　$R_{甲}=E(P-a)-Efd=40\times(200-100)=4,000$ 元／公畝

　　對乙地而言，因為距離市場 25 公里，所以其區位租為

　　　　$R_{乙}=E(P-a)-Efd=40\times(200-100)-40\times2\times25=2,000$ 元／公畝

　　由上述例子可知，在距離市場 25 公里的地方，其區位租已比市場的區位租減少了一半。那麼在何距離時，其區位租會變成 0？

　　根據區位租的公式，當區位租為 0 時，即

　　　　$R=E(P-a)-Efd=0$

　　所以 $d=(P-a)/f$

　　故 $d=(200-100)/2=50$ 公里

　　由上例可知，該農作物在市場的區位租為 4,000 元／公畝；在距離市場 25 公里時，區位租已下降為 2,000 元／公畝；在距離市場 50 公里時，其區位租變為 0。這種區位租隨距離增加而遞減的變率稱為區位租梯度 (rent gradient)。若以市場為中心，則該市場的區位租下降曲線將市場包圍在中央而形成一區位租錐體 (rent cone)，其底部的外緣即為該農

作物的耕作邊界（圖 3-1）。

C. 兩種作物的區位租

在圖 3-2 中，AA′ 和 BB′ 分別是農作物 a 和農作物 b 兩種作物的區位租曲線，其交點為 C，農作物 a 的耕作邊界為 A′，農作物 b 的耕作邊界為 B′。若在距離市場 A′ 點以內的範圍內種植農作物 a，在 A′B′ 距離範圍內種植農作物 b，則其總區位租為 AOA′ 三角形區域面積加上 A′MB′ 三角形區域面積。

若在距離市場 C′ 處的範圍內（C′ 為作物 a 和作物 b 兩區位租曲線之交點在距離軸上的投影點）種植作物 a，在 C′B′ 距離範圍內種植作物 b，則其總區位租為 AOC′C 梯形區域面積加上 C′CB′ 三角形區域面積。比較這兩種區位租，即可發現後者比前者多出 A′CM 三角形區域面積，因此後者的區位租大於前者。在農民為經濟人的前提下，因為要追求最大利潤，所以在距市場為 C′ 範圍內種植作物 a；在 C′B′ 的範圍內種植作物 b，將可達到最大區位租。

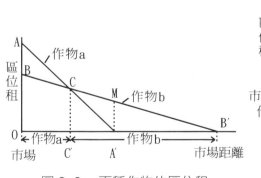

圖 3-2　兩種作物的區位租

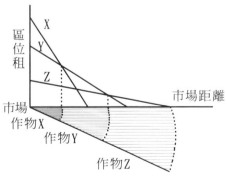

圖 3-3　三種作物的區位租

　　若有三種以上作物，則其土地利用可參考圖 3-3。由圖 3-3 可知，其土地利用係以市場為中心，呈同心圓狀的分布，最靠近市場之區域為最集約農作，最外圍者則為最粗放農作。

三、邱念的農耕系統

　　邱念在《孤立國》中，敘述了六種農耕系統（圖 3-4(a)），由內而外依序為：

1. 自由現金作物 (free cash cropping) 區

　　包括園藝作物和酪農業，因為這些產品很容易腐損，所以其區位要儘可能靠近市場。其土地利用非常集約，需要眾多勞力和大量肥料。在邱念時代，馬車是主要運輸工具，而馬車由城市運送肥料的範圍可達 4 哩，因而當時自由現金作物區的外緣距離市場為 4 哩。

2. 林業 (forestry) 區

　　以現在的觀點來看，在第二區做為森林區是很不經濟的，但是我們必須注意當時的工商交通不如現在進步發達，當時的建築和燃料都需要大量木材，而且當時是馬車時代，其運費也非常貴，所以森林接近市場可降低成本。

3. 作物輪耕系統 (crop rotation system) 區

　　第三、四、五圈的環狀區域都屬於輪耕區，只是其集約程度逐漸降低。第三圈為六年輪耕區，第四圈為七年輪耕區，第五圈為三圃式 (three-field) 系統。

4. 放牧區

　　也是和城市有機能連接的最遠區域，大約距城市 230 哩。在邱念時代，區域六距市場實在是太遠了，因而無法很經濟的運送穀物。在區域六之外即是野生地 (wilderness) 了。

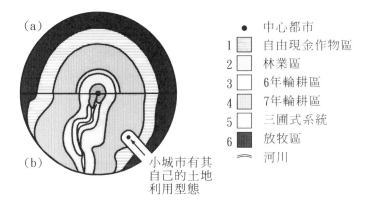

圖 3–4　邱念模式的空間結構(a)簡單型態(b)複雜型態

　　邱念雖然提出「孤立國」模式，但是他知道真實世界是和「孤立國」不同，因此需要修正其模式，以符合真實世界。邱念假想有一條可航行的河川流經該平原農業區，且船的運費僅為陸上運費的 1/10，因此位在河邊但距離市場有 100 哩的農場，相對可及程度 (relative accessibility) 是和內陸道路旁距離市場有 10 哩遠的農場一樣；若該農場由河邊遷移至距河岸 5 哩處，其相對可到達程度與陸上距市場 15 哩遠的農場一樣。因而邱念繪製出河流兩岸的農耕系統（圖 3–4(b)）分布。後來邱念又在孤立國的主要城市旁邊加入一個小市鎮，來說明其對土地利用的影響，該小市鎮亦擁有自己的腹地，因而使得大城市的土地利用就變得不對稱了(圖 3–4(b))。

四、邱念理論之實例

　　雖然今天的農業和運輸科技已有極大進步，而且世界人口也已大幅成長，但是邱念在「孤立國」中提出的原則，即土地利用的型態隨著距市場的距離而有差異，仍是存在於各種尺度的空間結構中。

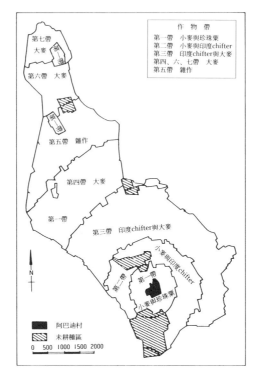

圖 3–5　印度北部阿巴迪村落的土地利用
資料來源：P. M. Blaikie(1971)，《印度村落的組織》。

有一位學者曾調查印度北部的一個村落，他非常精確的量測了當地的土地利用，其土地利用圖可參考圖 3–5。由圖可見，村落阿巴迪 (Abadi) 四周的土地利用係呈同心圓而變化。

1952 年，曾有學者探討西歐的土地利用，並調查歐洲的農業強度，其每畝土地的生產力是以 8 種農作物為基礎，其農作物為小麥、燕麥、大麥、蕎麥、玉米、馬鈴薯、甜菜和乾草。就全歐洲來看，每種農作物每畝地的平均產量視為指數 100，然後計算每個國家的單位面積耕地產量之相對值，然後發現荷蘭、比利時的農業強度最大，其附近之丹麥、

瑞士和英格蘭次之。全歐洲的農業土地利用強度分布可參考圖 3-6，由
圖可見，洲際的土地利用亦符合邱念理論。

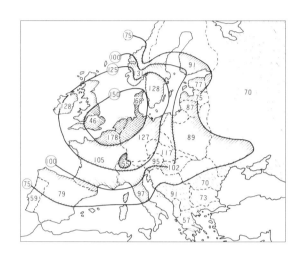

圖 3-6　歐洲農業生產強度圖
資料來源：M. Chisholm(1967)，《鄉村聚落與土地利用》。

第二節　製造業活動的區位分布

在上一節中介紹了城市作為農業消費中心對其周圍郊區土地利用的
影響。此外，城市還是各種天然資源的最大消費中心，因此城市這個市
場對於其外圍地區的資源加工區位及工業型態亦有巨大影響力。

一、韋伯理論的基本假設

德國經濟地理學者韋伯 (Alfred Weber) 早在 1909 年就注意到這個
空間結構問題，他首先發表「工業的區位理論」(*Theory of the Location of
Industries*)，冀圖將表面看似毫無秩序的工業整理出系統。他和邱念一樣，

提出一些基本假設，然後據此推導出其模式。韋伯模式主要是探討運輸成本、勞工成本和聚集經濟 (agglomeration economies) 三項經濟活動之間的關係。其基本假設如下：

1. 有一廣大平原，平原上的人種、文化、氣候、政治和經濟制度都是相同的。

2. 平原上的天然資源分布並不平均，這即表示工業生產所需的原料、燃料和水等資源僅集中在某些特定位置。

3. 在此平原上，交通系統及其難易程度各地均是一致的。

4. 工業產品的消費中心位置和規模大小是一定的，因此平原上的市場是呈點狀的分布。

5. 勞工的區位是固定的，勞工的供應是無限的，所以沒有勞工移動的問題。

6. 企業家都是尋求生產總成本最小的區位。

7. 土地、建築、設備、利息及固定資本的折舊等都不會隨區域而異。

8. 是完全競爭的經濟，因此在一定的區位上，其資源和市場都不會受到限制，而且沒有任何公司廠商可以獲得獨佔利益。

二、運輸成本

工業原料運到工廠，和工業產品運到市場，都必須考慮運輸成本。通常運量愈大，成本愈高，為了節省運輸成本，因而運量要愈小愈經濟。

在工業製造過程中，原料常會減輕重量，這種現象稱為失重 (weight loss)。一種工業，在製造過程中，若原料的失重非常大，則這種工業是屬於資源導向 (resource-oriented) 工業。例如將木材製成紙漿和紙，其失重可達到 60%，因此紙漿廠和造紙廠幾乎都位在森林地區，而不在市場，所以紙漿和造紙工業是屬於資源導向工業。再如釀酒業，因為其產品幾

乎沒有失重現象，所以是市場導向 (market-oriented) 工業。

A. 線上的區位

　　我們首先假設最簡單的情形，即在一路線上有一個原料產地 (R) 和一個市場 (M)（圖 3-7⒜）。基本而言，在所有一切其他成本（包括勞工、動力、稅金等）都是固定而且在各地都相同的條件下，運輸成本是隨著距供應地的距離增加而上升。在圖 3-7⒜中，垂直軸代表成本，水平軸代表距離。若裝卸成本是相等的，且由 R 至 M 的送貨成本是距離的函數，則其總運輸成本可由圖 3-7⒜中的實線表示。由圖可知，在原料產地 (R) 和市場 (M) 兩地，其運輸成本為最小，在 RM 線上其他各點的運輸成本都相同，而且都比 R 和 M 的運輸成本大。

　　當原料加工後，通常都會發生質量、重量或價值的改變，這些改變也影響運輸成本。此外，原料的運輸成本和產品的運輸成本也是不一樣的。在圖 3-7⒝中，R 和 M 的送貨成本曲線斜率不等。圖 3-7⒝係假設原料產地的送貨成本較高，因此其運輸成本在原料產地 R 為最低。反之，若市場的送貨成本高，則圖 3-7⒝中的運輸成本將在市場 M 最低，其運輸成本曲線即將改變。

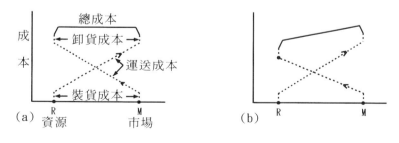

圖 3-7　韋伯的工業區位

　　若原料產地與市場之間有轉運站 (I)，且送貨成本有水運和陸運之別時，工廠應設在原料產地 (R)、或轉運站 (I)、或市場 (M)？這個問題就變得相當複雜，已超出本書範圍。

B. 面上的區位

　　假定地表有兩個原料產地 (R_1) 和 (R_2) 和一個市場 (M)（圖 3–8），若單位重量的運輸成本都相同，則三個點的運輸成本分別可用同心圓的等值線 (isotims) 來表示。因為是在平原上，所以三個點的等值線同心圓大小都一樣。各等值線的交點之總和值即為總運輸成本，然後將總運輸成本相等的各點連接起來，即成為等費線 (isodapanes)。在圖 3–8 中，最低的等費線剛好與三點等距離。

　　如果上面例子中的三個點的單位重量運輸成本不相同，則各點的運輸成本等值線即不一樣。圖 3–9 係為原料產地 R_2 的運送成本為其他兩地 R_1 和 M 的兩倍的情形，在圖中其等費線的幾何圖形已與圖 3–8 中的等費線不同。由圖也可得知，較高的運輸成本是朝向原料產地 R_2 的。

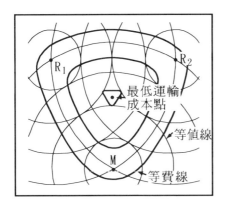

圖 3–8　各點運輸成本相等的等費線

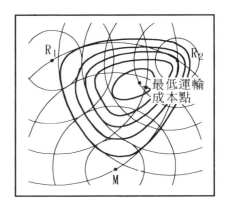

圖 3–9　R_2 運輸成本較高的等費線

第三節　服務業活動的區位分布

服務業的最大特徵是集中，都市又是人口和各種服務業最集中的地區。在世界各地，都市中心及其服務的區域都是以空間階層 (spatial hierarchies) 的方式組織而成。

一、都市階層

A. 中地理論

1933 年地理學者克瑞斯陶勒 (Walter Christaller) 在《南德的中地》(*Central Places in Southern Germany*) 書中，首先提出「中地 (central place) 理論」，其基本假設如下：

1. 有一個面積無限的均質平原，該平原上各方向的交通難易程度相同，而且只有一種交通工具。運費是與距離成正比的。

2. 平原上的人口分布是平均的。

3. 中地即是聚落 (settlement) 的中心，它位於平原之上，它提供其腹地貨物、服務及行政等機能。例如五金行提供貨物、洗衣店提供服務、市鎮公所提供行政等機能。

4. 消費者需要貨物或服務機能時，都到最近的中地取得其需要，這即是說消費者只旅行最短的距離以獲得其需要。

5. 機能的提供者都是經濟人，他們在平原上的區位都希望擁有最大的市場，以獲取最大的利潤。又根據第 4 點，消費者都光顧最近的中地，因此供應者和供應者之間要距離得愈遠愈好，這樣彼此才可擁有最大的市場範圍。

6.有些中地提供的機能較多，有些中地提供的機能較少。提供較多機能的中地稱為高級中地，提供較少機能的中地稱為低級中地。

7.高級中地供應的某些機能是低級中地無法提供的；而低級中地提供的所有機能，高級中地都具備。

8.所有的消費者都有相同的收入，而且他們對貨物和服務的需求是相同的。

B. 商品圈和商閾

克瑞斯陶勒的「中地理論」主要探討的兩個原則為商品圈 (range of the good) 和商閾 (threshold)。茲簡介如下：

1. 商品圈

現假設只有一種商品和一個供應者。該商品的需要是由其價格而定（圖 3–10），若價格上升，則需要減少。根據克瑞斯陶勒第 8 項假設，即所有的消費者都有相同的錢可以購買同一項特定商品。所以一個消費者，若必須旅行若干距離才能到達中地，其購買該商品的錢必定比住在中地區的消費者少，因為他還必須負擔部分交通費。因此不住在中地區的消費者能夠購買的商品就較少。在相同的收入下，商品的需求量與距市場（即中地）的距離之關係可參考圖 3–11。

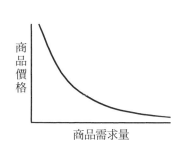

圖 3–10　需求與價格關係圖　　圖 3–11　需求與距離的關係圖

　　由圖可知，距離中地愈遠，運輸成本愈高，其需求量也就愈小，這種因距離而造成的需求遞減關係稱為距離的摩擦效應。在圖 3–11 中之 C 點處，即表示該地消費者的所有收入皆用來負擔交通成本，因而再無能力購買商品，因而 C 地的消費者自然不再願意旅行去購買中地 A 的商品，因此稱這段距離 AC 為該商品的商品圈。

2.商閾

　　對任一特定商品而言，若要維持該商品銷售有利潤，則市場必須要有一個最小的需要量。例如一個理髮師在一星期內至少需為若干人理髮，才能夠維持其店面之租金、理髮工具之折舊、清掃垃圾之雇工、及自己的工資等。若無法達到服務之最少標準時，該理髮師將會賠錢。維持該理髮師不賠錢之最低服務人數即為其閾值，所以對任一商品而言，維持其不賠本之最少市場需要量即為其閾值。

　　通常消費者在需要一個商品時，都只造訪其最近的中地，因此商閾即是生產者的最小市場區域；但是廠商都希望其市場比商閾大，如此才能增加其利潤，其商品圈即為其市場的最大外緣。兩者之間的關係可參考圖 3–12。

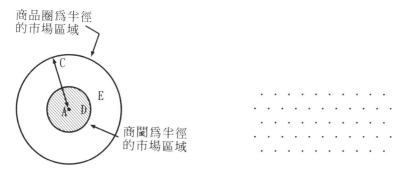

圖 3–12　市場的最大與最小範圍　　圖 3–13　商店的分布呈等邊三角形

二、市場的空間結構

若平原空間範圍很大，需求很多，而且同一貨品的供應商不止一人時，則該貨品的最大供應商數目可由其閾值推導出來。例如平原上每週有 10,000 個潛在需求單位 (potential units)，然而每一個商店的閾值每週為 100 個單位，在這種情形下，則該平原的最大商店數目為 100 個。

這 100 個商店在平原上的位置並不是任意分布的，它們因有彼此競爭，都為了確保利潤，因此相互之間的距離是愈遠愈好。大家都是這樣的運作，因此這 100 個商店就平均的分布在該平原之上。而且是形成等邊三角形的結構型態（圖 3–13），因而每一商店都與其周圍六個最近的競爭對手等距離。

若平原上只有一家商店 D，則其最大市場是圓的（參考圖 3–12），其半徑即為其商品圈範圍。當有競爭者 E 加入後，E 則服務 E 區域的顧客，而原來的 D 仍然服務 D 區域的顧客。若兩商店的服務圈不重疊，則必定有區域是屬於無商店服務的區域（參考圖 3–14）。因為要服務所有的顧客，所以彼此的圓形市場必定要相互重疊（圖 3–15）。在相互重疊的服務區中，顧客是往最近的中地消費，因而造成市場的空間結構變為正六邊形（圖 3–15）。

正六邊形的市場結構是平原上中地的最有效排列，因為每一個顧客都有商店為他服務，而且每一商店也都可以維持其最小的利潤。就平原而言，銷售同一商品的商店可達到極大數目；對消費者來說，他獲得商品所需的旅程也可降到最低。克瑞斯陶勒稱這種中地的排列為市場原則 (market principle)。

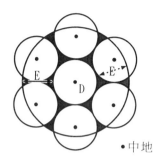
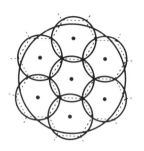

●中地

圖 3-14　黑影區是未被服務區　　圖 3-15　正六邊形市場服務區可覆蓋
完全市場

三、商品等級

　　為了考慮整個中地系統，還必須將其他商品再加入。每一項商品都各有其閾值和商品圈。販賣不同商品的廠商都喜歡聚集在中地，如此才能便利顧客。具有同樣閾值的商品都會集中在相同的中地出售，通常閾值愈小，則其中地愈多。

　　閾值小和市場面積小的商品稱為低級商品 (low order goods)，例如麵包、雜貨和五金等；閾值高並且市場面積大的商品稱為高級商品 (higher order goods)，例如皮貨和珠寶等。若中地只販售低級商品則稱為低級中地 (low order centers)，通常其數目非常多。若中地提供高級商品，則稱為高級中地 (high order centers)，通常其數目較少。

　　低級中地只供應低級商品，因為在低級中地銷售高級商品毫無利潤。反之高級中地除出售高級商品外，也出售較低級中地的商品。因為高級中地提供的貨物多，服務機能大，因而雇用的人也多。因為中地的人口數和其雇用的員工有關，所以中地的等級不同，其人口數差別也大。表 3-1 是德國南部各類中地的數目及其相應的人口數。基本而言，中地的等級不同，其機能的型態、機能的數目、市場的面積、就業的員工、和

人口的數量等就有顯著差異。

表 3-1　克瑞斯陶勒之南德中地資料

中地名稱	中地等級	人口數（約）（千人）	與其他市鎮距離（公里）	服務區面積（平方公里）
Landstadt(L)	高	500	187	35,000
Provinzstadt(P)		100	109	11,650
Gaustabt(G)		30	63	3,880
Bezirkstadt(B)		10	36	1,243
Kreisstadt(Kr)		4	21	414
Amtsort(A)		2	13	140
Marktort(M)	低	1	7	47

四、都市階層的空間型式

　　都市的空間型式依其組織的不同，可分為三大類：即市場原則、運輸原則 (transportation principle) 和行政原則 (administrative principle)。這些原則的空間排列可用 K 值來表示，所謂 K 值即表示低級中地數受到高級中地影響的程度，這也就是指不同等級中地間市場數目之間的關係。

A. 市場原則

　　是 K=3 的中地體系（參考圖 3-16(a)）在這個體系中，最高級中地只有 1 個，第二高的中地數有 2 個，第三高的中地數為 6 個，第四高的中地數為 18 個，第五高的中地數有 54 個，其餘依次類推，其第 i 高的中地數 $N_i(3)$ 為

　　　　$N_i(3)=2 \times 3^{(i-2)}$（$i \geq 2$ 的自然數）

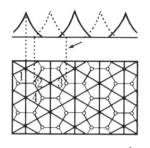 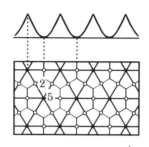 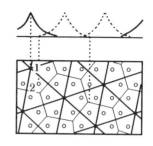

(a)市場原則　$K=1+(6\times\frac{1}{3})=3$　(b)運輸原則　$K=1+(6\times\frac{1}{2})=4$　(c)行政原則　$K=1+(6\times1)=7$

圖 3-16　中地的空間結構

B. 運輸原則

是 K=4 的中地體系（參考圖 3-16(b)）。在這個體系中，最高級的中地只有 1 個，次高級中地有 3 個，第三高的中地數為 12 個，第四高的中地數為 48 個，其餘依次類推，其第 i 高的中地數 Ni(4) 為

$$Ni(4)=3\times4^{(i-2)}（i\geq2 \text{ 的自然數}）$$

C. 行政原則

是 K=7 的中地體系（參考圖 3-16(c)）。在這個體系中，最高級的中地只有 1 個，次高級的中地有 6 個，第三高的中地數 42 個，第四高的中地數有 294 個，其餘依次類推，第 i 高的中地數 Ni(7) 為

$$Ni(7)=6\times7^{(i-2)}（i\geq2 \text{ 的自然數}）$$

綜合以上 K=3、K=4 和 K=7 的中地數目三個公式，可得任意原則第 i 高級的中地數 Ni(K) 為

$$Ni(K)=(K-1)\times K^{(i-2)}$$

有學者曾利用中地理論研究我國四川成都附近東南平原上的墟市，

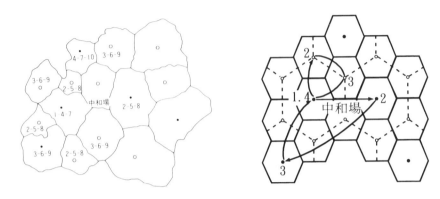

圖 3-17　中國四川省市集的 K=3 空間結構

結果發現大麵鋪與中和場兩個小市集和其外圍的墟市分布結構是按照 K
=3 的市場原則排列的（參考圖 3-17）。

本章重點

1. 人類的各種產業活動都有其適當的經營地區，這種適當的地區即是區
　位。好的區位可減輕成本，增加競爭力。

2. 在均質平原上，土地利用會受到土地的報酬定律影響，因而土地利用
　的空間型態亦產生差異。

3. 區位租的計算公式為 R=E(P-a)-Efd。

4. 邱念的土地利用模式是以市場為中心，各種不同的土地利用係呈同心
　圓狀分布。愈接近市場，土地利用愈集約；愈遠離市場，土地利用愈
　粗放。

5. 韋伯模式是探討製造業的運輸成本、勞工成本及聚集經濟之間的空間
　關係。

6. 工業製造過程中，原料常會失重，失重大的工業屬於資源導向工業，
　失重小的工業屬於市場導向工業。

7. 在地圖上將總運輸成本相等的各點連接成線，該線即為等費線。等費線最小的地點即是工業設廠的最佳區位。

8. 克瑞斯陶勒的中地理論是探討聚落的空間分布特徵之模式，其理論核心為商品圈和商閾兩原則。

9. 克瑞斯陶勒的空間型式主要有三大類，可用 K 值表示。K=3 為市場原則，K=4 為運輸原則，K=7 為行政原則。

10. 在中地理論中，任意原則第 i 級的中地數理論上為 $Ni(K)=(K-1)\times K^{(i-2)}$。

本章習題

1. 比較邱念模式、韋伯模式和克瑞斯陶勒模式三者之間的基本假設。

2. 何謂區位租？當一個平原上可種植三種不同作物時，其土地利用應如何選擇？

3. 在一均質平原上，若有二個原料產地和一個市場，其工廠區位應如何選擇？

4. 何謂距離摩擦效應？它與商品圈的大小有什麼關係？

5. 何謂閾值？它與商品圈的範圍有何關係？

6. 以你家的鄉鎮為例，調查各級中地的商品的分布，並討論其中地的空間分布特徵。

第 4 章

經濟活動的區位問題㈡

在上一章中，所討論的經濟活動之空間結構是以個人和廠商為主所形成的。至於大範圍區域的經濟活動之空間組織則與經濟的規模和發展有關。

第一節　規模經濟與聚集經濟

一、生產成本

一個生產者在生產某一種產品時，必須要利用一些生產要素，將這些生產要素製造成產品又必須利用一些設備，而這些設備在短時間內常常是固定不變的。產品的生產成本 (production cost) 是指生產該產品需付出的代價，其代價有顯而易見的，也有晦暗不清的，前者稱為明顯成本 (explicit cost)，或外顯成本，後者稱為隱藏成本 (implicit cost)。明顯成本包括生產者需支付的地租、利息、和工資等；隱藏成本則是指生產者自己本身投入的勞務和資本等。生產者的總成本 (total cost)（簡稱為 TC）應包括生產者支付的明顯成本和並未支付的隱藏成本。

若生產者的收益（或收入）大於其總成本，則稱為有經濟利潤 (economic profits)，若小於其總成本，則缺乏經濟利潤，若剛好等於其總成本，則稱為有正常利潤 (normal profits)。若一行業的廠商實際利潤大於正常利潤，在這種情況下，將會不斷有新的競爭者加入；反之，現有的廠商

將會陸續退出該行業。

　　從事任何一種生產，都需要一些固定的設備，例如機器、廠房、土地等，這些固定設備不論使用與否，都會有折舊，都要支付資金，這些成本統稱為固定成本 (fixed cost)（簡稱為 FC）。除固定成本外，尚有變動成本 (variable cost)（簡稱為 VC），例如原料、勞工等。總固定成本 (TFC) 與總變動成本 (TVC) 之和亦為總成本 (TC)。總成本除以其總產出即為其單位產品的總成本，稱為平均總成本 (average total cost)（簡稱為 ATC）。平均總成本又為平均固定成本 (AFC) 和平均變動成本 (AVC) 之和。上述各項成本之關係可參考表 4–1。

表 4–1　各種生產成本

總產出 TP	總固定成本 TFC	總變動成本 TVC	總成本 TC	平均固定成本 AFC	平均變動成本 AVC	平均總成本 ATC
0	300	0	300	–	–	–
1	300	150	450	300.0	150.0	450.0
2	300	280	580	150.0	140.0	290.0
3	300	400	700	100.0	133.3	233.3
4	300	500	800	75.0	125.0	200.0
5	300	580	880	60.0	116.0	176.0
6	300	680	980	50.0	113.3	163.3
7	300	800	1,100	42.9	114.3	157.2
8	300	960	1,260	37.5	120.0	157.5
9	300	1,140	1,440	33.3	126.7	160.0
10	300	1,340	1,640	30.0	134.0	164.0

　　由表 4–1 可知，總固定成本與產出水準無關，但平均固定成本卻隨產出的增加而遞減，這主要是因為產出增加後，固定成本可以分攤到較多的產品上，因而使得單位產品的固定成本下降。而變動成本則是與產出水準有關，通常產出愈多，變動成本愈大。不過平均變動成本則先是

隨產出的增加而減少，但是在達到某一水準後，平均變動成本就不再下降，反而又再開始上升。導致這種現象的原因是因為生產開始時，生產效率不大；後來隨著產出的增加，生產效率提高因而成本下降；但是若產出仍一直增加，則會使得原有的固定設備不足，因而再導致生產效率下降。

二、規模經濟

產品的生產成本通常是隨產量的多寡而變化的，如果一項產品的單位生產成本（即平均總成本）是隨著該產品產出的增加而遞減，則在達到最小單位生產成本之前，都稱為規模經濟 (economies of scale)。當生產成本達到最小的單位生產成本之後，若還繼續增加產量，則其單位生產成本又會再度提高，這種現象稱為規模不經濟 (diseconomies of scale)。當單位生產成本達最小時，其產量稱為最小有效產量 (minimum efficient size)，簡稱為 MES（圖 4–1）。

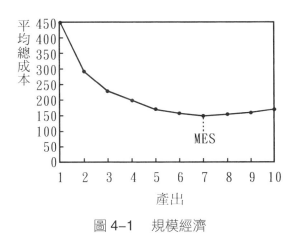

圖 4–1　規模經濟

規模經濟在達到 MES 之前，產品的單位生產成本都是在遞減階段，

形成這種現象的原因主要為：

1. 人力的分工

工廠的勞工會因工作量太少而不經濟，故增加產量有利於勞工的分工並提高工作效率。

2. 設備的運轉效率

因為工廠的機器設備在短期內是固定的，若生產規模太小，會造成機器閒置，還有許多產業為一貫作業生產線，如鋼鐵和水泥等，若這些設備用來從事小規模生產，是無法發揮其功能，這即是一般人所說的「殺雞用牛刀」。所以增加生產或擴大規模生產可以降低產品的機器固定成本。

3. 大宗採購

大規模採購通常可享受折扣，因而降低原料成本。

4. 副產品的利用

大規模生產可有效利用其副產品，相對的使生產成本下降。

5. 大量產品的銷售

大規模生產的產出大，而大量產品銷售時，可節省運輸成本及銷售人事成本。

三、聚集經濟

在規模經濟中討論的是工廠本身生產規模擴大後所產生的經濟。如果工廠的生產規模不擴大，是否也可獲得規模經濟呢？若工廠本身內部的生產規模不擴大，但是工廠外部的環境改變，例如有許多其他工廠集中、或公共設施及投資改善等，也都可能降低生產成本而獲得經濟利益。其中因各類產業的集中而獲得的經濟利益稱為聚集經濟 (economies of agglomeration)。

　　聚集經濟與區位 (location) 和集中有密切關係，通常工廠都是聚集於原料產地、交通的起迄點和轉運點、廉價勞工地點及市場等地。因為聚集經濟是由外在環境的改變而產生的類似規模經濟，所以又稱為外部規模經濟 (external economy of scale)。聚集經濟包括區位化經濟和都市化經濟兩大類：區位化經濟 (localization economies) 是指許多相同性質或彼此有互相關聯性質的工廠集中在一個地區內而獲得的經濟；都市化經濟 (urbanization economies) 則是因都市而獲得的經濟。

　　當許多產業聚集在一起時，其生產成本可以降低，因而會獲得經濟。其主要原因有：

1. 專業化的經濟

　　因為若有許多相同性質或彼此相互有關的工廠聚集在一起時，彼此原料相同，可同時採購，而達到大宗採購的利益。而且上游工廠的產品又是下游工廠的原料，又可節省運費。同性質工廠多，又容易雇請勞工，而且勞工的專業技術亦會提升。

2. 分享公共設施

　　公共設施包括道路、通訊、電力、金融、保險、醫療、警政及學校等，這些設施的服務成本可因眾多工廠的聚集而分攤，故相對的降低了成本。

3. 資訊的交流

　　現代科技進步迅速，工廠聚集在一起有助於獲得新資訊，因此對技術的革新、市場的商情、及員工的再教育均有利。

第二節　產業連鎖

　　在上一節聚集經濟中曾討論到相關產業聚集在一起，可使上游產業的產品變成下游產業的原料，因而獲得經濟利益，這種關係即稱為產業之間的連鎖 (linkages or connections)。

一、生產連鎖的方式

　　生產連鎖主要是指在產業的生產過程中,其原料和產品的流通關係。基本而言，生產連鎖有下面四種型式:

A. 單一連鎖

　　是指一家工廠的產品只提供給另一家工廠當做原料，下游工廠在接收上游工廠的原料後,經過加工即製成產品供應市場消費的連鎖關係(圖4–2)。例如麵粉工廠生產的麵粉提供給麵包工廠作為原料，然後麵包工廠再用麵粉做成麵包產品。

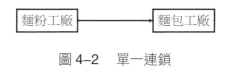

圖 4–2　單一連鎖

B. 多向連鎖

　　是指一家工廠的產品提供給許多家工廠作為原料的連鎖關係。例如煉油廠生產的產品可提供給塑膠、合成纖維、農業、化學肥料、藥品、塗料等工廠做為原料 (圖 4–3)。

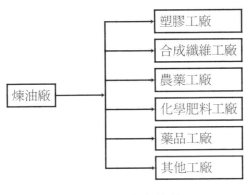

圖 4-3　多向連鎖

C. 多源連鎖

　　是指一家工廠所使用的原料來自許多不同工廠的產品的連鎖關係。例如飛機製造廠所需原料至少需要由鋼鐵廠、塑膠廠、電子廠、電腦廠、引擎廠等提供（圖 4-4）。

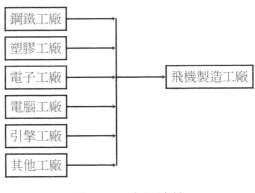

圖 4-4　多源連鎖

D. 鏈的連鎖

是指像鏈一般成串的連鎖關係。這種鏈的連鎖又可分為單鏈連鎖和多鏈連鎖兩種。

1. 單鏈連鎖

是指單一連鎖的擴大。例如鋸木廠、製紙廠和印刷廠即構成單鏈連鎖關係（圖 4–5）。

圖 4–5　單鏈連鎖

2. 多鏈連鎖

是上述所有連鎖的綜合，也是最複雜的連鎖關係（圖 4–6）。

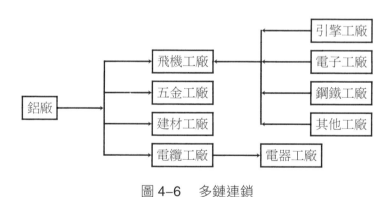

圖 4–6　多鏈連鎖

二、產業連鎖的類型

前面討論的產業連鎖都是指工廠間的原料和產品之間的流通關係。事實上，各產業之間彼此關係並非只有產品和原料的往來，有時各產業

之間尚有資金、資訊及服務的關係，這些關係也稱為連鎖。因此任何一種產業不可能獨立，它必須與其他產業連鎖，任何一種產業與其他產業之間的連鎖都相當複雜。根據連鎖的性質，產業的連鎖可分為三大類型：

1. 生產連鎖 (production linkage)

是指產業間有實際物質即產品和原料的流通的連鎖。若甲工廠的產品是乙工廠的原料，則稱乙工廠是甲工廠的後向連鎖 (backward linkage)，甲工廠是乙工廠的前向連鎖 (forward linkage)。

2. 服務連鎖 (service linkage)

是指產業之間提供金融、保險、會計、維修等服務而產生的連鎖關係。

3. 市場連鎖 (marketing linkage)

是指如何將各產業之貨物分配到消費者身上的一種連鎖關係，主要包含包裝、批發、輸送、和銷售等的連鎖關係。

第三節　空間經濟的發展

一個區域的經濟發展最先是由少數地點的發展，進而再影響到其他地區的發展，最後才造成全面的發展。在發展過程中，運輸系統的建立具有極大的影響力。本節先以西非洲的迦納和奈及利亞兩個臨海國家為例，說明其交通網路發展的六個階段（圖 4–7）。

1. 第一階段

海邊只有一些分散的小港口，每個小港口的腹地面積都不大。

2. 第二階段

在這些小港口中，有兩個港口（P_1 和 P_2）的市場區域開始擴大，主要原因是港口和其內陸的腹地城市之間興建了道路系統，因而造成運輸

成本下降，於是導致 P_1 和 P_2 兩個港口產生集中現象。

3.第三階段

在主要港口（P_1 和 P_2）與其內陸腹地城市（I_1 和 I_2）之間的交通線上再發展支線，在主要交通線上形成許多小市鎮，而且兩個大港口繼續擴大其腹地。這時原來海邊其他的小港口開始萎縮。

4.第四階段

這時主要港口原來的獨立交通路線開始相互連接，形成交通網路系統，原來獨立路線上的內陸小市鎮開始兼併形成內陸中型都市（N_1 和 N_2）。

5.第五階段

由於交通網路的形成，使都市的聚集經濟效應更加明顯，因而都市之間的競爭也日益激烈，從此各都市之間及都市與其腹地之間的交通更加發達。

6.第六階段

這時主要都市之間的幹線交通網形成，都市因為發展的差異，機能的不同，開始產生大小有別的都市，因而形成了都市階層系統。

瞭解了西非洲的例子後，再看看紐西蘭南島 (South Island) 的發展過程（圖 4–8）。由圖可知紐西蘭的南島發展相當類似西非的發展模式。在 1853 年和 1867 年時，南島有許多孤立的小港口。到 1881 年時，內陸運輸交通建立，因而中型港口都市出現。後來隨著交通的發展，中型都市開始擴大，小型港口也開始萎縮。到 1960 年時，一個大型港口都市和三個中型港口都市幾乎取代了原先的大部分小型港口市鎮。

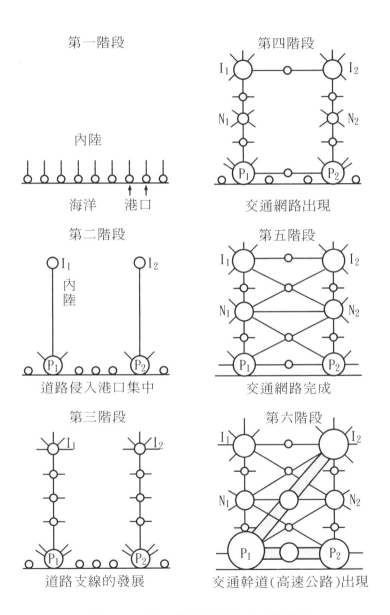

第一階段

內陸

海洋　　港口

交通網路出現

第二階段

I_1　　I_2

內陸

P_1　　P_2

道路侵入港口集中

第三階段

I_1　　I_2

P_1　　P_2

道路支線的發展

第四階段

I_1　　I_2

N_1　　N_2

P_1　　P_2

第五階段

I_1　　I_2

N_1　　N_2

P_1　　P_2

交通網路完成

第六階段

I_1　　I_2

N_1　　N_2

P_1　　P_2

交通幹道(高速公路)出現

圖 4-7　港口與內陸城市的空間發展
資料來源：M. G. Bradford and W. A. Kent (1978)，《人文地理學》。

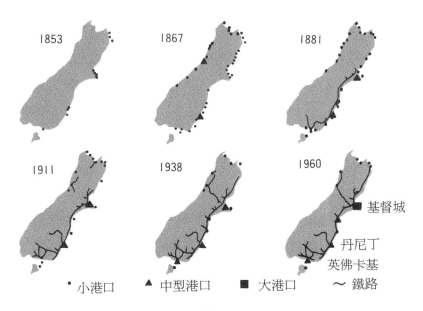

1853 | 1867 | 1881

1911 | 1938 | 1960

基督城

丹尼丁
英佛卡基

・小港口　▲中型港口　■大港口　～鐵路

圖 4-8　　紐西蘭南島的發展過程
資料來源：P. Hagget (1979)，《地理學》。

第四節　區域的核心與邊陲

　　由第三節的說明，可知一個區域中經濟的發展有空間的差異，這種空間的差異最後會加速形成該區域的不均衡，最後造成該區域中有快速發展的核心區 (core region) 及發展相對落後的邊陲區 (periphery region)。

一、核心與邊陲的意義

　　凡是一個大區域（特別是一個國家）中，最具有發展潛力及最富創新能力的地區即稱為該區域的核心區，核心區又名中心 (center)。相對於核心區，其外圍偏遠的地方稱為邊陲區。核心區通常產業發達、經濟進步，其經濟活動主要是以第二和第三級產業為主。邊陲區則產業不發達、

經濟落後，其經濟活動主要是以第一級產業為主。

　　核心區的經濟一直成長，成長的動力來源主要是依賴人口、有潛力的企業、資本、和天然資源等不斷從周圍邊陲地區移入。這種由四周邊陲區域向核心區域移動的現象稱為反吸作用 (backwash) 或極化現象 (polarization)。若核心區不斷成長，因而各種資源將一直向核心集中，因此造成核心區的良性循環 (virtuous circles)；反之對邊陲區而言，其各項資源若一直不斷地流失，會造成惡性循環 (vicious circles)。圖 4–9 是以資本投資為例，說明邊陲區的惡性循環情形。

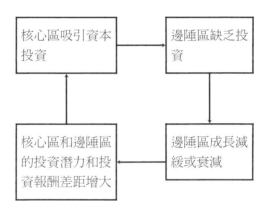

圖 4–9　邊陲區的投資惡性循環

二、核心區和邊陲區的關係

　　核心區和邊陲區之間的關係主要有兩種基本類型：

1. 擴散效應

　　擴散效應 (spread effect) 是指核心區將其資本、技術、管理、制度、和觀念等，透過教育和媒體宣導等方式傳播到邊陲區，進而刺激邊陲區的發展。邊陲區受到核心區的新觀念、新技術、或新資本投資後，極力學習

核心區的發展形式，以加速邊陲區的經濟發展，如此即可縮小邊陲區和核心區之間的差距，最後導致核心區和邊陲區之間的平衡（圖4-10）。

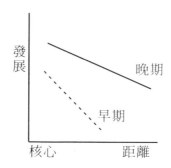

圖 4-10　擴散後的核心區和邊陲區差異
資料來源：M. G. Bradford and W. A. Kent (1978)，《人文地理學》。

2.反吸效應

　　反吸效應 (backwash effect) 是指核心區在發展過程中，並未以其資本和技術帶動邊陲的發展，反而一直不斷地吸收邊陲區的各種資源。邊陲區由於各種資源不斷流失，因而會造成本身經濟停滯或衰退。反吸是核心區的良性循環，退化則是邊陲區的惡性循環。反吸和退化將會導致核心區和邊陲區之間的發展差距加大，因而造成區域發展的不均衡（圖4-11）。

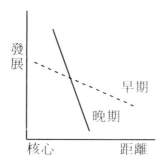

圖 4-11　反吸後的核心區和邊陲區差異
資料來源：M. G. Bradford and W. A. Kent (1978)，《人文地理學》。

三、佛瑞德曼區域發展模式

佛瑞德曼 (John Friedmann) 為美國區域經濟學者，他將核心區和邊陲區的觀念加以整合，提出下列區域發展模式（圖 4–12）。在他的區域發展模式中，區域經濟的發展可分為四個階段：

1. 第一階段（相當獨立的地方中心時期）

地表上散布著許多獨立的地方中心，每個中心都擁有自己的小腹地，各中心之間沒有階層關係。這是工業化之前的結構，基本而言這是屬於相當穩定的階段。

2. 第二階段（強大單一核心時期）

這時出現一個強大的核心區，其餘都是邊陲區。有潛力的企業和勞工紛紛移向核心區，使得全區域（或國家）經濟均集中於核心區，這乃是反吸效應的結果，因而造成核心區和邊陲區的極端不平衡。這是工業化剛開始時的結構，屬於相當不穩定的階段。

3. 第三階段（主核心和次核心並存時期）

單一的核心──邊陲結構乃漸漸轉變成多核心結構 (multi-nuclear structure)，這是擴散效應的結果，因而出現其他次核心，使得邊陲區減小。這些次核心都有其自己的區域性市場，有重要的天然資源，或是宜人的氣候和良好的環境，因而加強了發展的政治需求。

4. 第四階段（機能相互依存時期）

這時核心區和次核心區的經濟持續發展，終於導致各核心區之間的邊陲區消失，各區之間的擴散效應和反吸效應也已達到平衡。這也是最理想的區域發展階段。

第一階段

第二階段

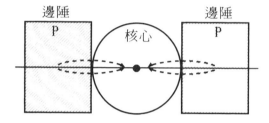

第三階段

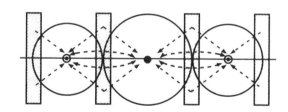

第四階段

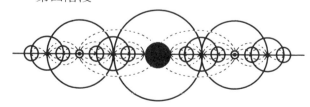

圖 4–12　佛瑞德曼區域發展模式
資料來源：M. G. Bradford and W. A. Kent (1978)，《人文地理學》。

本章重點

1. 產品的生產成本是生產該產品需付出的代價，生產者的總成本包括生產者支付的明顯成本和並未支付的隱藏成本。

2. 若生產者的收益大於總成本，則稱為有經濟利潤；若小於總成本，則缺乏經濟利潤；若剛好等於總成本，則稱為有正常利潤。

3. 平均總成本為平均固定成本和平均變動成本之和。總固定成本與產出水準無關，但平均固定成本卻隨產出的增加而遞減。變動成本與產出水準有關，平均變動成本最先是隨產出的增加而減少，但是在達到某一水準後，平均變動成本就不再下降，反而又再開始上升。

4. 如果一項產品的單位生產成本是隨著該產品產出的增加而遞減，則在達到最小單位生產成本之前，都稱為規模經濟。當生產成本達到最小的單位生產成本之後，若還繼續增加產量，則其單位生產成本又會再度升高，這種現象稱為規模不經濟。當單位生產成本到達最小時，其產量稱為最小有效產量。

5. 若工廠本身內部的生產規模不擴大，但是工廠外部的環境改變，例如有許多其他工廠集中，這種因集中而獲得的經濟利益稱為聚集經濟。

6. 聚集經濟稱為外部規模經濟，它包括區位化經濟和都市化經濟兩大類。

7. 生產連鎖主要是指產業在生產過程中，其原料和產品的流通關係。生產連鎖的四種型式為：單一連鎖、多向連鎖、多源連鎖、和鏈的連鎖。

8. 各產業之間並非只有產品和原料的往來關係，有時尚有資金、資訊及服務的關係，這些關係也稱為連鎖。根據連鎖的性質，連鎖可分為：生產連鎖、服務連鎖、和市場連鎖。

9. 一個區域的經濟發展最先是由少數地點的發展開始，進而影響到其他地區的發展，最後才造成全面的發展。在發展過程中，運輸系統的建

立具有極大的影響力。

10. 一個大區域（特別是一個國家）中，最具有發展潛力及最富創新能力的地區稱為該區域的核心區；相對於核心區，其外圍偏遠的地方稱為邊陲區。

11. 核心區的經濟一直成長，成長的動力來源主要是依賴人口、有潛力的企業、資本、和天然資源等不斷從周圍邊陲地區移入，這種現象稱為反吸作用或極化現象。

12. 核心區和邊陲區之間的關係主要有擴散效應和反吸效應兩種基本類型。

本章習題

1. 說明經濟利潤和正常利潤有何不同？

2. 試比較規模經濟和聚集經濟之異同。

3. 何謂產業連鎖？說明連鎖有那些類型。

4. 試述區域發展與交通系統之間的關係。

5. 探討區域發展過程中為何會發生極化現象，並如何防止極化現象。

第 5 章

經濟發展的區域差異

第一節　經濟發展的意義及測定

　　所謂經濟發展就是追求社會整體的經濟進步與成長，其內容相當廣泛，可包括：人口質量的改善、自然資源的保育與利用、資本的累積、生產技術與產業組織的進步、消費水準的提高等。簡而言之，經濟發展就是追求每個人能以更好的生產方式提供更豐富、更高品質的產品，以服務社會人群並使每個人生活中的各種慾望能獲得更充分的滿足。

　　經濟發展的意義可以由生產面去定義，也可以由消費面觀察出來，為了有一比較客觀的指標，測定方法仍然要有一些標準可循。下面就以平均每個人為基礎，說明經濟發展的各種好處究竟如何表現出來，以及如何產生影響：

1. 由於經濟發展要求有更好的生產方式，那麼以自然人所提供的勞動力而言，我們可以採用每一人或每一工時的產量作為衡量標準，產量提高表示有更高效率的生產方式，產品的品質改善當然也可以表示生產效率的改進，這些都是經濟發展的成果表現。

2. 更高效率的生產方式可以使勞動者在同樣產量下，縮短工作時間，或者在同樣工時下，有更多的產量或品質更好的產品，因此勞動者將可以享有更多的休閒時間或獲得更高的所得。

3. 更多的休閒時間或更高的所得水準均有助於使勞動者有機會享受

更豐富或更高品質的產品，充分滿足他們生活中物質與精神上的慾望。

以上三種推論也是彼此密切相關的，雖然各有不同的指標可以分別顯現成果，但指標之間仍存有互補或替代的關係，因此可以從這三方面進行測定經濟發展的成果。此外，由於社會上各行業勞動者所就業的類別繁多，產品類型沒有固定的單位，消費的方式也各不相同，計測時不但面臨產品數量的衡量標準不一，品質的表示更加困難，目前只有採用貨幣單位作為共同之標準最恰當，尤其以每人的所得更能夠具體說明一個人在就業及消費水準之成果，因此當今世界各國都已經習慣以「每人平均所得」之概念來測定一國經濟發展的表現了。例如每人平均所得較高，則為經濟先進或已開發國家 (developed country)，目前國際經濟合作發展組織（簡稱 OECD）之成員國即屬此一類之國家；反之，每人平均所得較低，則屬於經濟落後或開發中國家 (developing country)，過去亦有將其中特別貧窮的國家稱之為未開發國家 (under-developed country)，但由於用詞較缺乏尊重與禮貌，已逐漸少用於國際社會中。根據「國際貨幣基金會」(International Monetary Fund, 簡稱 IMF) 的統計，近年來世界各主要國家的每人平均所得如表 5–1 所示，由所得的高低可以看出國際間的發展已經產生相當大的差異了，所得比較高的國家如美國、日本每人所得都已超過三萬美元以上，兩萬元以上的則有香港、英國、荷蘭、奧地利、德國、加拿大、法國及新加坡等，顯然是屬於已開發國家，這些國家較印度、菲律賓、土耳其及南非等開發中國家在經濟發展方面的表現明顯是進步許多。我國的水準目前與紐西蘭相近，未來可以將以色列當成追趕的目標，只是就現有的基層建設，臺灣的經濟發展程度應該是介於已開發國家與開發中國家之間，尚待國人繼續加緊努力，才能有更進一步的發展表現。

表 5-1　世界各主要國家的每人平均所得

單位：美元

國別	1988	1990	1992	1999	2000	2001
香港	9,638	12,254	16,615	24,302	24,791	24,450
中華民國	6,333	7,954	10,202	13,235	14,188	12,876
印度	354	362	308	451	460	–
日本	23,786	23,965	29,726	35,478	37,559	32,522
南韓	4,112	5,562	6,746	8,555	9,710	8,899
新加坡	9,365	11,753	16,582	21,434	22,600	20,899
菲律賓	642	715	843	1,073	1,037	980
以色列	9,522	10,729	12,389	16,135	17,073	16,799
土耳其	1,305	1,876	–	2,873	2,967	2,122
南非	2,492	2,781	2,802	2,971	2,857	2,490
澳洲	14,573	16,516	15,938	20,044	19,250	17,895
紐西蘭	14,573	12,464	11,722	13,793	13,079	12,491
加拿大	12,218	20,929	20,030	20,871	22,816	22,184
美國	20,029	22,101	23,707	34,094	35,777	35,478
奧地利	16,496	20,285	23,259	25,957	23,545	23,468
法國	17,190	21,100	23,628	24,414	22,186	22,147
德國	19,531	23,775	22,243	25,611	22,749	22,534
義大利	14,503	18,688	–	20,360	18,442	18,700
荷蘭	15,335	18,710	21,046	25,331	23,435	23,878
英國	14,742	17,213	18,370	24,551	24,358	24,031

註：表中的日本、土耳其、澳洲、紐西蘭、加拿大、美國、奧地利、法國、德國、
　　義大利、荷蘭、英國等，即為 OECD 的部分成員國。絕大部分之成員國都位
　　處於北美或歐洲，具有地緣色彩，其中的土耳其，每人平均所得仍低於我國。

　　從時間數列資料觀察，臺灣地區於 1952 年時，每人每年之平均國民
所得只有 196 美元，到了 1973 年時，每人每年之平均國民所得上升為
695 美元，1992 年時，每人每年之平均國民所得高達 10,202 美元，2000

年時更上升到 14,188 美元，之後因國際經濟景氣的下滑，雖略有回檔，
但仍可見過去五十年來，國民所得不斷地快速提升，這是國內外人士經
常所提到的「臺灣經驗」，頗令開發中國家羨慕，而且急於想要效法。由
於經濟發展之成果豐碩，臺灣居民不但每個人的名目所得提高了，生活
水準也一再提升，享有更豐富的物質生活，也擁有更多彩多姿的精神生
活。然而，近年來城鄉之間的家庭所得與生活條件差距卻不斷地擴大，
以臺北地區的所得與物價為例，已經是臺東、澎湖等偏遠地區的數倍，
形成了一國之內各地區之間竟有這麼大的差異，這是經濟發展歷程中相
當值得大家去重視的區域差異現象，也就是出現了所謂進步中的窮困或
富裕中的貧窮問題，亟待政府設法以政策措施加以矯正，以免因區域差
異過大而腐蝕了整體經濟成長的成果。

第二節　發展中的區域差異現象

　　一國之內，各地區的經濟發展出現相當程度的差異，最主要的原因
之一應該就是各地區天然條件的不同所造成。有些地區因為擁有平坦的
地形、肥沃的土地、或豐富的天然資源，其經濟發展的條件相當優厚，
於是人口日漸聚集，工商業活動逐漸發達，居民的所得水準也一步一步
地提高；另有一些地區，可能是山坡起伏、土地貧瘠、也沒有什麼天然
資源，因而當地的經濟不但難以發展，甚至人口逐漸外流到他地，以尋
求就業機會，顯然經濟發展較為困難，經濟生活也較落後。以臺北市及
高雄市兩院轄市之外的情形來說明，根據各縣市之人口統計資料（參見
表 5-2），顯示：臺北縣、桃園縣、臺中縣、彰化縣、高雄縣及臺中市等
地區在五十年當中，人口數增加最快，因此近年來有人即倡議，將臺北
縣市合併為大臺北都會區；高雄縣市合併為大高雄都會區；臺中縣市也

合併為大臺中都會區，就是著眼於人口集中的發展結果。至於嘉義縣、新竹縣、澎湖縣及臺東縣等地區則人口數增加有限甚或逐年減少，成為發展緩慢或萎縮地區，我們可以稱此一現象為「以腳投票」(voting by foot)的結果。也就是說，一些地區因就業機會有限或經濟發展的前景不佳，甚至生活環境品質太差，而居民在自由經濟體制下，可以自行決定遷徙，自然就搬到比較有發展潛力的地區去居住，追求新機會與新生活，而出現人口的社會移出現象，初期人口的社會移出現象大多是青年離鄉背井去求發展，而留下老年人及小孩在原來地區，最後則留下空屋而舉家搬出了。其實以腳投票的現象在人類歷史上早就不斷地在進行，所以我們看到了一些地區開始都市化，並且還不斷地蔓延開來，出現了所謂的大都會區，而另一些地區則因人口大量移出、產業蕭條、土地也荒廢了。美國西部的內華達州在淘金熱潮過後，就有一些小鎮甚至完全沒有人居住，只留下破舊的老房子成了所謂的「鬼鎮」。臺灣的九份、金瓜石及澎湖離島等地，也曾經有類似的情景顯現，可見區域的經濟發展可以由低度而高度發展，再由盛而衰，這就是所謂的滄海變桑田。

表 5–2　各縣市人口總數

	1955	1974	1993	1998	2002	2002與1955之差
臺北縣	638,091	1,531,336	3,222,629	3,459,624	3,641,446	3,003,355
桃園縣	406,522	834,049	1,448,186	1,650,984	1,792,603	1,386,081
臺中縣	533,473	842,359	1,351,251	1,467,579	1,511,789	978,316
高雄縣	525,063	922,522	1,166,798	1,227,072	1,233,395	708,332
臺中市	239,490	527,399	816,601	917,788	996,706	757,216
彰化縣	787,137	1,092,578	1,273,655	1,301,467	1,316,179	529,042
臺南市	275,004	512,734	700,470	721,832	745,081	470,077
臺南縣	694,877	937,434	1,059,023	1,100,270	1,107,583	412,706

屏東縣	552,702	850,013	906,428	910,540	906,178	353,476
南投縣	349,208	516,866	544,610	545,874	541,292	192,084
基隆市	187,468	340,692	363,037	382,188	391,460	203,992
苗栗縣	386,693	537,389	556,188	559,858	560,766	174,073
宜蘭縣	298,455	424,689	462,509	456,627	464,107	165,652
雲林縣	593,923	799,766	755,753	748,995	742,797	148,874
花蓮縣	210,336	344,023	357,464	356,601	352,154	141,818
臺東縣	159,631	289,451	255,536	249,937	243,965	84,334
澎湖縣	84,502	114,462	95,288	89,463	92,446	7,944
新竹縣	397,276	615,449	393,030	327,980	452,679	55,403
嘉義縣	618,098	842,581	562,897	565,733	562,394	−55,704

資料來源: 內政部,《臺閩地區人口統計》。

　　根據行政院主計處發布的資料,1993 年臺北市平均每戶可支配所得大約為 94 萬元,而雲林縣則只有 49 萬元,相差達 45 萬元;此外,臺北、臺中及高雄三大都會區的所得竟佔全國 55%。由這些統計資料可見地理區位上,臺灣居民的所得集中程度相當驚人,地區間之差異頗大,難怪經常會有人倡議政府應採行「南北平衡」、「東西平衡」或「城鄉平衡」的發展政策,可惜至目前為止,政府政策在自由經濟之下仍然沒有發揮很大的成效,人口及所得還是繼續有地區性的集中化趨勢。

　　引起城鄉所得差距與人口流動的問題相當複雜,但就經濟發展過程而言,都市化乃為必然現象,因為只有都市地區才可能發揮集聚效果,才能具有經濟規模。都市地區提供了較多的工作機會,工作效率高且所得也較高,所以統計上的中、高所得家庭,必然比較集中於都市地區。反之,農業所得一直相形偏低,以臺灣地區而言,大約目前的農業所得只有非農業所得的 70%,所以形成了農業縣市之家庭所得較低,從事於傳統的農業其收入較少,於是當地受完教育的青壯年人口就不斷地向都

市遷移，也就是進行用腳投票，年輕人口為了選擇較理想的居住地區，開始離鄉背井。青壯年人口是生產力最高的勞動人口，也是促進地區經濟進一步發展的主力，因而已發生人口外流之地區，其經濟發展實在是雪上加霜，日漸困難，而有人口移入之地區則有錦上添花的效果，經濟加速發展起來，但是人口過多而發生擁擠、環境污染及社會犯罪率上升時，則已出現發展的瓶頸。臺灣土地面積有限，本不應該有太明顯的地區差異現象出現，而目前有些地區已明顯出現人口的外流現象，或人口擁擠現象，可見我們應該檢討國家的土地利用政策，才能延續經濟發展。

　　長期以來，國內由於採行「以農立國」、「保護農業」等政策，嚴格限制了農地的變更使用，使得農業縣市的發展機會受到很大的約束，同時也加速了非農業用地價格的暴漲；而農民所得即使在高度保護下，仍難以提升，尤其當開放外國農產品進口競爭時，更加速了區域間的發展差異，誠然是國家產業結構及區位配置並不理想所造成之後果，急待檢討。

　　經濟發展固然是以促進人類的發展潛能與發展機會為標的，但其發生則涉及人類的土地利用行為，透過事後的分析，可以發現區位是影響經濟發展的最重要因素之一，亦即某些經濟活動只會在特定地區發生、盛行，而另一些經濟活動則不容易發生，所以地區之間會有不同的經濟表現。由於土地具有不能搬移的特性，而且又可供多種用途，因此一特定區位的土地究竟應如何利用，便成為一個有趣的選擇問題，值得深入研究。具體而言，住宅用地、商業用地、工業用地或農業用地等所需要的天然條件都不太一樣，個別土地使用者在自由經濟制度下，會挑選自己認為最適當的區位進行利用，而政府則要協調各個土地使用者不會發生相互間的衝突，而且要能滿足社會整體的總需求，因而分析區域的土地利用，實具有個體及總體的不同經濟意義，值得重視。

第三節　區域經濟發展的衡量

　　在許多區域經濟發展的案例中，區外之挹注性需求是促成區域發展的最主要因素，主要的理由是由外區而來的需求，可帶動本區一些「基本部門」的活動，從而再由這些「基本部門」的活動牽引其他「非基本部門」。舉例來說，由於都市人口的增加，可引發對農業區之糧食需求，因此農業區為了因應糧食增產而有土地開發，促進農業發展，此時農業即為農業區內所謂的「基本部門」，經由「基本部門」的活動擴增，可再波及一些「非基本部門」也跟著蓬勃發展，例如農用品供應業因應農業發展而興起，終而促成區域內全面性的區域經濟成長。本節將介紹一簡單的需求導向模型，可用於分析區域經濟的發展。

　　研究經濟發展特別是區域經濟的發展潛力，最常用的衡量方法，就是探究該區域就業機會的增加及變化，假設某一開發地區之總就業機會 (E) 可區分為「基本部門」的就業機會 (E_b) 及「非基本部門」之就業機會 (E_n) 兩種，可簡單地以數學恆等式表達如下：

$$E=E_b+E_n \tag{1}$$

　　基本部門的就業機會 (E_b)，是當地為外地提供商品或服務之經濟活動的就業機會，在受到外力影響之下，最有可能擴充其就業機會，因此為一外生變數，亦即是由區外力量（例如外區向本區採購糧食）所決定的，因此 E_b 可假定為一自變的常數。

　　而非基本部門之就業機會 (E_n) 則與 E_b 有一定的因果關係，基於簡化的理由，下面假設其為線型關係，根據實際經驗或資料推估，可表達如下：

$$E_n=\alpha_1+\beta_1 E_b \tag{2}$$

通常上式具有 $\beta_1>0$ 之性質，反映「基本部門」的活動有帶動增加「非基本部門」就業機會之現象。於是總就業機會即為

$$E=E_b+(\alpha_1+\beta_1 E_b)=\alpha_1+(1+\beta_1)E_b \tag{3}$$

顯然可知，「基本部門」之總就業乘數大於一，亦即屬於外生性質的基本部門之活動，若能擴張將可促使區域內的總就業機會增加，且其增加率會大於一，亦即 $(1+\beta_1)$ 經常是大於一的數字。換言之，「基本部門」之「非基本部門」就業乘數 (β_1) 應大於零。

此外，當地人口數的變化通常與就業機會的多少有很密切的關係，因此當一落後地區發生就業機會不足時，即出現人口外流，區域之內的人口數開始減少；反之，一發展地區因就業機會不斷增加，就會有人口流入之現象，出現人口不斷增加的趨勢。這種人口 (P) 與就業機會之關係，亦可利用以下的線型函數簡化為

$$P=\alpha_2+\beta_2 E \tag{4}$$

上式中也具有 $\beta_2>0$ 之性質。將前面的(3)式代入(4)式，可得

$$P=\alpha_2+\beta_2\alpha_1+\beta_2(1+\beta_1)E_b \tag{5}$$

(5)式中的 $\beta_2(1+\beta_1)$ 即為「基本部門」之人口乘數，亦即當「基本部門」的就業機會增加，對當地的人口數會有倍數增加的作用，其倍數即為(5)式中 E_b 的係數，亦即 $\beta_2(1+\beta_1)$。

以上的分析，若進一層考慮到基本就業機會 (E_b) 本身即有隨時間而自然增長之趨勢時，則可應用指數函數進行修正，如下：

$$E_{bt}=E_{b0}e^{rt}$$

式中 t 為時間，r 為基本就業機會之年成長率。此時總就業及人口的成長率也會因(3)式及(5)式之線型關係而進行調整，讀者可自行練習其代數推演。

這一個區域經濟發展的理論模型，應用五條數學式，分析地區內的

開發如何對地方經濟（人口、總就業、基本部門之就業及非基本部門之就業）產生繁榮之效果；當然，這一模式亦可用於反面之分析，亦即探討區域內如何因基本部門的蕭條而導致全面性的反面影響，例如原有農牧用地因廢耕或流失，使原有之農牧就業機會喪失，亦危及農村社會原有的非基本部門之就業機會，終於造成整個農業區人口的衰減及地方經濟蕭條。歷史上最有名的例子如兩河流域（幼發拉底河與底格理斯河）之興亡，當年因灌溉系統完成而反映農地擴張的趨勢，導致兩河流域人口增加，區域經濟及文化明顯進展；而當土地鹽化，農作開始轉趨減產或廢耕，此時不但人口流失，地方經濟與文化也開始沒落下去。

　　為了便於讀者對上面數學式的了解，下面再以一數字案例補充說明之。假設臺灣某一工業園區，因國際經濟景氣忽然上升，大量外銷訂單擁進，因此工業園區內各工廠開始擴增生產裝配線或新廠也設立了，此時區內大批雇用工人，由於工人進入工業園區作業，中午休息時間或下班後，對餐飲業產生餐飲需求，因此工業園區內餐飲也跟著發展起來。應用上述之模型分析，首先研究者即可認知，本例中的「基本部門」即工業園區之工廠生產活動 (E_b)，而「非基本部門」即餐飲業之活動 (E_n)，兩種活動都能創造許多就業機會，因此總就業人數 (E) 可計算如下：

$$E=E_b+E_n$$

根據實地調查及統計資料分析可知道，兩種就業人數之關係如件：

$$E_n=4.30+0.03E_b$$

亦即每增加 100 個作業工人之就業機會 (E_b)，可增加 3 個餐飲業工人的就業機會 (F_n)，計算如下：

$$100×0.03=3$$

將上述關係代入(3)式，可知「基本部門」的總就業乘數應為

$$1+\beta_1=1+0.03=1.03>1$$

接著，由當地人口數與總就業人數的關係亦可發現某種函數關係如下：

$P=1,000+4.20E$

亦即當地若就業人數增加 1 人，即會攜家帶眷在當地增加 4.20 人口數。
因此，就業的人口乘數即 4.20，而由(5)式可知「基本部門」的人口乘數
如下：

$\beta_2(1+\beta_1)=4.20(1+0.03)=4.326$

所以，國際經濟的景氣上升，使當地工業園區有更多的出口訂單，而增
加了 1,000 個工人的工廠作業機會，將可使當地人口數增加 4,326 人，而
餐飲業的就業機會則增加 30 人，總就業機會增加 1,030 人。

　　上面的分析模型存有一些限制條件，研究者在應用模型進行分析時
要特別小心。第一、由於本模型過度強調區外的外生影響，因而可能忽
略了區內自發性的消費、投資及政府支出之影響，值得重視；第二、模
型中已假設產品的需求增加，對生產因素的價格不發生影響，只影響生
產因素之需求量，因此這一模式比較適用於低度開發地區之評估；第三、
實證研究時，要認定「基本部門」及「非基本部門」之活動，有時候仍
帶有價值判斷之成分在內，研究者宜先建立客觀的標準，並加以說明。

　　針對第一點的限制，其實研究者還可以利用總體經濟學的凱因斯
(Keynes) 模型加以補充與修正，亦即假定

$$Y_i=C_i+I_i+X_i-M_i+G_i \tag{6}$$

式中　Y_i=i 區之所得

C_i=i 區之消費

I_i=i 區之投資

X_i=i 區之輸出

M_i=i 區之輸入

G_i=i 區之政府支出

建立消費函數如下：

$$C_i = A_i + K_i Y_i \qquad\qquad (7)$$

上式中 A_i 及 K_i 為常數，說明所得對消費的影響；I_i 及 G_i 則可定為外生變數，以減少分析上的複雜化；至於輸入函數則假設為各區所得之函數，亦即

$$M_i = \sum_{\substack{j=1 \\ j \neq 1}}^{m} u_{ji} Y_i \qquad\qquad (8)$$

此時 u_{ji} 是 i 區向 j 區輸入之邊際輸入傾向，同理輸出亦可設為

$$X_i = \sum_{\substack{j=1 \\ j \neq 1}}^{m} u_{ij} Y_j \qquad\qquad (9)$$

u_{ji} 是 i 區對 j 區輸出之邊際輸出傾向。在封閉經濟 (closed economy) 之假設下，可得

$$\sum_{i=1}^{m} M_i = \sum_{i=1}^{m} X_i \qquad\qquad (10)$$

亦即各區域的總輸出應等於總輸入。如此，則輸入是內生的，輸出也將成為內生，將(6)～(9)式聯立，可解得

$$Y_i = \frac{(A_i + I_i + G_i) + \sum_{\substack{j=1 \\ j \neq 1}}^{m} u_{ij} Y_j}{1 - (K_i - \sum_{\substack{j=1 \\ j \neq 1}}^{m} u_{ji})} \qquad\qquad (11)$$

因此，地區所得 (Y_i) 之改變（亦即區域的經濟成長），其原因也可來自於區內各種自發性的支出變化，以及區域外之所得變化，如此而改善了原有的缺失。

本章重點

1. 所謂經濟發展就是追求社會整體的經濟進步與成長,其內容相當廣泛,可包括：人口質量的改善、自然資源的保育與利用、資本的累積、生產技術與產業組織的進步、消費水準的提高等。由於經濟發展要求有更好的生產方式,可以每一人或每一工時的產量作為衡量標準,產量提高表示有更高效率的生產方式,產品的品質改善也可以表示生產效率的改進。此外,在同樣工時下,有更多的產量或品質更好的產品,因此勞動者將可以享有更多的休閒時間或獲得更高的所得,使勞動者有機會享受更豐富或更高品質的產品,充分滿足他們生活中物質與精神上的慾望。

2. 每人所得比較高的國家如美國、加拿大、法國、德國、奧地利及日本等,顯然是屬於已開發國家,這些國家較印度、菲律賓、土耳其等開發中國家在經濟發展方面的表現明顯是進步許多。我國的水準目前與紐西蘭相近,未來可以將以色列作為迎頭趕上的目標,但就目前的基層建設和經濟發展程度而言,臺灣應該還是介於已開發國家與開發中國家之間。

3. 臺北縣、桃園縣、臺中縣、高雄縣及臺中市等地區在三十八年當中,人口數快速增加,至於嘉義縣、新竹縣、澎湖縣及臺東縣等地區則人口數增加有限甚或逐年減少,成為發展緩慢或萎縮地區,我們可以稱此一現象為「以腳投票」的結果。

4. 美國西部的內華達州在淘金熱潮過後,就有一些小鎮甚至完全沒有人居住,只留下破舊的老房子成了所謂的「鬼鎮」。臺灣的九份、金瓜石及澎湖離島等地,也曾經有類似的情景顯現,可見區域的經濟發展也可以由低度而高度發展,再由盛而衰,即所謂的滄海桑田。

5. 引起城鄉所得差距與人口流動的問題相當複雜，但就經濟發展過程而言，都市化乃為必然現象，因為只有都市地區才可能發揮集聚效果，才能具有經濟規模。都市地區提供了較多的工作機會，工作效率高且所得也較高，所以統計上的中、高所得家庭，必然比較集中於都市地區。但是人口過多而發生擁擠、環境污染及社會犯罪率上升時，則已出現發展的瓶頸。

6. 長期以來，國內由於採行「以農立國」、「保護農業」等政策，嚴格限制了農地的變更使用，使得農業縣市的發展機會受到很大的約束，同時也加速了非農業用地價格的暴漲；而農民所得即使在高度保護下，仍難以提升，尤其當開放外國農產品進口競爭時，更加速了區域間的發展差異。

本章習題

1. 何謂經濟發展？應該如何衡量其表現成果？我國是否為開發中國家？試分析說明之。

2. 何謂以腳投票？臺灣地區經過以腳投票結果出現什麼現象？

3. 美國內華達州有所謂的「鬼鎮」是如何形成的？臺灣是否也有類似的情況？

4. 為什麼經濟發展過程會有都市化的情形發生？試說明之。

5. 為什麼有人批評保護農業會造成區域發展的不平衡？

6. 試應用區域經濟發展模型解說開放外國農產品的進口，將造成農業區人口外流及經濟萎縮的後果。

7. 上一題所引用的模型，有什麼限制條件？試說明之。

第 6 章

世界經濟體系的形成

第一節　重商主義

　　傳統的觀念對於生產的定義較為狹隘，一般認為只有像農作物一樣由種籽成長到開花、結果才是生產，因此追求經濟發展，就要發展農業、增加農產品的產量；至於商業活動只是變更物品的所有者而已，並沒有產品生產出來，因此未受重視。重商主義的經濟思想，盛行於 17、18 世紀歐洲的英國、法國、德國及西班牙等，當時西歐各國競相爭取貴重金屬（金、銀）的累積，以展現國家的財富或力量，各國不但在進出貿易中有保護關稅、進口管制，更興起拓展海外殖民地的熱潮，他們憑藉武力佔領亞、非地區之開發中國家，剝奪其自然資源及財富，再透過國際的商業活動，達到致富的目的，這種以累積金銀作為國家財富的重商主義思想，影響了近代的資本主義及其發展，其中尤其是以英國重商主義思想的演變，對當前世局之影響最為重大。

　　17 世紀初，英國在印度殖民地的東印度公司利用其本國內的金銀，輸入印度所出產的香料及各種特產品，除一部分提供作為英國國內之消費用，大部分則轉口再輸出於歐洲大陸各國。換言之，東印度公司其實就是在英國國內募集貿易資金，從事外國奢侈品的轉口貿易，既非輸出英國國內生產的產品，亦非進口糧食或原料供應英國消費者或產業之使用，這種轉口貿易當時被認為對英國國內的生產與就業沒有貢獻，而受

到英國國內人士的交相指責，並訂立了禁止金銀出口的限制，東印度公司於是提出了下列四點反駁，這些觀點頗具意義，值得深思。

1. 一國所累積金銀的增減，全視該國對外貿易的差額而定，如果輸出超過輸入，產生貿易順差，金銀將流入國內；反之，一旦輸入超過輸出，則發生逆差，金銀必流向外國。

2. 禁止金銀出口是貿易策略上的枝節問題，即使完全禁止出口，一旦國家發生貿易逆差，金銀仍將因為被當作交易媒介而外流出去。

3. 金銀的輸出未必不利於國家的財富累積，若輸出金銀所購入的商品，最後又能轉口輸出賺取利潤，則可增加國家的金銀累積。

4. 若強制金銀只能存留國內，未來將發生物價上漲、輸出減少等後果，最後仍將引起金銀外流。

從以上四點，大致可以看出東印度公司將金銀視為國際交易的媒介，並且認為自由貿易才可以致富。英國的學者後來又進一步指出：政府最好的貿易政策是設法使外國的金銀貨幣大量流入本國，如此國民可以憑藉出賣自己的勞動力而過更好的生活，並且使國家的自然資源也得到最大報酬。舉例來說，當葡萄牙的消費者購買英國製造的產品，產品的價格中不但包括支付英國勞動力的工資，並且也包括購買英國的自然資源所花費的支出，如此就直接貢獻於英國的就業與生計。所以，依據重商主義的思想可以建立一國的經濟體系，亦即利用廉價的糧食與原料以促進國內的生產增加及輸出增加，從而使貨幣增加，於是國民的所得會增加，消費能力也隨之增加，在國內市場獲得保障之下，國內生產將繼續再增加，如此周而復始，終將成為一個提升經濟發展的體系，國家如此就可以致富，人民生活也可以改善。

英國的自由貿易思想，不僅促成其國內自由貿易體制的建立，使其經濟繁榮起來，並且又與法國簽訂英法通商條約（1860 年），互相減讓

關稅。其後，又與比利時、義大利、德國、奧地利等主要歐洲大陸國家分別簽訂貿易條約，使英國經濟更加突飛猛進。重商主義雖然沒有輕視國外市場的意思，但是當時英國輸出的商品價值大於輸入的商品價值，才能容許自荷蘭、德國、葡萄牙及義大利輸入商品，而能維持貿易順差，繼續累積財富，如果英國當時處於逆差境界，自由貿易思想恐怕不太容易產生於英國。

第二節　國際合作與國際分工

　　國際間由於自然資源的秉賦不同，生產效率也不可能相同，於是國與國之間自然形成各種商品市場，可進行國與國之間各種物品及勞務的交換，透過交易所發生的利益，各國又更進一步走向生產的專業化與分工之情形。若以勞動成本為計算標準，專業化與貿易基本上是受到「絕對利益」的支配。舉例來說，在相同勞動投入量下，假定甲國能生產的汽車數量多於乙國，而乙國在同樣成本下能生產的紡織品數量則多於甲國，此時兩國各具有生產某一種產品的「絕對利益」。換言之，如果甲國能傾全力生產汽車，而且將國內消費之外的多餘部分賣到乙國，以換取乙國專業生產的紡織品，如此兩國均可透過貿易而受益，這就是所謂的「絕對利益」原則。由於有「絕對利益」存在，這兩國自然願意相互交易產品，而享受利益，至於交易條件如何，例如一部汽車可交換多少紡織品？則涉及兩國在交易時所展現的議價能力。

　　其實「絕對利益」原則尚不能充分說明國際貿易的發生背景，「比較利益」原則更具有解說能力。舉例來說，如果以每人每週之生產量可以表示生產成本之高低，而甲國若較乙國不論是汽車生產或紡織品的生產均具有絕對利益，亦即如表 6-1 所示。此時，假定甲國只專門生產汽車，

並以之換取乙國所專門生產的紡織品，兩國仍能獲取貿易利益。

表 6-1　甲、乙兩國每人每週生產量之比較

產品	甲	乙
汽車（輛）	6	2
紡織品（萬件）	10	6

　　就成本而言，因為甲國在貿易發生之前，國內的 6 輛汽車相當於 100,000 件紡織品；而在乙國則國內的 6 輛 (2×3) 汽車相當於 180,000 件 (6×3) 紡織品。此時，如果甲國每輛汽車的輸出可換得 16,666 件紡織品以上時，甲國會願意輸出多餘的汽車以換取紡織品，因為如此對甲國有利。同理，乙國如能以 30,000 件以下的紡織品換取一輛汽車，乙國也會有意願進行與甲國之貿易。因此，兩國的貿易一定有利可圖，自然會樂於進行並逐漸擴大，至於物品的交換比率之高低，應當會維持在每輛汽車可交換 16,666 件到 30,000 件紡織品之間，這就是所謂的國際行情，至於實際成交的價格（比率），則要視兩國對於汽車及紡織品之需求情形，以及貿易時的議價能力而定。從以上的簡單例子，可以說明經由「比較利益」原則，各國有實行國際分工與合作之機會，甲乙兩國均會比閉關不相往來時有較多的財貨可以享用。這一個例子，也顯露出國際貿易時，議價能力所具有的「生產」作用，議價能力強就可換得更多的產品，而議價能力弱則只能取得較少的產品。

　　世界各國由於所處地理位置及天然條件均不相同，所擁有的生產要素不同，要素價格亦不同，加上每個人的教育水準及技術能力也有差異，因此各地方的產品生產成本不相同；另一方面，不同國家人民有不同的

文化，其嗜好也有不同，對產品亦會有不同的評價，所以各市場的產品價格也不可能相同。當兩國直接進行貿易時，就必然會發生究竟以多少的紡織品換取多少汽車的現實問題，這正是兩國之間的議價能力大小問題，但是基本上兩國仍會在互相有利可圖之下，繼續貿易的行為，因而國際分工與合作是必然的趨勢，更是世界潮流，這種發展不但有助於國際貿易機會的增加，也使參與貿易各國可以享用更多產品、價錢更便宜的物品。

第三節　現代產業的興起與多國籍企業

隨著經濟的發展，經濟結構亦逐漸發生變化，經濟結構之變化又會引起原先的比較利益也發生轉變，而使貿易構造改變。就各國的發展經驗來看，一國的初級產業（農、林、礦業等）所佔的比重，在經濟發展過程中將日漸減低，而第二級產業（工業）與第三級產業（商業、運輸業與其他服務業等）所佔的比重，則逐漸增加；消費財（日用品等）與資本財的生產所佔比率，亦隨著經濟發展而發生變化，大致上資本財的比重朝向漸增而消費財的比重則漸減；而且，隨著不同的發展階段，一個社會也將會產生不同的「領導產業」(Leading Industry)，形成牽引經濟成長的原動力。

經濟發展也引起產業結構之變動，從而引起貿易結構的變化。在輸入方面，由於經濟發展之需，以及工業化之進行，原料、機器設備等的進口比重逐漸增加，而工業品的輸出比重也逐漸增加。開發中國家的工業化往往是由「輸入替代工業」開始，所謂輸入替代工業，大都係以「借入的技術」為基礎，因而輸入替代工業之發展，將來將遭受到一些阻礙，包括：

1. 國內市場之規模有限，因而發展輸入替代品的生產，最後在需要方面形成市場困境，無法繼續一直發展下去。
2. 由於不斷的進口工業化所需要的資本財，使外匯準備漸趨減少，終將遭受外匯不足與國際收支逆差的困局。

因此，輸入替代工業最後仍將發展成為出口工業，才能擴大產品市場、賺取外匯，繼續生存與發展下去。

生產技術的進步與資本的蓄積，可提高生產力，商品的多樣化與高級化，也有助於提升產業的競爭力，因此一國產業在產品多樣化及精密化下，漸漸走向國際分工，逐步走上國際化而擴大生產。透過國際生產資源的重行配置，各國的資源能更有效地利用，同時擴大分工與專業，產品趨於精良，國際合作也更趨頻繁。

第二次世界大戰以後，國際間的經濟合作，較以前任何一個時期更為盛行，國際經濟合作與各國經濟更具有密切的關聯，尤其引人注目的是，生產要素及半成品的移動。在整個國際經濟交易中，生產資源及半成品的貿易往來，促進了生產資源及生產過程的國際性配置，終於出現了多國籍企業 (Multinational Corporation)，亦即最終產品的問世，其中包含了越來越多的各國零組件，企業家為了充分利用各國的比較利益條件，終於採行在跨越國境下進行最低成本的組合產品。

第四節　南北問題

英國銀行家法蘭克斯 (Sir Oliver Franks) 於 1959 年提出了「南北問題」(North-South Problem)，轟動當時而且至今仍為國際間的重大議題，近年來其內涵更由國際經濟問題延伸為國際環境問題。所謂南北問題原是指工業先進國家與開發中國家因發展差距而延伸的經濟援助問題，由

於工業先進國家多位於北半球，而落後國家則位於南半球，先進與落後的對立名詞，在比較相互尊重的稱呼下，簡稱為南北問題。事實上早期的南北問題應只是殖民地與宗主國的相對關係，二次大戰後各殖民地獨立建國，乃形成國際間的南北問題。

南北問題普遍受到國際上的重視，主要原因可歸納為五項：

1. 開發中國家與先進國家之間的貧富差距甚大，已從經濟問題延伸成國際政治問題。此項差距雖然第二次世界大戰以前即已存在，但是很多開發中國家於戰後獨立，而國際間的文化、經濟等的交流更為密切頻繁，交通、電訊等的急劇發達，大部分的開發中國家戰後產生相當強烈的企圖心，努力提高生活水準，要求縮短其與先進國家間的貧富差距。

2. 二次大戰後，開發中國家與先進國家間的貧富差距，不但沒有縮小，反而又呈擴大傾向。先進國家的經濟成長為速甚快，而開發中國家的經濟發展則遠較先進國家為慢，因而貧富差距乃益趨擴大。

3. 開發中國家的輸出停滯，而輸入增加，對外貿易大多呈現惡化傾向。就 1950 年代而言，輸出增加率每年約為 3.6%，僅約先進國家的一半；而其輸入增加率則達每年 4.6%，貿易趨於惡化，而且開發中國家的貿易在世界貿易中所佔比率逐漸減低。

4. 開發中國家企圖以其與先進國家之間的經濟差距為背景，提高其在國際上的政治發言權，聯合國貿易開發會議之成立，即係此一企圖下的具體成果。開發中國家的此項政治企圖，乃使南北問題益趨重大而複雜。

5. 由於開發中國家急於追求經濟成長和償還外債，不得已在國內濫伐森林、採礦及大量增產，不但其在國內產生環境破壞及污染，

　　更因而引起地球溫室化、生物的物種消滅等國際性環境問題，引起先進國家的恐慌。

　　世界各國的經濟興衰本來是密切關連的，先進國家與開發中國家的經濟關係亦然。先進國家的經濟發展，無論在資本、生產技術與市場等各方面，對開發中國家的經濟開發能有所助益；而開發中國家的經濟開發，對於先進國家的貿易，亦可提供愈為擴大的市場。國際間的經濟合作，乃至於先進國家對於開發中國家的經濟援助，均有益於世界經濟的擴充與發展。因此，先進國家逐漸了解並有意願協助開發中國家的經濟開發，提高其生活水準，降低相互的對立關係。

　　第二次世界大戰後，若干國際經濟機構即係以援助開發中國家為宗旨而成立，若干雖非以直接援助開發中國家為唯一宗旨的國際經濟機構，亦有援助開發中國家的功能。先進國家對於開發中國家的經濟援助，除可透過這些國際經濟機構進行外，尚可透過個別的方式（亦即兩國間的援助方式）進行。大致言之，先進國家已從下述三方面協助開發中國家進行經濟發展，包括：

　　1. 對開發中國家直接實行資金援助，協助其解決資本不足的困難。資金不足為開發中國家推行工業化的最大困難，亦為先進國家能協助開發中國家的最重要而具體的行動。第二次世界大戰後，先進國家或透過國際經濟機構，或透過兩國間協定，對於開發中國家給予相當巨額的資金援助，但是效果有限，仍然無法滿足開發中國家的龐大資金需要。在 1964 年的第一次聯合國貿易開發會議中，曾有「先進國家對開發中國家的經濟援助，應增至國民生產毛額的百分之一」的決議，可見開發中國家對國外資金之需要龐大。

　　2. 就勞動力水準的提升方面，協助開發中國家培養與訓練技術人員

與熟練勞工。許多國際經濟機構與先進國家，或派遣技術人員至開發中國家，或舉辦各種訓練班，以協助開發中國家解決技術人員與熟練勞工不足的問題。

3. 先進國家對開發中國家開放其國內市場，協助開發中國家解決對外貿易逆差的問題。此項國內市場的開放，包括購買開發中國家之初級產品與工業品，給予優惠關稅或免稅待遇，以及廢除或減輕各種數量限制措施。近年來，開發中國家提出貿易先於援助的主張，可見此種要求的迫切性。對於此項要求，先進國家則採取如特惠關稅等措施，而且「關稅暨貿易總協定」（簡稱 GATT）與「聯合國貿易開發會議」等國際經濟機構，亦先後採行若干具體行動。但是石油危機發生以後，若干先進國家的保護貿易措施，又有趨於加強的傾向，1995 年初乃成立了「世界貿易組織」（簡稱 WTO），致力於世界各國貿易的自由化。

開發中國家對於先進國家之經濟援助要求，特別著重於上述三項，在可預見的將來，此種涉及先進國家對開發中國家的南北問題，在國際經濟與政治論壇中，將益見頻繁，不斷增加其重要性。

本章重點

1. 重商主義的經濟思想，盛行於 17、18 世紀的歐洲，當時西歐各國競相爭取貴重金屬（金、銀）的累積，以展現國家的財富或力量，各國不但在進出貿易中有保護關稅、進口管制，更興起拓展海外殖民地的熱潮。

2. 以累積金銀作為國家財富的重商主義思想，影響了近代的資本主義及其發展，其中尤其是以英國重商主義思想的演變，對當前世局之影響最為重大。

3. 東印度公司在英國國內募集貿易資金，從事外國奢侈品的轉口貿易，既非輸出英國國內生產的產品，亦非進口糧食或原料供應英國消費者或產業之使用，這種轉口貿易當時被認為對英國國內的生產與就業沒有貢獻。

4. 國際間由於自然資源的稟賦不同，生產效率也不可能相同，於是國與國之間自然形成各種商品市場，可進行國與國之間各種物品及勞務的交換，透過交易所發生的利益，各國又更進一步走向生產的專業化與分工之情形。

5. 經由「比較利益」原則，各國有實行國際分工與合作之機會，甲乙兩國均會比閉關不相往來時有較多的財貨可以享用。

6. 隨著經濟的發展，經濟結構亦逐漸發生變化，經濟結構之變化又會引起原先的比較利益也發生轉變，而使貿易構造改變。就各國的發展經驗來看，一國的初級產業（農、林、礦業等）所佔的比重，在經濟發展過程中將日漸減低，而第二級產業（工業）與第三級產業（商業、運輸業與其他服務業等）所佔的比重，則逐漸增加；消費財（日用品等）與資本財的生產所佔比率，亦隨著經濟發展而發生變化，大致上資本財的比重朝向漸增而消費財的比重則漸減。

7. 開發中國家的工業化往往是由「輸入替代工業」開始，所謂輸入替代工業，大都係以「借入的技術」為基礎，因而輸入替代工業之發展，後來將遭受到一些阻礙。

8. 在整個國際經濟交易中，生產資源及半成品的貿易往來，促進了生產資源及生產過程的國際性配置，終於出現了多國籍企業 (Multinational Corporation)。

9. 英國銀行家法蘭克斯於 1959 年提出了「南北問題」，指工業先進國家與開發中國家因發展差距而延伸出經濟援助問題，由於工業先進國家

多位於北半球，而落後國家則位於南半球，先進與落後的對立名詞，在比較相互尊重的稱呼下，簡稱為南北問題。事實上早期的南北問題應只是殖民地與宗主國的相對關係，二次大戰後各殖民地獨立建國，乃形成國際間的南北問題。

10.開發中國家與先進國家之間的貧富差距，第二次世界大戰以前即已存在，但是很多開發中國家於戰後獨立，而國際間的文化、經濟等的交流更為密切頻繁，交通、電訊等的急劇發達，開發中國家要求縮短其與先進國家間的貧富差距。

11.由於開發中國家急於追求經濟成長和償還外債，不得已在國內濫伐森林、採礦及大量增產，不但其在國內產生環境破壞及污染，更因而引起地球溫室化、生物的物種消滅等國際性環境問題，引起先進國家的恐慌。

12.第二次世界大戰後，若干國際經濟機構即係以援助開發中國家為宗旨而成立，對開發中國家直接實行資金援助，協助其解決資本不足的困難。協助開發中國家培養、訓練技術人員與熟練勞工。1995 年初乃成立了「世界貿易組織」（簡稱 WTO），致力於世界各國貿易的自由化，由貿易以促進開發中國家的加速發展。

本章習題

1. 英國的東印度公司如何反駁禁止金銀出口是不合理的貿易策略?

2. 何謂「比較利益」原則? 為何比「絕對利益」原則更能解說國際貿易的發生?

3. 為何開發中國家在發展「輸入替代工業」後，將面臨瓶頸，必須開始重視出口市場?

4. 何謂南北問題? 試說明其形成之經過。

5. 為何南北問題會普遍地受到國際上的重視?

6. 先進國家目前如何協助開發中國家推動經濟發展?

第 7 章

專題研究㈠：產業活動污染的調查
與報告

第一節　產業活動與環境的關係

　　人類的經濟活動和自然環境有很密切的關係。自然環境提供了人類經濟活動所需要的資源和原料，生產者利用他們的生產設備、勞力和技術，將這些資源和原料製成為半成品，供給其他的生產者加工，或製成消費品供給消費者使用。這些自然資源和產品必須運給其他的生產者和消費者，所以交通條件好而運輸成本低廉的地方，吸引更多的人口和產業活動，而形成都市。除了提供生產的資源和活動空間之外，自然環境也是人類生產和消費活動中，所產生無數廢棄物的最後存置場。例如，燃燒石油或煤炭產生的粉塵、二氧化碳、二氧化硫，最後逸散到大氣中。農場、工廠和家庭的廢水，經過河川流入海洋。許多家庭垃圾和工廠的廢棄物，最後被掩埋在土體內緩慢分解，或是拋放到海床棄置。

　　從上面簡單的說明，可以知道，產業活動對於環境衝擊的程度，決定於人類取用自然資源和將廢棄物棄置於自然環境的數量、種類以及在時間和空間上的密集程度。在農業社會裡，人類利用簡單的生產工具，取用少量的自然資源，而且除了一小部分礦物以外，大部分人類過去使用的自然資源，是可以再生的，例如水、牧草、木材、魚和野生動、植物等。這些自然資源被利用後，產生的廢棄物可以很快的腐化分解，而

歸於自然，然後藉著自然力量，可以再生產出供人類利用的資源，這種過程即所謂可回復的。因此，農業社會的產業活動對於環境的衝擊，大致而言，是在自然環境可以負荷的能力之內，所以沒有大規模的環境破壞問題。

但是自從 18 世紀後期工業革命以來，人類在很短的時間之內，以極快的速度向自然環境掠取大量資源，供給全世界大量增加的人口消費之用。同時新的製造技術也產生一些有毒和難以分解的廢棄物，例如化學合成材料和放射性材料。此外，工業革命帶來人口和產業活動向都市集中，也產生許多居民人口以百萬或千萬計的大都會。都市化使得產業活動帶來的環境衝擊更加密集，而使都市的環境問題更為惡化，更難以解決。

在介紹了產業活動和環境的關係之後，在這一章以下的部分，我們要用一項個案來做更深入的討論。在這裡，我們選擇了臺灣的水泥工業做為討論的個案。為什麼選水泥工業呢？因為水泥工業具備了幾項前一節介紹的特別條件：

1. 水泥是工業革命之後才有的產物。臺灣最早使用水泥作為材料的建築物不會超過一百年。水泥是本世紀初才逐漸被使用做為建築材料，日本人在西元 1895 年佔領臺灣後，才有一些橋樑開始使用水泥建造。

2. 都市的建築物消耗許多水泥，有人把都市裡的大樓、橋樑形容成水泥森林。都市化刺激消費更多的水泥。

3. 水泥製品不易腐化分解，水泥製品的廢棄物變成大量的固體垃圾很難處理。另外，水泥也被用來處理一些有害的廢棄物質，這些有害物質用水泥加以固化，使有害物質不容易流出。但是固化處理造成體積更龐大的垃圾，這些垃圾通常運到海洋拋棄，對海洋

環境也產生不良的影響。

最後，水泥工業在臺灣有完整的生產流程。石化工業及鋼鐵工業，對臺灣也有嚴重的環境影響，但是這兩項工業需要的原油和鐵砂原料，不是在臺灣開採。水泥業的主要原料石灰石礦大多在臺灣開採，採礦造成的環境破壞問題，在水泥工業中相當的嚴重。許多人關心這項環境破壞問題，也是我們選擇了水泥工業做為討論個案的原因之一。

第二節　臺灣的水泥產業的發展

臺灣的水泥工業從西元 1915 年（民國四年）日本人在高雄壽山設廠以來，已經有八十年的歷史。水泥和現代化的生活息息相關，臺灣的水泥產業也隨著臺灣的經濟發展和社會環境的轉變呈現出不同的發展階段。從以下的介紹，我們可以了解水泥的產業活動和臺灣社會的關係。

一、萌芽階段

日本人經營的淺野水泥株式會社（股份有限公司），於民國四年在高雄壽山設廠，民國六年開工生產，這是臺灣第一家水泥廠。民國二十三年，臺灣化成工業株式會社在蘇澳設廠製造水泥。民國二十六年，七七事變之後，日本人為了軍需之用，臺灣化成工業株式會社又在蘇澳擴大水泥生產規模。民國三十年，日本偷襲珍珠港，太平洋戰爭開始，軍需水泥急增，日本人再籌設臺灣石灰石礦株式會社，租用淺野高雄廠擴建增產。同時，也在新竹赤柯山籌設南方工業株式會社，準備生產水泥。不過，赤柯山的水泥廠屢次遭到美軍的空襲，一直到民國三十四年日本戰敗投降時，仍然未能生產。

臺灣光復之後，政府接收了日本人在臺灣所有的產業，並將這些水

泥工廠合組成臺灣水泥公司。在政府的整建之下，被戰爭破壞的工廠逐漸恢復生產，供給戰後復建的需要。民國三十八年，臺灣水泥的年產量約 30 萬公噸。

二、成長時期

民國三十八年，中央政府撤退到臺灣之後，積極進行土地改革，同時也將公營的臺灣水泥公司民營化，以公司的股權交換地主的土地所有權。民國四十二年，臺灣實施第一期四年經建計畫，水泥消費量隨各項建設工程之推展，而日益增加。許多水泥廠紛紛設立，在民國四十六年時，共計有 11 家水泥公司，13 座水泥廠。民國五十一年，每年生產量增加到 190 萬公噸。

三、鼎盛時期

民國六十年代，臺灣的工業已略有基礎，西元 1973 年第一次石油危機造成全球經濟不景氣，政府當時則以推動十大建設刺激國內景氣。由於十大建設的工程需要，水泥消費量急升。至民國六十六年，臺灣的水泥年產量超過 1 千萬公噸，除了供應國內需求之外，並拓展出口市場來平衡產銷。

四、成熟時期

民國七十年代初，由於第二次石油危機，再度造成全球經濟不景氣，臺灣經濟衰退。許多建築商倒閉，對水泥需求減少，各水泥廠必須協調聯合減產。民國七十六年，行政院環保署成立，水泥業為因應污染防治法令變嚴和民眾抗爭漸多，開始增加污染防治設備的投資。民國七十七年，政府開放外國水泥進口，近年進口水泥在國內市場漸漸增多。同時，

臺灣西部石灰石礦源逐漸開採耗竭，西部水泥業積極計畫東移至花蓮，在和平鄉成立和平水泥專業區，甚至部分的水泥業也打算到國外設廠，再將水泥銷回臺灣。

第三節　水泥的原料開採和環境破壞

一、水泥的原料

　　水泥又被稱為洋灰，是一種水硬性的膠著物質。水泥摻入砂石加水凝固之後，堅硬如岩石，所以是現代非常普遍使用的建築材料。製造水泥的原料可以分成四大類：

　　1.石灰質原料：為含有多量碳酸鈣的石灰石、泥灰岩和白堊等。

　　2.黏土質原料：為含有多量的矽氧化物及其他少量鋁和鐵氧化物的黏土、頁岩和砂石等。

　　3.鐵質原料：為含有多量氧化鐵的鐵砂和鐵渣等。

　　4.緩凝劑：石膏。

　　在這四種原料中，以石灰質原料為最主要的原料，約佔總重量的83%，其他副原料包括黏土、鐵砂和鐵渣等約佔 15%。另外，石膏的重量比例略少於 2%。表 7–1 是製成每一公噸水泥所需要的原料、燃料和水的重量。

表 7–1　生產一公噸水泥之原料重量

原　　料	需要重量	所佔比例 (%)	備註
石灰石	1.4 公噸	77～88%	依礦石的成分而稍有差異。
黏　　土	300 公斤	11.20%	

矽　砂	60 公斤	3.28%	
鐵	40 公斤	2.19%	
石　膏	30 公斤	1.64%	
燃　媒	140～170 公斤		燃煤含熱量以每公斤 6,000 千卡估計。
冷卻水	1.2～2.0 立方公尺		

資料來源：王萬邦 (1992)，《臺灣水泥業的發展與區位分析》。

二、臺灣石灰石礦的分布

　　從表 7-1 可以知道，石灰石是製造水泥時所占重量最多的原料。因為石灰石極笨重，水泥廠為了節省運輸成本，大多設在石灰石礦區附近，水泥業是資源導向型產業的典型例子。圖 7-1 是臺灣石灰石礦區和水泥廠的分布圖。由分布圖可見，臺灣的水泥廠都就近設在石灰石礦區。一些有石灰石礦但沒有水泥廠的地方，主要原因是地理位置偏遠和礦石品質不良。例如，圖上的琉球、恆春、臺東和花蓮南部的石灰石礦都因為地處偏遠，運輸成本高和礦石品質差，所以沒有設置水泥廠開採礦石。

　　依據地質年代，臺灣的石灰石礦可以分成四種，而分布地區各有不同，可參考表 7-2。第一種為隆起珊瑚礁石灰岩，主要成分為多孔質的造礁珊瑚，和少量的孔蟲、貝類遺骸以及矽質砂等。分布地區為臺灣南部海岸及島嶼，從屏東恆春半島至臺東牡丹灣一帶海岸及島嶼都有珊瑚礁石灰岩。因為隆起珊瑚礁石灰岩的品質較差，並不被使用於製造水泥。

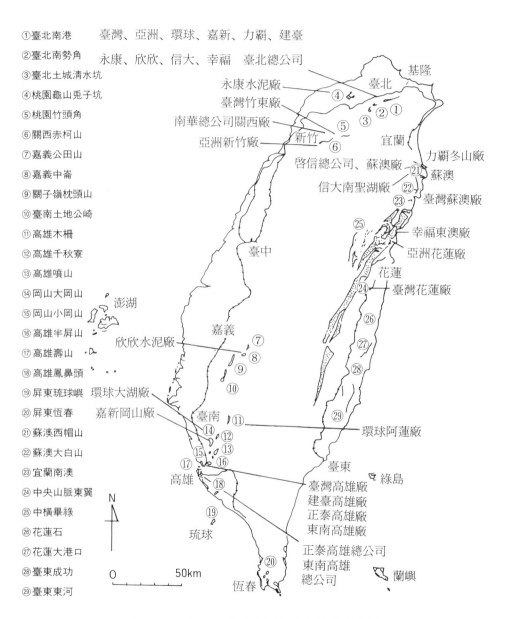

①臺北南港　　臺灣、亞洲、環球、嘉新、力霸、建臺
②臺北南勢角　永康、欣欣、信大、幸福　臺北總公司
③臺北土城清水坑
④桃園龜山兔子坑
⑤桃園竹頭角
⑥關西赤柯山
⑦嘉義公田山
⑧嘉義中崙
⑨關子嶺枕頭山
⑩臺南土地公崎
⑪高雄木柵
⑫高雄千秋寮
⑬高雄噴山
⑭岡山大岡山
⑮岡山小岡山
⑯高雄半屏山
⑰高雄壽山
⑱高雄鳳鼻頭
⑲屏東琉球嶼
⑳屏東恆春
㉑蘇澳西帽山
㉒蘇澳大白山
㉓宜蘭南澳
㉔中央山脈東翼
㉕中橫畢祿
㉖花蓮石
㉗花蓮大港口
㉘臺東成功
㉙臺東東河

永康水泥廠
臺灣竹東廠
南華總公司關西廠
亞洲新竹廠

啓信總公司、蘇澳廠
信大南聖湖廠
臺灣蘇澳廠

幸福東澳廠
亞洲花蓮廠

臺灣花蓮廠

欣欣水泥廠

環球大湖廠
嘉新岡山廠

環球阿蓮廠

臺灣高雄廠
建臺高雄廠
正泰高雄廠
東南高雄廠

正泰高雄總公司
東南高雄
總公司

力霸多山廠
永康水泥廠

基隆
臺北
新竹
宜蘭
蘇澳
臺中
嘉義
臺南
高雄
恆春
花蓮
臺東
綠島
蘭嶼
琉球
澎湖

N

0　　　　50km

圖 7-1　　臺灣石灰石礦區與水泥廠分布圖
資料來源：王萬邦 (1992)，《臺灣水泥業的發展與區位分析》。

表 7–2　臺灣石灰石礦之種類及分布區域

類別	主要分布區域	地質年代	特徵
隆起珊瑚礁	高屏及澎湖海岸等	現世	多孔質尚未盡變為石灰岩。
珊瑚石灰岩	嘉南、高屏及臺東等南部地區	更新世及上新世	非結晶質為主，呈塊狀或多孔質及珊瑚構造，SiO_2 含量較高。
塊狀石灰岩	臺北、竹東、嘉義、臺東	中新世	非結晶質塊狀為主，$SiO_2+R_2O_3$ 較高，MgO 較少。
變質或結晶石灰岩	中央山脈東麓	始新世古生代	結晶質片理顯著，一般含 CaO 高，MgO 及 $SiO_2+R_2O_3$ 少，唯局部夾白雲石層。

資料來源：王榮輝 (1979)，《臺灣石灰石礦與水泥工業之發展》。

　　第二種為珊瑚石灰岩，並可再分成更新世石灰岩和更新世至上新世石灰岩兩類。前者又稱為恆春石灰岩，分布在恆春東南、獅子頭東臺地和墾丁公園沿海地區。後者又稱為琉球石灰岩，適合做為水泥原料，主要分布地區為高雄大岡山、小岡山和半屏山等地。這些地方是臺灣南部水泥廠的石灰石礦源，也是主要水泥廠所在地。

　　第三種是屬於中新世的塊狀石灰岩，蘊藏量和品質都以新竹赤柯山一帶最佳，花蓮大港口和臺東大馬附近尚好，其餘則不適合於開採。

　　第四種為變質或結晶石灰岩，是始新世至古生代形成之珊瑚，經變質作用而形成緻密堅硬的結晶石灰岩。臺灣的主要變質石灰岩帶，是從花蓮和平溪以北的谷風，向南延伸約 150 公里，到臺東的關山以西為止。發育最好的變質石灰岩，在和平溪口到花蓮市之間的蘇花公路南段，石灰岩厚度最大者將近 10 公里。

　　在臺灣西部石灰石礦源耗竭之後，和平溪到花蓮市之間的石灰石礦將是臺灣水泥業的主要礦源。近幾年來，水泥業逐漸由臺灣西部移向東部，並且打算在花蓮的和平鄉設置和平水泥生產專業區。不過，採礦對

於水土保持和鄰近的太魯閣國家公園的景觀和生態環境，會有不良的影響，所以當地居民和環保團體都反對水泥專業區的設置，也發生過幾次抗議糾紛。

三、石灰石礦的開採和環境問題

開採石灰石礦產生許多環境問題。炸山採礦、礦石運送和棄土對鄰近地區的水土保持、景觀、生態甚至公共安全，都造成嚴重影響。例如，民國五十年，高雄的半屏山石灰石礦區發生山崩，造成四十二人死亡的大災害。民國八十三年高雄岡山地區大水患，阿公店溪流域開採石灰石礦，造成下游阿公店水庫淤積，被認為是水患的原因之一。

石灰石礦開採有四種方法，包括下拔採掘法、斜面採掘法、階段開採法和內斜式平層階段開採法。圖 7–2 ⒜至 7–2 ⒟是這四種採礦法的示意圖。

下拔採掘法是最早的開採方法，採礦時先將礦壁下層用火藥爆破，而使上層礦土因為重力而自然崩落。下拔法的開採成本最低，但是對採礦工人的安全和環境都很不利。民國六十一年，政府禁止礦場使用下拔法開採礦土。

斜面採掘法是先將開採面整理成 40 至 50 度的斜坡，然後從上層爆破，再由下層鏟裝。我國法令規定在某些條件下，礦場可以使用這種方法，但是斜面採掘法對環境也有嚴重的衝擊。日本在 1970 年就禁止使用斜面採掘法。

階段開採法和內斜式平層階段法都是先將礦區坡面開發成階段狀，再從下而上依階段爆破礦土，然後將礦土推至下層工作場，再加以採集送至水泥廠。這兩種階段開採法對環境的破壞，都比下拔採掘法和斜面採掘法較小，而且礦區後來的綠化工作也比較容易進行。內斜式平層階

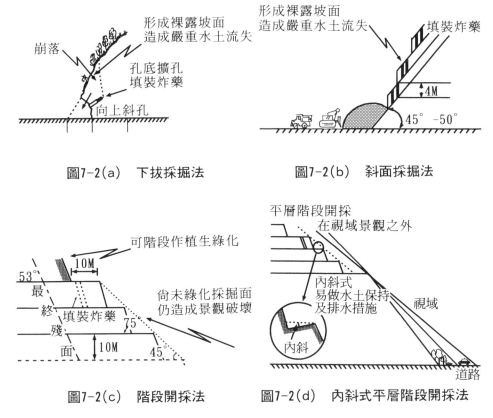

圖7-2(a)　下拔採掘法　　　　　圖7-2(b)　斜面採掘法

圖7-2(c)　階段開採法　　　　　圖7-2(d)　內斜式平層階段開採法

資料來源：王萬邦 (1992)，《臺灣水泥業的發展與區位分析》。

段法還在各階段內側做一斜面排水，使水土保持工作更容易做好。臺灣
現在的石灰石礦大多採用這兩種階段開採法，但是階段開採法在採礦時，
對礦區的景觀和生態所造成的嚴重破壞，仍然無法避免。例如，在蘇花
公路沿線就可以清楚的看到，多處石灰石礦區開採後，地表裸露，寸草
不生的破壞情形。

　　此外，石灰石礦土必須從礦場運到水泥廠加工處理，礦土輸送也有
環境問題。一般臺灣西部的水泥廠大多用車輛運輸，而開闢運輸道路對

礦區的水土流失也有不良影響。東部的水泥廠大多受到礦區地形陡峻的
限制，一般都用索道或輸送帶運送礦土。懸空的索道和輸送帶會使礦土
粉塵逸散，造成空氣污染，同時在景觀上，也有不利的影響。如果礦區
是在風景優美的地方，例如太魯閣國家公園鄰近就有多處的石灰石採礦
場，景觀的負面衝擊更為強烈。

第四節　水泥的製造及污染

一、水泥的製程

在製造水泥時，首先要將原料軋碎並且乾燥，然後視石灰質主原料
的成分，再加入適當比例的黏土質和鐵質副料調配。這些生料先研磨成
細顆粒，再加以攪拌均和，接著先預熱，然後再送入旋窯內燒成。

研細的生料在攝氏 1,500 度的高溫旋窯中停留 2 至 4 小時，被燒成
熔融狀的化合物，然後急速冷卻，成為墨綠色粒狀的熟料。熟料再混入
石膏進行研磨，即製成水泥。

二、水泥製程的污染

水泥製程的污染種類很多，包含了從原料到產品的製程中所釋放出
的殘餘物質和能量。水泥製程的殘餘物以固體、液體或氣體的型式釋放
於環境中，主要有氣態排放物和固態排放物；而殘餘能量以噪音和廢熱
的型式釋出。圖 7-3 是水泥製程和排放的污染物質示意圖，我們分別加
以說明如下：

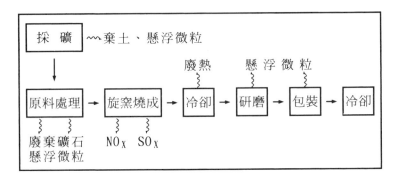

圖 7–3   水泥製程中殘餘物排放示意圖
資料來源：王萬邦 (1992)，《臺灣水泥業的發展與區位分析》。

A. 固態排放物

水泥製程產生的固體廢棄物包括：採礦的廢土石、原料處理後的礦渣，以及煤炭燃燒後餘下的灰燼。固體廢棄物對環境的影響主要為：棄置不當造成河谷、窪地或海岸生態的破壞，以及棄土場影響地形、改變水文狀況，嚴重時甚至引起棄土大量移動，危及河川下游或山腳下居民的生命和財產安全。

B. 氣態排放物

在製造水泥時，所排放的氣態污染物主要有：硫氧化物 (SO_x)、氮氧化物 (NO_x)、懸浮微粒、一氧化碳、二氧化碳和水蒸氣等產生。懸浮微粒的主要來源包括：⑴石灰石礦的開採、⑵石灰石以及煤炭等生料運送和研磨、⑶水泥熟料的研磨和包裝。另外，水泥出廠運送至工地時，運輸車輛也會使道路的塵土逸散。根據調查，水泥廠區內懸浮微粒的逸散源很多，幾乎遍及全廠區，其中又以卸料區最多，而在包裝作業時，因為水泥研磨成極細顆粒，逸入空氣中的機會相當高。

　　水泥製程的懸浮微粒，粒徑約在 $0.35\mu m$ 至 $100\mu m$ 之間。對人體危害最大的是 $0.35\mu m$ 至 $10\mu m$ 的微粒，因為容易被吸入肺泡內，而且顆粒很小，在防治上難用集塵技術處理。同時，懸浮微粒會干擾光線的傳遞，使空氣變得灰濛濛，而影響視線和景觀品質。

　　硫氧化物的產生是製造水泥時，燃燒的煤炭或重油中所含的硫成分被氧化而成的。氮氧化物是在攝氏 1,400 度的高溫旋窯中，使空氣中的氮被氧化後所產生的。硫氧化物和氮氧化物逸散到大氣後，與空氣中的水分結合，並經過太陽照射而產生的光化學作用，而形成硫酸根和硝酸根的化合物。這些酸性化合物隨雨水或雪降下形成酸雨。酸雨對於人體健康、建築材料、農作物、森林和湖泊生態系，都會有嚴重的損壞。

　　水泥生料在高溫旋窯中燃燒，需要許多煤炭或重油，這些化石燃料中的碳，被氧化後產生二氧化碳，若氧化不完全，則會產生對人體有害的一氧化碳。另外，製造水泥的主要原料石灰石的主成分是碳酸鈣 $(CaCO_3)$，它在高溫的旋窯燒成時會釋出大量的二氧化碳。二氧化碳雖然對人體無害，然而是屬於造成全球氣候溫暖化的幾種溫室氣體中，最具有影響的一種。大氣中的二氧化碳濃度在工業革命之後，增加了 25%，而其中一大部分是最近 30 年內所增加的，主要的原因是人類大量使用煤炭、石油和天然氣等化石燃料，做為工業生產和運輸的能源及動力。

　　表 7-3 是臺灣地區水泥業排放的空氣污染物之種類和數量。從表中的數據可以知道，水泥業因為高溫旋窯燃燒成的過程，在民國八十二年一年中，排放了 2 萬 5 千公噸的氮氧化物，佔了全臺灣地區氮氧化物總量的 6.10%。其次，硫氧化物的排放量每年有 11,000 公噸，佔全臺灣地區總硫氧化物排放量的 2.44%。這是由於水泥業使用煤炭做為主要的燃料，而煤炭中含有高比例的硫成分。另外，水泥製造過程也排放了 4,400 公噸的懸浮微粒，其中包括粒徑小於 $10\mu m$ 的懸浮微粒 2,600 公噸。

表 7-3　臺灣水泥業空氣污染物排放量

污染物	公噸／年	佔總量的比例 (%)
硫氧化物 (SOx)	11,293	2.44
氮氧化物 (NOx)	25,266	6.10
總懸浮微粒 (TSP)	4,405	0.60
懸浮微粒 (PM10)（粒徑 $10\mu m$ 之內）	2,686	0.76
總碳氧化合物 (THC)	180	0.02
非甲烷碳氧化合物 (NMHC)	135	0.01
鉛 (Pb)	2	0.33

資料來源：行政院環保署 (1994)，《中華民國臺灣地區環境資訊》。

第五節　水泥製程的空氣污染防治

在前節中，我們說明了水泥製造過程容易產生的污染為空氣污染，污染物主要包括懸浮微粒、硫氧化物和氮氧化物。以下，我們再分別就三種空氣污染物的防治技術加以說明。

一、懸浮微粒的防治技術

防治水泥製程的懸浮微粒之技術和設備有許多種，一般常用的有旋風集塵器、溼式洗滌塔、靜電集塵器、袋式集塵器、溼式靜電集塵器。每種設備所需要的建設成本和操作成本各不相同，而且處理懸浮微粒的效果也各不一樣。表 7-4 是一般常用的懸浮微粒及粒狀物控制設備之效率。

表 7–4　懸浮微粒及粒狀物控制設備之效率

除塵設備型式	效率 (%)					
	總效率	0～5μm	5～10μm	10～20μm	20～44μm	>44μm
簡單旋風集塵器	65.3	12	33	57	82	91
複式旋風集塵器	93.8	63	95	98	99.5	100
靜電集塵器	97.0	63	94.5	97	99.5	100
溼式靜電集塵器	99.0	72	99	99.5	100	100
溼式洗滌塔	94.5	97	96	98	100	100
袋式集塵器	99.7	99.5	100	100	100	100

資料來源：蔣本基 (1993)，《平衡水泥產業發展與環境保護策略研究》。

　　由表 7–4 顯示，對懸浮微粒及粒狀污染物去除效率大於 97% 之除塵設備，包括袋式集塵器、溼式靜電集塵器及靜電集塵器。但若考慮溼式集塵器的廢水問題，適合水泥業的粒狀污染物防治處理設備為袋式集塵器及靜電集塵器兩種。

二、硫氧化物的防治技術

　　一般水泥窯防治硫氧化物的主要方法有：煙囪擴散法、溼式石灰法、氫氧化鎂泥漿吸收法、鈉基吸收法及吸收法等五種。以下就各種方法加以說明：

A. 煙囪擴散法

　　這是最早的氣狀污染物控制方法，利用廢氣浮揚力及氣流動量衝出煙囪，並且在空氣間造成擾流，來稀釋氣狀污染物濃度。但是這種方法只是將空氣污染物濃度降低，然而污染物的總量卻未減少，所以現在只能作為緊急排放系統。

B. 溼式石灰／石灰石法

此法利用石灰 (CaO) 或石灰石 ($CaCO_3$) 吸收煙氣中之硫氧化物。石灰吸收能力較高，但因價格較貴，所以一般採用石灰石為吸收劑者較多。

此系統的主要部分為洗滌塔，而最常用為逆流式噴霧塔，它的優點是可避免結垢、阻塞和腐蝕，但是它的缺點是所需要的液氣比其他種方式更高。

C. 氫氧化鎂泥漿吸收法

這種方法是在溼式洗滌塔中使用氫氧化鎂 $Mg(OH)_2$ 泥漿吸收硫氧化物。首先將含硫氧化物及飛灰之煙道氣體先進入驟冷階段，再於煙道中噴水及氫氧化鎂泥漿，後者和硫氧化物所形成的硫酸鎂可直接排放出去，同時飛灰也可以除去。

D. 鈉基吸收法

這一方法是利用 NaOH、Na_2CO_3 或 $NaHCO_3$ 等吸收煙氣中硫氧化物。先將煙氣的溫度降低並且除塵，再使煙氣中的硫氧化物在洗滌塔內被循環的吸收溶液所吸收。雖然鈉基吸收劑價格比較昂貴，但由於具高去除效率，也無結垢的問題，若利用製程中產生的苛性鈉基廢液和蘇打灰來當吸收劑，則可以降低操作成本。

E. 吸收法

吸收法是利用水或其他液體以吸收廢氣中的氣狀污染物，設計良好之洗滌器可以除去廢氣中的粒狀物及霧氣，並且吸收氣狀污染物。除溼式洗滌塔外，近年已發展出半乾式吸收法及乾式洗滌法。

1.半乾式吸收法

此法為噴入鹼液使與含硫氧化物或酸氣之廢氣發生反應，並利用高溫將水分蒸發，使反應物形成固體而分離處理。它的去除率可達 80～90％，但是費用昂貴。

2.乾式洗滌法

此法利用 $CaCO_3$、$Ca(OH)_2$ 等固體鹼性物質與廢氣中硫氧化物或酸氣在高溫下中和，產生的 $CaCl_2$ 隨煙流經集塵設備去除。它的優點是操作簡便，而且沒有廢水問題，但是處理效率較低，而且 $CaCl_2$ 粉末含高鹽分，需要妥善處理。

三、氮氧化物控制技術

水泥製程中產生氮氧化物的主要原因是：大氣中氮氣 (N_2) 及氧氣 (O_2)在旋窯內高溫所形成，以及燃料中的含氮化合物經燃燒所形成。因燃燒過程而產生之氮氧化物與超量的空氣、生料滯留時間以及燃燒溫度有關，所以要減低氮氧化物的排放，有三種因素要考慮：⑴減少空氣之滯留時間；⑵降低燃燒溫度；⑶減少空氣量。

若這三種方式控制不當，反而可能造成燃燒過程不完全，而產生碳氫化物及一氧化碳，所以一般去除氮氧化物都以脫硝法為主。常用的脫硝方法，包括以下三種：

A. 乾式氨觸媒脫硝法

將 NH_3 及 NOx 適量配合，在攝氏 300 至 450 度下與觸媒接觸反應。通常具有 90% 脫硝效果，但如果無法長時間維持適當量的 NH_3，則會使脫硝效果降低。

B. 乾式氨氣無觸媒脫硝法

此法利用氮氧化物在攝氏 700 至 1,000 度的高溫下，會被 NH_2 還原成 N_2 與 H_2O，但在實際操作上有下列困難：須將廢氣由 600℃ 加熱至反應溫度、脫硝效率僅 30% 左右、溫度不易控制導致未反應之氮氧化物達 500 至 780ppm。

C. 溼式脫硝法

包括利用含鐵之螯合物吸氮氧化物，以及利用臭氧 (O_3) 或二氧化氯 (ClO_2) 將氣態氮氧化物氧化成 NO_2。

本章重點

1. 人類的經濟活動和自然環境具有密切的關係，自然環境提供了人類生活和生產活動所需要的資源和空間，同時，自然環境也是生產和消費過程產出無數廢棄物質的最終存置場。

2. 產業活動對於環境的衝擊，決定於人類取用自然資源和將廢棄物置放在自然環境中的數量、種類以及在時間和空間上的密集度。

3. 工業革命使得全球人口和消費大量增加，並且集中在都市。工業化和都市化對環境帶來巨大的衝擊。

4. 水泥是工業革命後才有的材料，是都市中樓房、工廠、橋樑和道路的主要建材。臺灣有規模龐大的水泥工業，對環境有相當的影響，所以我們選其為本章討論的案例。

5. 民國六十年代，政府推行十大建設時，是臺灣水泥業的鼎盛時期。近年來，由於臺灣西部的石灰石礦源耗竭和民眾環保意識提升，許多水泥業者有產業東移和國外設廠的計畫。

6. 製造水泥的主要原料為石灰石。因為石灰石極笨重，為了節省運輸成本，水泥製造廠大多就近設在石灰石礦區附近。水泥業是經濟地理上所謂資源導向型產業的典型例子。

7. 開採石灰石礦產生許多環境問題，炸山採礦、礦石運送和棄土對於礦區鄰近地區的水土保持、景觀、生態甚至公共安全，都有嚴重的影響。

8. 在製造水泥時會排放出多種氣態污染物，主要有硫氧化物 (SO_x)、氮氧化物 (NO_x)、懸浮微粒、一氧化碳等。

9. 對人體危害最大的是 $0.35\mu m$ 至 $10\mu m$ 的懸浮微粒，因為顆粒極小，難以去除，又容易被吸入肺泡中。

10. 硫氧化物和氮氧化物逸散到大氣後，與水分結合，形成酸雨。酸雨對人體健康、建築材料、農作物、森林和湖泊生態系，都會產生損壞。

11. 雖然防治空氣污染物的設備和操作費用相當高，但仍然無法完全除去所有的空氣污染物；然而若不立法要求水泥廠進行污染防治，則製造過程所產生污染的社會損害成本更大於污染的防治成本。

本章習題

1. 在宜蘭縣，新成立或擴大生產規模的水泥廠必須和縣政府訂立契約、繳交空氣污染防治費，有人認為這是環境權的交易，可以促使水泥廠減少排放；也有人反對環境權的市場化，認為環境權猶如基本人權是不可以交易買賣的。你認為如何？

2. 有人認為水泥業不適合在地狹人稠、資源缺乏的臺灣發展，所以要獎勵業者到國外設廠或進口外國水泥，如此一來可以減少臺灣地區的水泥業環境破壞問題。但是從地球村居民的角度來看，你認為這種做法如何？

3. 你所居住的地方是否有水泥廠或其他行業的工廠曾經發生過公害糾紛？後來這些糾紛如何解決？你認為這些解決方法合理嗎？

4. 有些人認為工業化帶來環境問題，所以要使臺灣成為工業化國家，我們就要忍受污染。你認為如何？

5. 有那些方法可以使我們減少水泥的消耗，而使水泥生產所造成的污染減少，但又不會使我們社會的發展受到嚴重的阻礙？

第 8 章

專題研究(二): 超級市場國際商品的調查與報告

第一節　超級市場的意義與興起

超級市場 (supermarket) 是指在無人售貨的基礎之上而經營的一種大型零售商店。在超級市場中出售的貨品包括日用品、文具、雜貨、飲料、蔬菜、水果、肉類、麵包、餅乾及牛奶等。

超級市場最早出現在美國。在 1900 年以前,美國有許多茶葉零售商,如宏偉大西洋與太平洋茶葉公司 (The Great Atlantic and Pacific Tea Company) 和鍾斯兄弟茶葉公司 (The Jones Brothers Tea Company) 等，都是以茶葉零售為主。宏偉大西洋與太平洋茶葉公司又簡稱為 A&P 公司,該公司於 1890 年嘗試擴展雜貨,到 1911 年,該公司已將商品擴展到 270 種，其中茶葉佔 23 種，咖啡佔 12 種。到 1912 年，A&P 公司又創立了第一個經濟商店 (The Economy Store),其經營係採用「付現即帶走」(cash and carry) 和薄利多銷的原則,這種經營方式對當時的商店經營型態影響甚大，因而經濟商店成長迅速。在 1914～1917 年間，A&P 公司平均每週增設 20 家經濟商店。到 1925 年時，全美經濟商店已達到 14,000 家。因而該商店對當時食品零售業的影響已引起人們注意。

1916 年桑德公司 (Clarence Saunders) 創立自助式 (self-service) 食品雜貨店，顧客可以在店中挑選自己喜愛的商品，它亦對當時的食品零售

業產生甚大影響。

　　到了 1930 年代初期，由於經濟的不景氣，造成所有消費者都希望購買廉價商品。而自助式的作業和薄利多銷的經營方式，均可使得商品價格降低。當時邱倫 (Michael Cullen) 是個食品業者，他有豐富的經驗，因而在紐約長島將一個大車庫改裝成一個市場，並命名為 King Kullen，這即是全世界第一家超級市場，其經營方式即是「付現即帶走」、定價低以便薄利多銷、促銷以便商品周轉迅速、及自助作業。當時 King Kullen 所登的報紙廣告即為「世界最偉大的價格突破者」，該店當時的價格策略為 300 項商品以成本價出售，200 項商品以高於成本價的 5% 出售，300 項商品以高於成本價的 15% 出售，最後 300 項商品以高於成本價的 20% 出售。

　　1933 年在美國辛辛納提市又開設了一家像 King Kullen 的大型自助式商店，其名稱為 Allers Supermarket，supermarket 這個字就是在這時正式出現。到 1935 年，美國的超級市場已成長到 300 家左右；到 1941 年，第二次世界大戰開始時，美國的超級市場再成長到 8,000 家。到 1950 年代，超級市場已變成美國食品銷售的主要管道。1950 年代以後，超級市場的經營型態再傳至歐洲；1960 年代以後，超級市場再傳至中東、遠東和拉丁美洲等地。

　　目前超級市場已成為全球相當普遍的一種商品零售商店，其設置地點也已普及到各個社區之內，不但其商品陳列有序，而且市場內部空間寬敞、清潔。例如 Safeway 就是美國相當普遍的一家連鎖超級市場，它販賣的貨品非常多樣，包括肉類、蔬菜、水果、動物食品、冰品、牛奶及奶製品、飲料、麵包、罐頭、餅乾、日用雜貨、藥品、維他命、文具及書報等。

第二節　臺灣的超級市場發展

　　臺灣地區的超級市場已有四十餘年歷史，根據其演變，大致可分為五個階段。

一、醞釀期（1963～1968 年）

　　民國五十二年，NCR 臺灣公司在臺北開設了福利、美洲、與和興三家自助商店，並引進收銀機制度。當時的自助商店以銷售麵包、罐頭、糕餅為主，此外還有 1～2 個冷凍櫃販賣乳製品和冰淇淋等，但並沒有新鮮蔬菜和肉類食物。這種嘗試在當時是很大膽的，因為當時一般的經營者都認為自助商店的失竊率很高。

二、萌芽期（1969～1971 年）

　　民國五十八年十月，在臺北西門町開設西門超級市場，不久頂好超級市場亦開張。頂好超級市場的商品內容包括新鮮蔬菜、冷凍肉類、和新鮮的雞鴨魚肉等主要食物，這是臺灣第一家供應國人日常生活必需生鮮食品相當完備的超級市場。隨後，民國六十年九月，中美超級市場也開張營業。

三、幼苗期（1972～1976 年）

　　民國六十一年六月欣欣大眾百貨公司開幕，其超級市場的空間面積在 200 坪以上。接著高雄的遠東百貨公司亦成立地下室超級市場，這是南臺灣的第一家超級市場。隨後永和的中信公司及臺北新光育樂公司也都加入超級市場經營的陣營。不久臺中、臺南、彰化、豐原等地也都出

現了超級市場。不過這時的超級市場大多採取專櫃出租的方式經營。

四、發展期（1977～1981 年）

民國六十六年，中國農村復興聯合委員會（簡稱農復會，為今日行政院農業委員會之前身）為了改善食品零售系統及規模，推動「臺北市設立十家現代化食品商店試驗計畫」，最先設立 16 家便利食品商店，這些便利食品商店又稱為「青年商店」。經過 2～3 年的輔導，青年商店數增加至 64 家，後來有部分商店因資金、經驗、及地點等因素而結束營業，但仍維持在 45～50 家左右。民國六十七年三愛電子公司在臺北市各地成立了 18 家三愛超級市場，但因經營不善，後來紛紛結束營業。但這時連鎖商店的經營方式風氣已開。民國六十八年統一公司在全省開設 14 家超級商店，後來統一公司又與美國南方公司 (Southland Co.) 合作，成立 7-11 連鎖「便利商店」。

五、成長期（1981 年迄今）

民國七十年，臺北市政府委請臺灣區果菜運銷公司（即今日的臺北農產運銷公司）經營臺北市東區延吉市場，由於營運成功，因而帶給政府和民間企業信心，這可算是第一家專業性超級市場。早期其他的超市大致都是附設於百貨公司地下室之營業部門。

民國七十三年，臺北市政府繼續將民福、民生、和雙溪三處市場標租給僑果實業有限公司經營。民國七十四年，臺灣雅客公司成立雅客超市、臺北農產公司又成立和平超市。和平超市曾創造每日 150 萬元的營業額，從此震驚了食品業界和傳統市場。

隨後，各地超級市場紛紛成立，有營運成功者，也有不堪虧損而停業者。但基本而言，超級市場已普遍受到一般人的喜愛。在臺北市，由

臺北市政府興建完成的超市就有芳和、民榮、後港、永建、萬芳等 20 處。
此外，國外超市也開始計畫在臺灣投資，例如美國的 Safeway、法國的卡
富爾等。

　　民國七十六年，香港屈臣氏藥房公司在臺北成立第一家連鎖商店。
同年香港的惠康超市也申請來臺灣投資，並於民國八十年在臺北市設立
了 18 家超級市場，成為當時臺灣最大的連鎖超市。

　　根據主計處《九十年工商及服務業普查總報告》，當時臺灣地區的超
級市場共有 963 家，其各地數量見表 8-1。

　　近年來，便利商店成長也非常快速。根據民國九十二年十二月初的
資料，同年十一月份全臺灣的統一超商已有 3,454 家；全家便利商店有
1,484 家；萊爾富有 910 家；OK 便利商店有 747 家；福客多有 330 家；

表 8-1　民國九十年臺灣超級市場數量表

縣市別	超級市場數目	縣市別	超級市場數目
臺北市	47	高雄縣	65
高雄市	70	屏東縣	58
臺北縣	70	宜蘭縣	41
桃園縣	64	花蓮縣	18
新竹縣	22	臺東縣	11
苗栗縣	23	澎湖縣	14
臺中縣	91	基隆市	10
南投縣	29	新竹市	18
彰化縣	106	臺中市	36
雲林縣	39	嘉義市	12
嘉義縣	29	臺南市	43
臺南縣	47		
合　　計	963		

資料來源：行政院主計處 (2002)，《九十年工商及服務業普查總報告》。

中日超商有 213 家；界揚超商有 197 家；翁財記便利商店有 71 家；每一日便利商店有 27 家；司邁特便利商店有 12 家，總計 7,445 家。

　　在臺灣的超級市場，其賣場面積通常都在 100 坪以上，或是其年營業額在新臺幣 1 億元以上。而便利商店則賣場面積小，陳列的商品有限且是高迴轉率的商品，而且其營業時間長，甚至為 24 小時者。

第三節　超級市場的商品分類

　　一般零售業的商品內容非常繁雜,而超級市場的商品內容更為廣泛,它包括生鮮食品到日用百貨，幾乎我們日常生活的所有基本需求它都供應。各種商品因特性不一，因而可根據其特性分類，以便有系統有秩序的管理。

　　通常超級市場中的商品可分為五個層次。第一層是單品項目；第二層是數十個或數百個單品項目組成一個小分類；第三層是由數個小分類合併成中分類；第四層再由數個中分類合成大分類；第五層則是由數個大分類合成整個超級市場的所有商品。其層次結構可參考圖 8-1。

　　在超級市場中，大分類最好不超過 10 個，這樣比較容易管理，不過這並不是硬性的原則，有時也需考慮實際商品的內容和經營者的理念。例如常將來自水中的商品（包括海、湖、和河）劃歸成水產類。在水產大類中，可根據其來源和製造方法等屬性再分成若干中類，例如有淡水魚類、海水魚類、貝類、蝦蟹類等。在中類中又可依商品的功能、包裝、成分等再分為若干小類，例如蝦蟹類中可再分為草蝦、斑節蝦、蝦仁、蟹等小類。通常超級市場的商品分類可參考表 8-2。

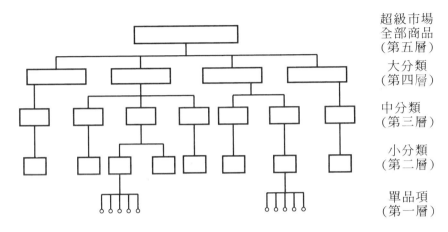

超級市場
全部商品
（第五層）

大分類
（第四層）

中分類
（第三層）

小分類
（第二層）

單品項
（第一層）

圖 8-1　超級市場的商品層階

資料來源：行政院經濟部 (1993)，《超級市場：經營管理技術實務手冊》。

表 8-2　超級市場的商品分類

大分類	中分類	小分類			
	名　稱	名　稱	名　稱	名　稱	名　稱
果　菜	葉菜類	一般葉菜 大白菜	水耕葉菜 其　他	香　菜	高麗菜
	根莖類	洋　蔥 蔥	番　茄 蒜	馬鈴薯 其　他	蘿　蔔
	花果類	花椰菜 番　茄 其　他	甜　椒 茄　類	辣　椒 玉　米	瓜　果 豆　類
	菇菌類	鮮香菇	草　菇	蘑　菇	金　茸
	加　工	醃漬菜			
	國產水果	瓜　類 葡　萄	柑　桔 桃　李	梨 番石榴	蘋　果 龍眼、荔枝
	進口水果	瓜　類 葡　萄	柑　桔 桃　李	梨 櫻　桃	蘋　果 南洋水果

		漬　品	切片水果	乾　物	
加　工	果　汁	原　汁	50% 果汁		
畜產	牛　肉	美國菲力 美國梅花 澳洲紐約克	美國沙朗 美國後腿 澳洲後腿	美國紐約克 澳洲菲力 澳洲牛腱	美國牛小排 澳洲沙朗 臺灣黃牛肉
	豬　肉	豬肉塊 豬小里肌	豬肉片 豬　腳	豬肉絲	豬肉排
	羊　肉	羊肉塊	羊肉片		
	雞　肉	雞全隻 雞里肌	雞　腿 其　他	雞　翅	雞胸肉
	鴨　肉	鴨全隻	鴨半隻		
	內　臟	豬內臟	牛內臟	雞內臟	
	加工肉	香　腸 臘　肉	熱　狗 其　他	火　腿	培　根
水產	海水魚	整條魚	切片魚	臺面魚	
	淡水魚	整條魚	切片魚	臺面魚	
	貝　類	文　蛤	蜆	九　孔	其　他
	蝦蟹類	草　蝦 蟹　類	斑節蝦	其他蝦類	蝦　仁
	生魚片	魚生魚片	貝生魚片	組合生魚片	
	水產加工	海　藻	鹽　干		
	花　枝	魷　魚	透　抽	花　枝	小　管
日配	牛　乳	鮮　乳	調味乳	發酵乳	
	布丁果凍	布　丁 愛　玉	優　格	果　凍	豆　花
	清涼飲料	100% 果汁 米　漿 運動飲料	30% 果汁 涼　茶	濃縮果汁 咖　啡	豆　漿 奶　茶
	水　物	豆　腐	涼　品		
	冰　品	冰淇淋	冰　棒	雪　糕	甜　筒
	冷凍食品	水　餃	包　子	湯　圓	火鍋水餃

		比　薩 冷凍蛋糕	冷凍蔬菜	點　心	冷凍調理
	麵　類	涼　麵	炒　麵	麵　條	烏龍麵
	漬　物	醬　菜 味　噌	泡　菜	日本漬物	調味醬
	丸　物	魚　丸	蝦　丸	甜不辣	
	蛋	雞　蛋 皮　蛋	鴨　蛋 蛋　黃	烏　蛋	鹹　蛋
一般食品	罐　頭	水煮罐頭 水產罐頭 水果罐頭	農產罐頭 肉品罐頭 點心罐頭	麵筋罐頭 調理罐頭	漬　物 素食罐頭
	調味品	醬　油 調味粉 辣椒醬	醋 咖　哩 糖	香　油 番茄醬 鹽	沙拉油 牛排醬 綜合調味醬
	食用油	沙拉油 橄欖油	花生油 動物油	葵花油	蔬菜油
	南北貨	麵　粉 豆　類 水產乾物	番薯粉 雜　糧 金針、木耳	炸蝦粉 燉　補 其他粉類	炸雞粉 滷味粉
	乳製品	即溶奶粉 調味奶粉 奶　精	全脂奶粉 其他奶粉 奶　水	脫脂奶粉 奶　油	嬰童奶粉 起　士
	營養補充品	雞　精 綜合飲料	麥　片 布丁果凍粉	麥精片	麥　粉
	沖調類	咖　啡 蜂　蜜	茶	可可粉	果汁粉
	速食類	速食湯	高　湯	調理速食	粥
	麵　類	麵　條 杯速食麵	麵　線 冬　粉	碗速食麵 米　粉	包速食麵 義大利麵
	飲　料	易開罐碳酸 鋁箔包飲料 機能飲料	保特瓶碳酸 香檳果汁 乳酸飲料	一般果汁 濃縮果汁	100% 果汁 運動飲料

糖果餅乾	巧克力	國產巧克力	進口巧克力		
	糖　果	口香糖	國產糖果	進口糖果	
	進口餅乾	夾心餅乾 鹹味餅乾	奶酥餅乾 桶裝餅乾	薄片餅乾 兒童餅乾	米　果
	國產餅乾	夾心餅乾 鹹味餅乾	奶酥餅乾 桶裝餅乾	薄片餅乾 兒童餅乾	米　果
	果醬花生醬	果　醬	花生醬	其他抹醬	
	早餐關連	土　司 繐	麵　包	蛋　糕	早餐餅
	零　食	蜜　餞 豆　類	豆　乾 魷魚製品	花　生 肉　乾	瓜　子 葡萄乾
	休閒食品	麵粉製品	洋芋片	玉米餅	豆製品
	傳統餅乾	油炸餅乾	鳳梨酥		
	其　他	果　凍	乳酸棒	禮　盒	
日用百貨	日用消耗品	衛生紙 漂白劑 防蟲劑	面紙、紙巾 廚房洗劑 紙尿片	衛生棉 浴室洗劑 化妝棉	洗衣粉 消毒芳香 保鮮膜
	保健用品	牙膏、牙刷 嬰兒用品 防　曬	洗髮粉 刮鬍用品 防寒保養	香　皂 男性化妝品	沐浴乳 女性化妝品
	家庭用品	微波用品 冷水壺 便　當	保鮮膜 餐　具 廚房用具	鍋　具 製冰器 掃除用品	壺　具 餐　巾 洗衣用品
	陶瓷玻璃	陶　器	玻　璃	美耐皿	
	日用工具 （小五金）	水道用品 門鎖關連 繩　子	園藝用品 尺 其　他	刀　具 掛　鉤	鐵 槌　子
	輕衣料	男內衣 襪　子 雨　具	女內衣 毛　巾	童內衣 浴　巾	褲　襪 手　帕
	衣　料	西　裝 牛仔褲	男　襪 夾　克	女　襪 毛　衣	運動衣 休閒服

鞋	運動鞋 休閒鞋	男皮鞋 拖　鞋	女皮鞋 涼　鞋	童　鞋
文　具	筆 橡皮擦	紙 漿　糊	筆記簿 白　膠	信　紙 其　他
玩　具	洋娃娃 電動玩具	汽車玩具	摸彩玩具	組合玩具

資料來源：行政院經濟部 (1993)，《超級市場：經營管理技術實務手冊》。

　　商品經過分類後，必須編碼才便於管理。我國商品由中華民國商品條碼策進會管理，一般商品是用 13 碼，而體積很小的商品是用 8 碼。13碼的編碼原則係 1～3 碼為國家代碼，4～7 碼為廠商代碼，8～12 碼為產品代碼，13 碼為檢查碼。8 碼的編碼原則係 1～3 碼為國家代碼，4～7 碼為廠商代碼，8 碼為檢查碼。13 碼之條碼可參考圖 8–2。

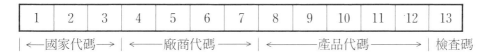

1	2	3	4	5	6	7	8	9	10	11	12	13

|←─國家代碼─→|←───廠商代碼───→|←───────產品代碼───────→|檢查碼|

圖 8–2　13 碼之編碼原則
資料來源：行政院經濟部 (1993)，《超級市場：經營管理技術實務手冊》。

第四節　超級市場中外國商品的來源

　　超級市場中的商品，根據其來源地的不同，可分為國內商品和外國商品兩大類。國內商品係供應本地市場消費，對國家的國際收支影響小，而外國商品的進口則影響到國家的外匯，因而影響國家的收支。

　　我國是自由貿易國家，因而在各類市場中都可見到各式外國商品。由各種外國商品的來源，就可以知道我國與那些國家有國際貿易關係。國際貿易的發生主要是國家和國家之間的資源稟賦、國民資質、資本累

積、技術水準及經濟發展階段不同，因而導致各個國家的生產條件不同，於是造成某一國家可以廉價生產某一產品，而其他國家不一定能生產該產品或是要付出很高的代價去生產該產品，為了合乎經濟原則，於是透過國際的貿易，即可自外國取得自己國家不能生產或是要付出更高代價去生產的某些商品。

目前臺灣各地均有超級市場，從超級市場中外國商品的種類及其進口來源即可略知我國的國際貿易。本節僅以早先時期「百佳超級市場」的資料為例做一簡介。

百佳超級市場為一連鎖超市，民國八十年代時，在臺北市、中和、蘆洲、苗栗、苑裡、臺中、彰化、員林、虎尾和嘉義等地均設有分店。該超級市場商品項目多達千種，但主要可分為食品 (包括罐頭、餅乾等)、化妝品、日用品 (包括衛生紙等非食品)、乳製品、冷凍物品、肉類 (包括牛肉、豬肉、雞肉、和魚)、蔬菜、及水果等。各類商品來源如表 8–3 所示。

表 8–3　百佳超級市場各類商品來源之百分比

商品來源　商品類別	臺灣	紐澳	日本	美國	加拿大	越泰	南韓	英國	法國	義大利
食　　　品	87		6	4.5		1	0.7	0.4	0.2	0.2
化　妝　品	88		6	5				0.5	0.5	
日　用　品	78		10	2		10				
乳　製　品	94		2	4						
冷凍食品	95		1	1					3	
肉類　牛　肉	5	90		5						
肉類　豬　肉	100									
肉類　雞　肉	100									
肉類　魚	80		5		5	10				
蔬　　　菜	80		10	10						
水　　　果	50	10		30		10				

資料來源：百佳超級市場提供 (1995)。

　　從上表中可知百佳超級市場供應的牛肉絕大部分是進口的，而且幾乎都是來自紐西蘭和澳洲，僅部分來自美國；在豬肉和雞肉的供應方面，則全部由國內自己供應。百佳超級市場中的外國商品分別來自美國、加拿大、紐西蘭、澳洲、日本、南韓、越南、泰國、義大利、法國和英國等，在地圖上將各類進口商品的國家連接起來，即可得到進口商品來源分布圖。圖 8-3 即為百佳超級市場外國商品的來源分布圖。

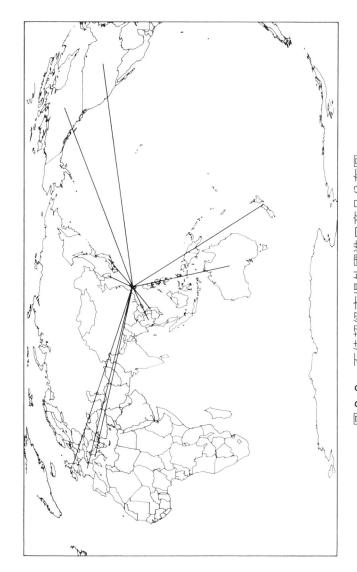

圖 8-3　百佳超級市場外國進口商品分布圖

圖中國家自美國起，順時針依序爲：美國，紐西蘭，澳洲，越南，泰國，義大利，法國，英國，南韓，日本，加拿大。

本章重點

1. 超級市場是無人售貨的一種大型零售商店，其出售貨品以食品為主，亦兼售日用品、文具及一般雜貨。

2. 最早的超級市場在 1930 年代出現於美國，後來才傳至歐洲、亞洲及世界其他地區。

3. King Kullen 是全世界第一家超級市場，其經營方式為「付現即帶走」、薄利多銷、商品周轉迅速、及自助作業。

4. 臺灣地區的超級市場已有 40 餘年歷史，到目前其演進可分為醞釀期、萌芽期、幼苗期、發展期及成長期五個階段。

5. 臺灣最早的自助商店成立於民國五十二年，收銀機制度也是在這時引進國內。

6. 民國七十年，臺北市政府委託臺灣區果菜運銷公司營運延吉市場，這是臺灣地區第一家專業性超級市場。

7. 臺灣超級市場的特徵是其賣場面積都在 100 坪以上，或其年營業額超過 1 億新臺幣。

8. 通常超級市場的商品可分為單品項目、小分類、中分類、大分類及全類五個層次。大分類最好不超過 10 類，以便管理。

9. 我國商品分類編碼係採用 13 碼和 8 碼。

10. 國際貿易發生的主要原因是各個國家之間的資源稟賦、國民資質、資本累積、技術水準、及經濟發展階段不同所致。

本章習題

1. 超級市場與傳統市場的營運方式有何不同？

2. 說明美國超級市場的演變情形。

3. 試述臺灣超級市場的演變情形。

4. 說明超級市場中的商品如何分類及編碼。

5. 調查你（妳）的住家附近之超級市場中商品的來源，並用地圖表示之。

第 9 章

臺灣經濟發展的時空過程(一)：清代臺灣的經濟發展

臺灣的開拓史雖然有研究可追溯到早期荷蘭人佔領臺灣南部的時期 (1624～1662)，甚至更早，可是真正比較有具體資料可查考的要屬清朝的康熙、雍正、乾隆這一百多年，這段期間臺灣由自然原野地先被開墾為蔗田，又經水利建設而使農地由粗放經營的蔗田，改變為需要精耕的水田，終於臺灣成為閩粵沿海一帶的穀倉，而大陸沿海各省在人口壓力下，風聞「臺灣錢淹腳目」，乃開始「以腳投票」，大量向臺灣移民，從此開啟了先民篳路藍縷的「唐山過臺灣」經濟開拓史。

第一節　土地的拓墾及人口聚集

滿清政府早期對臺灣採取相當嚴格的海禁政策，嚴禁一般百姓移民入臺，甚至派駐臺灣的軍隊亦不可攜眷同行，並定期移回大陸，此時臺灣只是中國邊防軍的駐守地而已。一直到雍正十三年 (1735)，閩浙總督才開始准許臺灣的地方官吏查明管區內可開墾之土地，讓有錢、有力者，正式開墾作為私有土地，同時官方也開始貸放資金承墾，然後再依水旱田收取租金，所謂的營盤田、官田等，就是屬於當時由政府出資而招人承佃開墾的農地。

民間的開墾戶有的住在大陸，按時渡海來臺收租金，有的則住在附近市鎮，佃戶按期向他們繳納租穀。開墾戶出資包墾土地，當時多半是

當做一項投資事業，在取得官方允許開墾的執照後，便轉租給佃戶，然後每年坐享佃戶所交納的租金。就佃戶來說，只要每年按季向開墾戶繳納固定租金，便可以獲取土地生產物的成果，租金當時大約是生產物的五分之一，條件相當優厚，因此佃戶不斷增加，原野地也不斷地拓墾為農地，此一時期可稱之為拓荒經濟時期。雍正、乾隆以後，隨著彰化平原的日益招墾，有些開墾戶便把經營糖業或土地之利潤，轉投資於水利設施，然後可以向灌溉戶收取水租，例如彰化施長齡的八堡圳，就是當時新的投資機會。有些開墾戶則在離海較遠的地區如貓霧束（今日的臺中南屯一帶），籌建倉儲，以利收租和米穀的輸運，顯然民間開墾戶在土地開發及投資方面表現相當的活力，遠比政府被動的態度來得反應快，而且有效率。

　　《臺灣府志》曾就臺灣府所轄的臺灣縣、鳳山縣、諸羅縣、彰化縣及淡防廳在不同階段的耕地面積增加情形，做成類似表 9-1 的統計，表中的田即現今的水田，而園則為旱田，由田園數字來看，雍正十三年是臺灣府耕地增加最多的一年，其餘各年，不論是康熙時期，或乾隆初期，耕地增加量均相當有限，每十年約只增加 3 千甲左右。可見雍正年以前人口增加，而耕地面積也不停地擴展，兩者大約是按比例增加的，當時應是沃野千里，耕墾容易。此外，當時的旱田面積增加率大於水田，顯示臺灣在這階段尚屬粗放農耕時期，主要是欠缺勞動力而不是土地不足，所以稱此時期為拓荒經濟時期。北美洲早期由非洲輸入黑奴，幫白種人開墾農場，也是類似於此一情境，只要找到人就可以開墾農地。雍正年以後，田園之間的差距逐漸拉近，一方面水田逐漸取代蔗園；另一方面，也表示人群聚結已達相當程度，為了養活這些人口，土地必須精耕為水田，才能維持穩定的生產量，同時聚集的人群也逐漸由拓荒時代的「草寮」式聚集，開始演變為地域性的市鎮。

表 9–1　18 世紀中葉以前 (1684～1755) 臺灣各府縣田園增加表　　單位：甲

		臺灣府	臺灣縣	鳳山縣	諸羅縣	彰化縣	淡防廳
康熙 23 1684	田	7,535	3,886	2,678	970	–	–
	園	10,919	4,676	2,370	3,873	–	–
	合計	18,454	8,562	5,048	4,844	–	–
康熙 32 1693	田	8,994	4,339	3,328	1,328	–	–
	園	17,466	6,006	3,921	7,538	–	–
	合計	26,460	10,345	7,249	8,866	–	–
康熙 49 1710	田	9,162	4,358	3,466	1,336	370[a]	162
	園	20,948	6,169	5,263	9,485	–	337
	合計	30,110	10,458	9,229	10,821	370	499[b]
雍正 13 1735	田	14,076	4,666	3,566	1,639	3,986	217
	園	36,441	7,578	7,378	13,470	7,679	337
	合計	50,517	12,244	10,944	15,129	11,665	555
乾隆 9 1744	田	14,875	4,643	3,572	1,637	4,515	529
	園	38,310	7,361	7,388	13,401	8,514	1,290
	合計	53,185	12,204	10,960	15,308	13,030	1,819
乾隆 20 1755	田	15,708	4,493	3,662	1,610	4,565	1,478
	園	39,321	7,501	7,402	13,742	8,545	2,131
	合計	55,129	11,994	11,094	15,352	13,110	3,609[c]

資料來源：高拱乾 (1648～1693)，《臺灣府志》國防研究院版，《臺灣叢書》第一冊，
　　　　　頁 111–122。
　　　　　周元文 (1710)，《臺灣府志》國防研究院版，《臺灣叢書》第一冊，頁 73–
　　　　　76。
　　　　　劉良璧 (1735)，《重修福建臺灣府志》臺銀本，《文獻叢刊》第 74 種，
　　　　　頁 138–162。
　　　　　范咸 (1744)，《重修福建臺灣府志》臺銀本，《文獻叢刊》第 108 種，頁
　　　　　145–166。
　　　　　余文儀 (1755)，《臺灣府志》臺銀本，《臺灣研究叢刊》第 62 種，頁 96–
　　　　　106。
附註：a. 係雍正二年由諸羅縣撥歸。
　　　b. 係雍正九年由彰化縣撥歸。
　　　c. 該數目係以 1 甲 =1.1 畝換算而得。

由長期的田園數目來看，臺灣縣在雍正時期，已經達到飽和，印證了雍正五年 (1727) 閩浙總督所說的「臺邑人稠地狹」，也可見人口壓力此時已經開始浮現了，之後田園數已有不增反減的現象了。鳳山縣的開拓，以康熙到雍正年間的增加較快，雍正年以後也呈現出低度成長的現象；史書上指出：乾隆十七年左右，下淡水一帶曾栽培出一種稱為「雙冬」的早稻，這是臺灣地區為解決糧食問題而栽培出的新品種，可見當時土地利用已經要由粗放耕作，升級為集約耕作了。諸羅縣由康熙末年到雍正十三年成長最迅速，這是臺灣比較乾旱的地區，所以園多而田少，也可知悉當時水利設施的灌溉功能或範圍尚嫌不足，蔗園的分布才會如此廣泛；雍正年以後，田園數都停滯不成長，反映出人口在這個階段已甚稠密，只好開始前往彰化以北地區，拓墾新天地了。

彰化自諸羅縣分出而設縣（雍正元年，1723）是由於移民人口聚集發展出來的結果，這是地區性的社會經濟發展，進而刺激政府行政系統改變的一個例子。彰化耕地的擴張，可追溯至康熙四十年間構築「八堡圳」等水利系統之時，水利建設一旦完成，耕地面積即可隨之擴展，水利投資者也從耕地擴展中，收取到水租，地方經濟因此逐漸繁榮。

漢人移民到臺灣，一方面在平原耕墾，同時也逐漸侵墾到原住民的土地，糾紛也日漸增加。由於彰化平原及其以北的地區，土地肥沃又廣闊，墾民大量開拓，因而乾隆二十年 (1755) 以前，田園已繼續不斷地成長，人口也不斷地聚集到山邊、海岸，為了加強行政管理，鹿仔港巡檢署即於雍正九年設立，彰化縣則於雍正十二年植竹為城，城市的興起象徵此地的人口聚結已達相當水準了。半線堡縣治（即彰化縣前身）以及貓霧束堡等地，墾戶陸續興建倉儲設備，這兩地當時逐漸發展成為農產品的重要集散地，各地的佃戶可以至此繳納稻穀租金，然後墾戶用牛車運至鹿港，再由海路運送至臺灣府倉儲。

　　彰化、臺中等城市當初是由農產品的集散地而發展成為周圍各地的
交易中心，一般墾民除了到此繳納租金，也可買回耕墾所必需的器具或
日常生活用品，而新來的移民也聚結在這些地方，以便尋找適當的工作。
鹿港則成為大陸與臺灣之間各種手工物品、農產品等的主要進出港口，
到了乾隆四十九年 (1784)，鹿港才正式開港，更成為臺灣西部海岸最大
的商港。淡水廳是雍正九年 (1731) 成為正式的縣級行政單位，當時臺北
平原附近幾已全部開墾，乾隆三十二年 (1767)，淡水河流域附近的新莊，
更因商人聚集，且地連艋舺、大加臘，而成立了淡防廳新莊巡檢署。一
般說來，臺灣北部地區因滿清政府禁止北海岸的貿易來往，造成臺北地
區的開墾時間延後及開墾速度較為緩慢，再加上北部多山，幅員拓展也
難以深入，因此在臺灣的開拓史中，是後來才開展的地區。

第二節　農業生產

　　前一節分析了早期臺灣各縣耕地面積的擴展及人口增長與聚集的趨
勢，可以發現雍正年以前的臺灣，因初期所開墾的田地相當肥沃，墾民
的生活改善顯著，因此耕地擴增甚速。史書上也記載「種植後聽其自生，
不事耕鋤，惟享坐穫，每畝數倍於內地」；除此而外，更見「瓜果豆菜之
屬，著物即生」，可見臺灣在 18 世紀初能夠吸引大批移民到來，的確是
有其優越的天然環境，適宜各種農作物的生產。然而，早期臺灣的農業
並未能大規模進行發展，水利設施的缺乏是最主要的原因，一般田地只
是依靠自然的雨水灌溉，可稱之為看天田。以諸羅縣為例，氣候雖暖和，
但因春夏交替之時，雨水缺少，稻作的成長並不好，所以土地雖肥沃，
但稻作僅一熟。其次，當時因人口少而田地卻很肥沃，即使提供農田水
利灌溉系統，還是很少有必要種植兩期的水稻。鳳山縣曾出現「雙冬」

早稻，但仍無法推廣，其原因是人口不足，不僅僱工貴而且供不應求。一般人在既有的耕地及耕作技術下，既然已經遠比在大陸時候的生活富庶，就不再費心開墾荒地或提高土地利用率了。

乾隆元年 (1736)，黃叔璥在《臺海使槎錄》中記載了臺灣的農作物生產情形，按照月份來說，正月收菜子（油芥），可供碾油當燈油；二至三月可收大麥、小麥（十至十一月間種植）；四月收雙冬早稻及西瓜；五月收早麻（即芝麻，正月或二月種）；六月種晚稻，收晚麻、稷禾、高粱、蕎麥。七月收早稻（正月或二月間種）；八月收黃豆，黑豆，菉豆（五月間種）；九月收圓粒粟（早播者可於八月收）；十月收白占稻（種於水田）、紅埔占稻（種於旱田），同時番薯也成熟，糧食可供至隔年四月；十一月收大蔗（甘蔗），芋蔗（又名竹蔗），同時興工碾糖；十二月種瓜，菜麻，雜植蔬豆，栽蔗碾糖，間種早稻以佐食。

由月別農產品的生產情形看來，臺灣最重要的糧食，還是以六月種，十月收的稻作為主要；此外，也可看出臺灣農作物種類相當多，不論田或園，都有適當的作物可種，一年四季可生產各種作物，土地利用相當集約。臺灣還有一項很重要的經濟作物即甘蔗，甘蔗可種在缺乏灌溉設施的沙土，正是穀物不宜耕植的土地，因此在空間利用上兩者具互補的作用。然而，蔗糖的利潤相當豐裕，曾造成臺灣在 18 世紀初有田少園多之現象，康熙卅一年左右，就曾頒布一份禁止在水田種甘蔗的公文，可見當時已有水稻與甘蔗競爭或米糖爭地的現象。蔗園本來是延續荷蘭人據臺時期所傳下的耕作型態，當時人口少，水利設施不足，蔗園自然佔多數，這種現象一直到雍正年以後才逐漸改觀。此外，原來不施糞肥的田地，至雍正年初期，為求增加生產量也開始施肥，為了防止風災、水災及旱災之侵襲，農民也開始改變種植方式。雍正七年，開始對農地面積課稅，稅金須以米繳納，農民為了保障有米可繳稅，無形中也強迫農

民種植水稻，自此水稻逐漸成為臺灣農業的主流產品。

　　乾隆以後，粗放農耕幾乎已完全轉變為水田耕作了，土地因集約利用而必須經常使用糞尿肥以厚植地力，同時臺灣人口也開始由南向北遷徙。臺灣的農產品本來以晚稻為主，必須晚稻豐收，才不致發生缺糧，這種現象一直到乾隆二十年左右才逐漸改觀，此時早稻由次級角色逐漸成為與晚稻同佔一席之位，這種由側重晚稻發展到早晚稻並重的變化，顯示人口壓力的出現，為了適應人口多而糧食需求大，農民的農作技術也進步了。

　　總括來說，臺灣農業因適應社會經濟的變遷與發展，由早期稻米與甘蔗競作，經雜植耕作而到 18 世紀中葉的早晚稻並重，這一系列的農業發展也由南向北而推展，也就是由鳳山、諸羅二縣，擴展到淡水、彰化二縣。乾隆二十年 (1755) 福建巡撫指出：「臺灣產穀之區，淡水、彰化為最，鳳山、諸羅次之，其附郭之臺灣縣，兵民聚食既多，鄉莊出產復少……。」可見當時地理上已可區分出主要、次要糧食生產地與消費地等，又因糧食搬運的交通問題，使中北部地區，尤其是彰化、鹿港以及淡水、八里岔等地的行政組織逐漸改變，日後中北部地區再發展成為臺灣重要的政治中心。

第三節　國際貿易與基礎建設

　　臺灣的經濟發展階段除了由土地快速拓墾、增加農作物生產為起點，接續而來的即國際貿易的擴張。清咸豐十年 (1860) 天津條約簽訂之後，臺灣對西方國家開放了淡水、基隆、安平及打狗等通商口岸，於是對外貿易開始大幅增長。1868 至 1894 年間，臺灣貿易總值年平均成長率高達 7.99%，同時期中國大陸之貿易年平均成長率僅為 3.43%，可見早期臺

灣的貿易發展就已超越中國大陸，究其原因，可以從經濟學中的需求與供給兩方面進行解析。

　　從需求面而言，米、糖為臺灣的出口大宗貨物，米的出口市場以福建為主，糖則以華中、華北、日本及南洋為市場，由於通商口岸的開放，國際貿易更為方便，開始大量出口到日本、香港等地，到 1886 年期間，糖的出口市場更擴大到澳洲、英國、美洲等地。除糖之外，另有茶葉與樟腦更為臺灣出名的特產，成為通商口岸開放後的大宗出口產品。1868 至 1894 年間，茶、糖、樟腦的出口值分別佔當時臺灣出口總值之 54%、36% 及 4%。其中茶分為烏龍茶、包種茶，烏龍茶以美國為主要市場，包種茶則以南洋為主要市場。至於樟腦市場則有德國、法國、美國、英國與印度等地。

　　從供給面而言，早在康熙三十五年 (1696)，《臺灣府志》中即分析了米糖爭地之現象，指出：臺灣地區人民有「唯利是趨」之經濟人 (economic man) 特性，當時臺灣人民不顧米產日缺，只要糖價一漲即種蔗而不種稻。通商口岸開放以後，淡水的英國領事更明白指出：「年復一年，漢人不斷向山區開發，一山佔過一山，砍下了樹木，種下了茶。」可見茶、糖、樟腦均屬於為市場而生產的經濟作物，也可以看出價格機能左右經濟行為的力量，實不可忽視。由於臺灣所適合生產的米、糖適為大陸所需，而移民所需的棉布、絲織品及其他日用品均取自大陸，如此而形成臺灣與大陸貿易上的互補關係，一方供應農產品，一方供應日用手工業產品，顯現區域分工，互蒙其利。但隨著移民留臺日久，臺灣本身也開始有簡單的日用手工業的發展，早期臺灣的日用手工業一直不發達，也是造成臺灣仰賴貿易的原因之一。除此之外，臺灣係海上島嶼，天然資源有限，原已需要依靠貿易補助本身的不足，加上海上交通位置的優越，便於通航世界各地港口，更強化了臺灣人民具有市場導向的思考模式與貿易求

發展的行為。

　　基礎建設方面，清代對臺灣的實體建設最具影響力的人物應推劉銘傳。劉銘傳於 1886 年擔任第一任的臺灣巡撫，他將臺灣行政區擴編為三府、一州、三廳、十一縣。由於臺灣為新建的省，百事待舉，劉銘傳除了致力於整理田賦以增加稅源之外，更大刀闊斧開始現代化的建設，新建設不僅改變了臺灣的原來面貌，更由農產為主的清代邊疆土地，開發成為清代最進步的一省，舉凡鐵路、郵政局、電燈及自來水等文明產物的基層建設，都是在他的任內開始進行，他的貢獻可從國防、交通、礦產、農業生產，一直到都市建設，茲說明如下：

1. 國防建設

　　由於臺灣是一海島，臺灣海峽阻斷了大陸與臺灣的交通，因此國防自主能力相當重要。1884 年清廷曾與法軍在滬尾（今日的淡水）發生血戰，「北門鎖鑰」即當年的砲兵陣地遺跡，劉銘傳在此一戰成名，接任臺灣巡撫後，他一方面擴建海防砲臺，並建機器局造槍彈、砲彈，又設軍械所儲彈械，只是海上兵艦的購建尚屬不足，因此臺灣當時的國防自衛能力只局限於閉關自守而已。

2. 交通建設

　　劉銘傳對臺灣的最大貢獻應屬建造鐵路，目前在臺北市二二八和平紀念公園之內，可以找到劉銘傳的半身雕像，還有當年奔馳於大稻埕與松山之間的「騰雲一號」蒸汽車頭。自 1887 年開始，劉銘傳完成了基隆至臺北的第一段縱貫鐵路，第一個隧道就是聯絡八堵、基隆間的獅球嶺隧道。他卸任後兩年，縱貫鐵路由臺北至新竹的鐵道才完工，這是清廷所完工的第一條官辦鐵路。劉銘傳的另一交通建設是購置輪船，開闢航行於臺灣與大陸、臺灣與南洋之間的航線，在新加坡設立招商局，招攬商業、拓展進出口貿易。此外，他更架設臺北、基隆、淡水、臺南等地

及安平至澎湖、澎湖至福州間之通訊線路，更於 1888 年設立清朝的第一個郵局於臺北，有郵船二艘，來往於臺灣與大陸的福州、上海。這些交通建設都屬於清朝的創舉，的確有發展的前瞻能力。

3.礦產

劉銘傳在臺設立煤油局、礦務總局及鹽務總局等，積極經營煤礦、石油、硫磺礦及鹽的生產，基隆煤礦即是在劉氏推動之下，積極經營並奠定基礎。

4.農業生產

臺灣本來即農產富饒，劉銘傳更積極提倡發展經濟作物，包括：種茶、採樟腦、植棉、栽桑養蠶、發展糖業等。

5.建設臺北市

以大稻埕為商業中心，劉氏創建馬路、電燈、自來水等，建設臺北市成為清朝最現代化的都市。

綜上所述，劉銘傳的臺灣建設，在硬體方面不但涵蓋國防、經濟、財政及公共行政等各方面，亦積極推展教育，培養現代化人才，他使臺灣先民有機會目睹並體驗西洋的文物建設，擴廣視野及心胸，減少對新生事物的排斥，從而奠定求新、求現代化與改革的積極精神，這是日後臺灣經濟進一步發展的原動力。

本章重點

1.臺灣的開拓要屬清朝的康熙、雍正、乾隆這一百多年，這段期間臺灣由自然原野地先被開墾為蔗田，又經水利建設而使農地由粗放經營的蔗田，改變為需要精耕的水田，終於臺灣成為閩粵沿海一帶的穀倉，而大陸沿海各省在人口壓力下，大量向臺灣移民，從此開啟了先民篳路藍縷的「唐山過臺灣」經濟開拓史。

2. 滿清政府早期對臺灣採取相當嚴格的海禁政策，嚴禁一般百姓移民入臺，甚至派駐臺灣的軍隊亦不可攜眷同行，並定期移回大陸，此時臺灣只是中國邊防軍的駐守地而已。一直到雍正十三年 (1735)，閩浙總督才開始准許臺灣的開墾。當時租金大約是生產物的五分之一，條件相當優厚，原野地也不斷地拓墾為農地，此一時期可稱之為拓荒經濟時期。

3. 雍正、乾隆以後，隨著彰化平原的日益招墾，有些開墾戶便把經營糖業或土地之利潤，轉投資於水利設施，然後可以向灌溉戶收取水租，例如彰化施長齡的八堡圳，就是當時新的投資機會。有些開墾戶則在離海較遠的地區如貓霧束（今日的臺中南屯一帶），籌建倉儲，以利收租和米穀的輸運。

4. 雍正十三年是臺灣府耕地增加最多的一年，其餘各年，不論是康熙時期，或乾隆初期，耕地增加量均相當有限，可見雍正年以前人口增加，而耕地面積也不停地擴展，當時應是沃野千里，耕墾容易。此外，當時的旱田面積增加率大於水田，顯示臺灣在這階段尚屬粗放農耕時期，主要是欠缺勞動力而不是土地不足，所以稱此時期為拓荒經濟時期。雍正年以後，田園之間的差距逐漸拉近，一方面水田逐漸取代蔗園；另一方面拓荒時代的「草寮」式聚集，開始演變為地域性的市鎮。

5. 彰化、臺中等城市當初是由農產品的集散地而發展成為周圍各地的交易中心，一般墾民除了到此繳納租金，也可買回耕墾所必需的器具或日常生活用品，而新來的移民也聚結在這些地方，以便尋找適當的工作。鹿港則成為大陸與臺灣之間各種手工物品、農產品等的主要進出港口。

6. 由月別農產品的生產情形看來，臺灣最重要的糧食，還是以六月種，十月收的稻作為主要；此外，也可看出臺灣農作物種類相當多，不論田或園，都有適當的作物可種，一年四季可生產各種作物，土地利用

相當集約。臺灣還有一項很重要的經濟作物即甘蔗，甘蔗可種在缺乏
灌溉設施的沙土，正是穀物不宜耕植的土地，因此在空間利用上兩者
具互補的作用。蔗園本來是延續荷蘭人據臺時期所傳下的耕作型態，
當時人口少，水利設施不足，蔗園自然佔多數，這種現象一直到雍正
年以後才逐漸改觀。

7. 乾隆以後，粗放農耕幾乎已完全轉變為水田耕作了，土地因集約利用
而必須經常使用糞尿肥以厚植地力，同時臺灣人口也開始由南向北遷
徙。臺灣的農產品本來以晚稻為主，必須晚稻豐收，才不致發生缺糧，
這種現象一直到乾隆二十年左右才逐漸改觀，此時早稻由次級角色逐
漸成為與晚稻同佔一席之位，顯示人口壓力的出現。

8. 清咸豐十年 (1860) 天津條約簽訂之後，臺灣對西方國家開放了淡水、
基隆、安平及打狗等通商口岸，於是對外貿易開始大幅增長，臺灣貿
易總值年平均成長率高達 7.99%，貿易發展已超越中國大陸。

9. 基礎建設方面,清代對臺灣的實體建設最具影響力的人物應推劉銘傳，
劉銘傳於 1886 年擔任第一任的臺灣巡撫，他將臺灣行政區擴編為三
府、一州、三廳、十一縣，開發成為清代最進步的一省，舉凡鐵路、
郵政局、電燈及自來水等文明產物的基層建設，都是在他的任內開始
進行。

10. 自 1887 年開始，劉銘傳完成了基隆至臺北的第一段縱貫鐵路，這是清
廷所完工的第一條官辦鐵路。劉銘傳的另一交通建設是購置輪船，開
闢航行於臺灣與大陸、臺灣與南洋之間的航線，在新加坡設立招商局。
他更架設臺北、基隆、淡水、臺南等地及安平至澎湖、澎湖至福州間
之通訊線路，更於 1888 年設立清朝的第一個郵局於臺北。

本章習題

1. 為何臺灣開拓史可以雍正十三年 (1735) 作為階段性劃分，之前稱之為拓荒經濟時期？

2. 18 世紀中葉以前，臺灣各府縣田園的開發先後與進度如何，試說明之。

3. 為何鳳山縣很早即曾出現「雙冬」早稻，卻無法推廣種植？

4. 清朝時期臺灣最重要的糧食生產是什麼？

5. 乾隆年間，臺灣主要與次要糧食生產地在那兒？消費地又在那兒？

6. 試分析清朝時期臺灣的貿易發展為何較中國大陸來得快速。

7. 臺灣的縱貫鐵路何時由何人領導興建？

第 10 章

臺灣經濟發展的時空過程(二)：日據時期臺灣的經濟發展

　　劉銘傳在臺灣六年，建設臺灣成為清代唯一有系統實施全面改革計畫的省份，甲午之戰李鴻章在向日本議和時，也安慰劉銘傳說：「割臺實有不得已的苦衷，但足下銳意經營的臺灣，乃日人最喜歡，必繼承而不廢；仁兄多年淬礪的治績，也將永保不滅，幸安心勿慮！」日本從清廷手上接收了臺灣，早期臺灣先民曾成立臺灣民主國抗拒日本，各地也有義軍反抗日軍入臺，但是零星、缺乏組織加上裝備不良下，抗日事件終於漸漸平息，日本政府也著手開始臺灣的各項殖民地經濟建設。

第一節　農業建設

　　農業建設的首要工作是生產技術的革新與推廣，臺灣農業的現代化，可以由農業研究機構的創設談起，1899 年臺北首先成立農事試驗場，1903 年又設立中央農業研究所，開始從事臺灣農業的土壤、品種、化學和家畜疾病等之現代研究。1908 年，臺北、新竹、臺中、臺南、嘉義和高雄等廳已分別建立農業試驗場，每一試驗場分部門研究品種改良、肥料效果、農業機械、家畜飼養、蟲害控制等，再經由各地農民組合（現稱農會）推廣給農民。以稻作品種的選擇為例，1910 年時臺灣農民所使用之稻種多達 1,100 種，1915 年稻米品種減至 390 種，1920 年再減為 175 種高產量稻米品種，可見農業科技與推廣在臺灣的進展相當有效果。

　　1900 年，三角湧（今日的臺北縣三峽鎮）成立了臺灣的第一個農會，一年之後全臺灣十二廳（相當於縣）均成立了代表當地之農會，1908 年頒布「臺灣農會章程實施細則」，從此農會具有了推廣農技尤其是增產稻米之功能，而地方經濟與政府行政也開始結合起來，走向組織化與系統化。至 1930 年前後，臺灣農村已具備近代農業所需之各種基本條件，諸如農民組織、水利設施、品種改良等，農業發展的前景因此而相當樂觀。

　　臺灣全年降雨量大致上集中於夏季，不利於水稻種植，加上地勢陡斜與河川短促，豪雨經常造成洪水氾濫及耕地流失，因此水利建設相當迫切需要，官方乃於 1901 年公布「公共埤圳規則」，不准私人經營有關公共利益之埤圳，而由政府直接以行政監督與經濟力量介入公共工程，並於 1907 年起開始直營埤圳之新設及改修工事，共計修繕埤圳 6 處，灌溉面積達 3.9 萬甲，於 1926 年全部竣工。又自 1925 年開始，將公共埤圳全部轉予半官半民性質之水利組合（今日稱為農田水利會）經營管理。

　　日據時期主要的水利工程有嘉南大圳、桃園大圳、目冷圳、后里圳、獅仔頭圳、吉野圳及其改良工事等，其中以桃園大圳與嘉南大圳最具規模。桃園大圳位於桃園縣中壢北部沿海平原一帶，全部工程歷時十年 (1916～1925) 才完成，灌溉面積達 2.2 萬甲，該區內每甲稻穀產量較工程前增加 2.1 倍；嘉南大圳位於雲林、嘉義及臺南等三縣之平原地帶，其中烏山頭堰堤工程，即使在日本本土亦是當時前所未有之大工程，全部工程歷時十年 (1920～1930) 才完成，灌溉面積達 15 萬甲（該區居民約 91 萬人），完工後水稻單位面積產量亦增加 2 倍。

　　水利建設使臺灣農村的灌溉排水面積從 1905 年的 20 萬增至 1937 年之 52 萬 6 千甲（見表 10-1），此一時期耕地總面積約有 60% 已有灌溉排水設施，水田面積更達 96.9% 可以灌溉、排水，因此稻米產量大幅增加，當然影響稻作生產量擴張的重要因素很多，特別是化學肥料之推廣，

表 10-1　臺灣灌溉排水面積表

年別	灌溉排水面積（甲）	佔水田總面積之比率 (%)	佔水田總面積之比率 (%)
1905	200,246	31.1	64.0
1921	278,938	35.9	74.3
1927	390,767	47.4	97.9
1937	526,712	59.6	96.9

資料來源：戚嘉林 (1993)，《臺灣史》下冊。

亦不容忽略。

　　日據時期臺灣稻米的增產相當有成就，如表 10-2 所示，稻米種植面積由 1900 年之 32.6 萬甲，增至 1935 年之 67.9 萬甲，35 年之間面積增加 1 倍以上，後因受第二次世界大戰之影響，1944 年時面積降至 60.1 萬甲，1945 年時再降至 51.1 萬甲。

　　就每甲稻作年平均產量而言，1900 年時只有 0.94 公噸，1935 年時則增至 1.92 公噸，35 年間單位面積產量增加 1 倍。二次大戰末期之 1944 年仍有 1.78 公噸，1945 年戰爭結束時則驟降至 1.15 公噸。由於稻作種植面積與單位面積產量皆顯著增加，故稻米總產量大幅增加。以 1905 年為基期，臺灣稻米總產量當時為 62.2 萬公噸、1920 年時增至 69.2 萬公噸，十五年間合計增加 11.3%，然至 1938 年時則增至 140.2 萬公噸（為日據時期之最高點），十八年間增加 2.03 倍，平均每年增加 11.3%，同期間 (1920～1938)，全臺人口數則由 375.8 萬人增至 574.7 萬人，共增加 52.9%，平均每年僅增加 2.94%，可見當時糧產相當豐盛，自給有餘仍可供應至日本內地，日本政府的「農業臺灣」相當具有成效。

表 10-2　臺灣稻米之種植面積與產量

年別	面積	每甲平均	年總產量	
	萬甲	產量（公噸）	萬公噸	指數
1900	32.6	0.94	30.7	49.4
1905	44.7	1.39	62.2	100.0
1910	45.6	1.31	59.8	96.1
1915	49.1	1.39	58.4	110.0
1920	50.0	1.38	69.2	111.3
1925	55.1	1.67	92.0	147.9
1930	61.4	1.71	105.3	169.3
1935	67.9	1.92	130.3	209.5
1940	63.9	1.77	112.9	181.5
1944	60.1	1.78	106.8	171.7
1945	51.1	1.15	59.1	95.0

資料來源：同表 10-1。

　　日本佔領臺灣之前，其本土約有 80% 的糖需仰賴進口，因而日據期間也相當重視糖的增產，日本政府積極由夏威夷引進蔗苗在臺灣推廣，之後又自印尼的爪哇引進蔗苗，1936 年臺灣糖業試驗所開始有能力供應自己培育成功的品種。製糖技術方面，1900 年臺灣製糖株式會社正式成立，該公司於臺南縣橋仔頭莊建立臺灣最早新式機械製糖工廠。甘蔗生產需時一年半，在 1901～1902 年期，臺灣舊式糖廠計 1,117 家，其糖產量佔當時總糖產量之 98.0%；1912～1913 年期時，舊式與改良糖廠只剩223 家，其糖產量佔當時總糖產量之 11.8%，短短的十年間，舊式糖廠迅速沒落，二十年後臺灣製糖業已經幾乎完全為新式製糖廠之天下，如表10-3 所示，無論糖產量或比率都已完全改觀。

表 10-3　新式製糖廠、改良與舊式糖廠之變遷

年　期	新式製糖廠			改良與舊式糖廠		
	工廠數	糖產量		工廠數	糖產量	
		萬公噸	比率 %		萬公噸	比率 %
1901～1902	1	0.1	2.0	1,117	5.3	98.0
1907～1908	9	1.7	26.2	907	4.8	73.8
1912～1913	26	6.3	88.2	223	0.8	11.8
1917～1918	37	30.0	86.8	344	4.5	13.2
1922～1923	44	35.0	98.2	112	0.8	1.8
1927～1928	45	57.2	98.6	114	0.8	1.4
1932～1933	45	61.7	97.3	87	1.8	2.7
1936～1937	48	98.7	98.0	77	2.0	2.0

資料來源：同表 10-1。

　　1936～1937 年時，臺灣、大日本、明治、鹽水港等四大製糖公司已經佔有全臺糖產之 87.7%，所擁有之耕地面積則高達 6.7 萬公頃，佔當時臺灣全部製糖公司之 91.0%，可見四大製糖公司當時在臺灣已經形成寡佔市場。至於甘蔗種植面積，1905～1906 年間，全臺灣僅有 3.4 萬公頃，1917～1918 年期大幅增至 14.6 萬公頃，至 1943～1944 年期仍維持 14.9 萬公頃，可見糖業生產也是日據時期相當重要的農業建設。

第二節　現代化的基礎建設

　　甲午戰爭之後，日軍於 1895 年 5 月 30 日自臺北縣澳底附近的鹽寮登陸，正式展開接收臺灣的行動，為配合其南下的軍事行動，軍方立刻派遣工兵修復基隆至新竹間之鐵路，同年 8 月並開始修築縱貫鐵路及開闢基隆港，自此展開了興築臺灣鐵路、港口等之大規模基礎建設工程，

本節分別對鐵路、公路、港口及電力等設施加以說明。

　　1920 年時，臺灣公營鐵路之營業里程已經長達 637 公里，1940 年時則達 900 公里，本線 722.3 公里之軌寬為 1.067 公尺，餘臺東縣 174.8 公里之軌寬只有 0.762 公尺。私營鐵路多係製糖公司所構築，其軌寬多為 0.762 公尺，初為運輸甘蔗之用，由於其路線伸入農村，也構成了農村地區重要的交通網，就 1942 年私營鐵路最盛時期而言，其里程達 3,011 公里，其載貨量佔公私營鐵路總載貨量之 44.1%，然其客運人數僅佔公私營鐵路總客運人數之 17.4%，可見私營鐵路仍以貨運為重點，並肩負偏遠地區的客運業務。以下就日據時期主要鐵路線段之建築情形加以說明之：

1. 縱貫線

　　從基隆起經臺北、新竹、苗栗、臺中、雲林、嘉義、臺南到達高雄，全長 408.5 公里，歷時九年 (1899～1908) 而完成，其中基隆到新竹段係修改清代所構築之工程。1912～1919 年間又完成基隆到臺北段 28 公里之雙軌，以適應交通量的擴增，1919～1922 年間完成竹南—通霄—大甲—沙轆—彰化之海線鐵路，長達 91.2 公里。1927～1935 年間又完成臺北、竹南間 97.1 公里及臺南、高雄間 46.5 公里之雙軌工程。

2. 屏東線

　　從高雄經屏東到東港長達 62.9 公里。1907 年首先完成高雄到九曲堂段，1911 年至 1914 年再完成九曲堂到屏東段。1917 年至 1920 年完成屏東到潮州段，1941 年延長至林邊與東港。

3. 宜蘭線

　　1917 年開工興建從八堵經瑞芳、宜蘭到蘇澳之路線，長達 98.8 公里。1919 年完成宜蘭到蘇澳段及八堵到瑞芳段，1920 年完成宜蘭到大里段，工程最困難的是瑞芳到大里段，於 1924 年完成，前後歷經七年才完成全

線通車，今日稱之為北宜鐵路線。

4.臺東線

由花蓮經玉里、關山到臺東，長達 173 公里，今日稱為花東線鐵路，其分年之進度如下：1914～1917 年間完成花蓮到玉里段，1921～1926 年間完成玉里到關山段，關山至臺東段則係 1922 年收購臺東製糖公司之私營鐵路再改建而成。

5.淡水線與集集線

淡水線從臺北到淡水，長達 22.4 公里，於 1900 年 6 月至 1901 年 8 月建成，但於 1988 年已完全拆除，時至今日，該線已改建為臺北捷運系統的淡水線，並於民國八十六年十二月二十五日正式通車。集集線係從縱貫線之二水往東接連中部山區之外車埕，長達 29.7 公里，於 1919 年至 1921 年間建成，九二一地震時曾嚴重毀損，後於民國九十年一月重建完成，恢復行駛。

6.阿里山線與太平山線

阿里山線從縱貫線上之嘉義站分出至眠月，長 78.6 公里，於 1906 年至 1912 年陸續建成，其最大坡度達 1/16，經隧道 60 餘處，自竹崎後之 64.4 公里山線，登山火車頭之構造特殊，沿路迂迴曲折作螺旋狀及「之」字形爬升，成為臺灣重要的景觀點，1939 年原路線再延長 10.7 公里的支線。太平山線從羅東至太平山麓之土場，長達 37.3 公里，於 1921 年至 1924 年間完成，主要是為了森林伐採之目的而建造。

公路建設方面，1895 年日軍進據臺灣後，即以工兵修拓原有道路，至 1896 年 3 月止，計修拓完成臺中—臺南、臺南—安平、臺南—旗山、高雄—鳳山—東港、臺中—埔里等道路，長達 400 餘公里。1896 年至 1898 年趕修臺北—基隆、臺北—新店、臺北—淡水、基隆—蘇澳、新竹—臺中、東港—恆春、枋寮—臺東等線道路，共長達 920 公里。以下就臺灣

主要公路線段之建築情形簡介如下：

1.縱貫公路

　　基隆─臺北─臺中─臺南─高雄─屏東，沿線長達 461 公里。1916 年命名為縱貫道，路寬平地為 14.5 公尺，山地為 10.9 公尺，橋寬 5.4 公尺以上，1916～1925 年間平地部分大致完成，及至 1943 年時，除濁水溪橋（即西螺大橋）未完成外，全線已可通行汽車。

2.蘇花公路

　　介於蘇澳與花蓮之間，長 121 公里、路寬 3.6 公尺。1910 年循清朝時的舊路修築，直至 1924 年始完成，其中大濁水溪吊橋長達 514 公尺，工程歷時二年最為壯觀。1927 年起開始修改為汽車道路，於 1932 年完工。

3.新店礁溪公路

　　由新店經坪林到礁溪，長 63 公里，1800 年前後已開有狹隘山道。1936～1943 年間修建成汽車道路，寬 4 公尺，1945 年再拓寬成為 6 公尺。

4.南迴公路

　　高雄─楓港─臺東，長達 194 公里，1933～1939 年間完成。

5.花東公路

　　介於花蓮、臺東之間，長 175 公里。於 1870 年代中期開闢，1930～1933 年間完工，寬 4～7 公尺。1939 年花蓮港開港，故於 1940～1945 年間又進行整修並修建橋樑 15 座，1942 年時完成知亞干橋（長 500 公尺）及卓溪橋（長 98 公尺），其後因戰事而作罷。

6.花東沿海公路

　　花蓮─豐濱─長濱─成功─臺東，長 166 公里。由花蓮至臺東縣交界附近之港口段，為歷代居民行走形成之天然道路。自港口段以南部分則為 1870 年代後期，清軍所開之行人道，1936～1941 年間將此段（花

蓮與臺東縣界向南至臺東）拓築成公路，可通行汽車，其餘則因戰事而作罷。

7. 屏東臺東公路

自屏東沿知本溪直達臺東，長 120 公里，即南部橫貫公路，1943 年3 月完成，然因沿線地質條件不佳，加上工程簡陋，1945 年後多已阻塞不通。

8. 新高公路

即能高橫貫道，介於花蓮銅門至南投霧社之間，長 90 公里，路基寬1.2 公尺，1918 年建成。1940 年計畫循此路酌予修改，新闢路段 70 公里，銜接霧社至臺中段原有公路，全程長 173 公里，路基寬 3.5 公尺，1944 年時僅完成約 10 公里。1956～1960 年間，乃繼續建成現今之中部橫貫公路。

1900 年日據時期官方正式制定道路設備準則，將重要道路分為三等，一等寬 12.7 公尺以上，二等寬 10.91 公尺以上，三等寬 9.7 公尺以上。1905 年時臺灣公路里程共計 10,600 公里，其中 77.3% 路寬均未滿3.63 公尺，橋樑計 4,305 座。1940 年時臺灣公路里程增至 18,000 公里，其中 37.1% 路寬均在 7.27 公尺以上，橋樑增至 10,001 座，其中宜蘭蘇澳道上之蘭陽大橋長 785 公尺，縱貫道上之下淡水溪（即今日的高屏溪）橋長 1,700 公尺、大甲溪橋長 1,214 公尺、大安溪橋長 916 公尺。至於橋長達 2,070 公尺之濁水溪橋（現稱西螺大橋），則於 1941 年時只完成其橋墩部分。

道路品質方面，除路寬大幅增加外，許多道路並改鋪為柏油或混凝土。1946 年時基隆、臺北、新竹、臺中、臺南、高雄、屏東等都市內道路均為柏油路面，另高雄—屏東、臺中—草屯等路段亦為柏油路面，基隆—臺北段則為中央 6 公尺混凝土路面，兩側路肩為柏油路面（路面寬

10～14 公尺），臺南州界─高雄間則為混凝土路面。

　　港口建設方面，19 世紀時臺灣西海岸港口相當分散，主要港口有基隆、淡水、高雄、安平、舊港（新竹）、後壠、梧棲、鹿港、下湖口、東石、東港等多達 11 處，平均大約間隔 35 公里即形成一港口，但各港口的市場範圍不超過 20 公里。日據時期港口建設主要重點是基隆港及高雄港。基隆港共有五次之分期建設，1929 年後可供 2 萬噸級船舶之進出，其港內泊地面積達 0.95 平方公里，並逐步建立臺灣、日本、華南及南洋之海上航運路線。高雄港亦有三次之分期建設，1937 年時高雄港可容納26 艘之 3 千至 1 萬噸級船隻停泊，其泊地面積廣達 1.55 平方公里，太平洋戰爭爆發後，日本政府更曾計畫以二十五年時間，完成 12 公里之港灣建設，該計畫如能完成，則高雄港可停泊萬噸級巨輪 150 餘艘，集散貨物 1,500 萬噸，然終因日本戰敗投降而未能實現此一計畫。

　　電力建設方面，1903 年臺北電氣作業所正式成立，負責籌建龜山水力發電所，並於 1905 年竣工，總裝置容量 600 瓩。及至 1910 年時，連同龜山發電廠，臺灣已有 3 所發電廠，總裝置容量共達 4,120 瓩，1920 年時增至 10,450 瓩，1930 年時再增至 31,543 瓩。

　　1930 年代中期，日月潭第一水力發電廠工程之完成為臺灣電力事業發展之轉捩點，該工程始於 1919 年，唯時停時興至 1934 年正式竣工，總裝置容量高達 10 萬瓩，當時全臺灣總裝置容量僅有 4.2 萬餘瓩，日月潭第一水力發電廠實為臺灣電力史上劃時代的鉅大工程建設。隨後於1937 年 9 月又完成日月潭第二水力發電所，1939 年 6 月完成北部火力發電所兩大工程，前者總裝置容量為 2.4 萬瓩。

　　二次大戰結束前夕，臺灣仍有數項規模宏大之發電工程正在進行，包括：烏來、立霧、天輪、霧社等工程。烏來工程於 1945 年 8 月停工，當時已完成 95.0% 之土木工程；立霧工程原計畫總裝置容量為 3 萬瓩，

1944 年 8 月已裝設 1.5 萬瓩；天輪工程於 1941 年 1 月開工，完成約 70.0
％之土木工程；霧社工程於 1933～1944 年間完成發電所電機、尾水道及
輸配線、鐵塔等項工程，壓力隧道及輸水管則只有部分工程完成。

　　臺灣的主要輸配電系統分為東西兩系，西部平原設有 154,000 伏特
之一次輸配電線路，貫通南北長達 370 公里，聯接此一幹線者，有一次
變電所 7 個，可降低電壓至 66,000 伏特、33,000 伏特及 11,000 伏特等，
再由二次輸配電線路供電至各地之二次變電所；東部的規模較小，輸配
電最高電壓為 66,000 伏特。

　　就發電量及人口數可計算每人平均用電量，1943 年時臺灣已達
181.5 度，而印度在 1981 年時仍然只有 173 度，巴基斯坦則為 190 度，
緬甸只有 34 度，可見臺灣就可用電量而言，領先這些開發中國家將近有
半個世紀之長，電力建設的輝煌成就不但改善了臺灣居民的生活水準，
更是工業發展的基礎。

第三節　教育及工業的引進

　　臺灣的現代化除了如前述以農業發展為原動力，並積極投入於社會
經濟之基礎硬體建設，此外當時對於國民教育及工業的引進，亦相當用
心，具有重要的引導功能，本節乃就日據時期之教育與工業發展之重要
措施或進展，加以說明之。

一、教育

　　教育是國家現代化及發展工業的動力，特別是在天然資源不是很富
庶的臺灣及日本，全民教育水準的提升更是主要關鍵。臺灣學齡兒童的
就學率，1904 年時僅有 3.8％，1917 年時增至 13.1％，1920 年時再增至

25.1%，1935 年則增至 41.5%，1940 年時已增至 57.6%，1943 年 4 月 1 日起臺灣開始全面實施國民小學六年之義務教育，當年臺灣學齡兒童就學率已高達 71.3%。

　　就臺北市學齡兒童為例，就學率早在 1930 年時即達 57.1%（其中男孩 73.7%、女孩 41.8%），1940 年時更高達 82.2%（男孩 81.1%、女孩77.3%），足見臺北市已是當年的首善地區。

　　中學教育方面，1921 年全臺灣僅有 2 所中學，學生共有 1,547 人，次年增加至 8 所，學生增至 2,202 人。及至 1944 年，中學已增至 22 所，共有學生 15,172 人。以臺北市為例，正式中學有臺北州立第一中學（即現今建國中學）、第二中學（即成功中學）及第三中學（即師大附中）等三所男生中等學校，修業年限為五年；女生中等學校有臺北第一高女（即一女中）、第二高女（在現今之立法院舊建築所在地）和第三高女（原來在臺北護專現址，戰爭期間遷至中山女高現址），修業年限則為四年。此外，尚有職業學校如臺北工業學校（即現今之臺北科技大學）、臺北商業學校（即臺北商業技術學院）、臺北農林學校（在臺灣大學現址）和私立臺灣商工學校（即開南商工）等。大學方面，1928 年 4 月 30 日臺北帝國大學正式舉行開校儀式，臺北帝大初設之時，僅文政及理農兩個學部，1935 年增設醫學部，1942 年又將理農學部分為理學部及農學部，1943 年再增設工學部，二次大戰後臺北帝大改制成為臺灣大學。

二、工業發展

　　臺灣工業在日據初期僅有製糖業一項，1900 年投資成立了臺灣製糖、1906 年成立明治製糖、1907 年成立鹽水港製糖、1908 年成立新興製糖、1910 年成立帝國製糖與臺灣肥料公司、1913 年成立臺東製糖與臺灣磚窯公司。臺灣工業直至 1914 年第一次世界大戰爆發時仍係以製糖工

業為主，當時食品工業生產價值佔全臺工業生產總值之 86.3%，其中砂糖產值又佔食品工業產值之 79.2%，足見其佔舉足輕重之地位；而化學工業、窯業、機械器具工業、金屬、食品工業及紡織工業等之總產值甚微，僅佔工業生產總值的 8.2%。

　　從 1914 年起臺灣工業之廠數開始明顯增多，但是一直到 1931 年時臺灣工業仍以食品工業為主，食品工業佔全部工業產值之 76.8%，其中又以砂糖為主，其次為茶，鳳梨罐頭等，至於其餘各項工業大多是環繞著食品加工業而設立，例如機械工業大多是製糖用之各種機械；金屬工業則為鳳梨製罐附屬事業；化學工業則是以砂糖副產品（糖蜜、酒精）的生產為主。

　　1934 年，日月潭水力發電廠完工，供電能力大增，臺灣工業才正式開始起飛，以耗電量大的重工業來說，重大建設包括兩項：(1)在高雄投資設立製鋁廠，年產量高達 1.2 萬公斤，相當於日本全國需要量之半數，其產品之品質優良，純度高達 99.7%，該廠耗電量達 2.7 萬瓩。(2)在基隆投資設立臺灣電氣化學公司，利用電爐煉鋼，原料鐵屑取自日本，矽石則來自中國東北的大連港，該廠耗電量達 1.1 萬瓩。

　　1932 至 1936 年間，臺灣工業生產總值增加 37.2%，平均每年增加 7.4%，各類別工業之年產值及指數如表 10-4 所示。此期間成長最快之產業，分別是金屬、化學、紡織、機械及器具工業，其中金屬工業增加85.5%、化學工業增加 80.9%、紡織工業增加 80.2%、機械及器具工業增加 76.3%，最具規模與發展潛力。

　　就絕對值而言，1936 年時仍以食品工業之 2.2 億臺圓為最高，佔當年全臺工業產值之 68.0%，其次為化學工業之 2.8 千萬臺圓，佔當年全臺工業產值之 9.1%，其餘依次為金屬工業、製材及木製品工業、窯業及土石業、機械及器具工業、印刷及製本工業，紡織工業等（見表 10-4）。

表 10–4　　工業類別、產值及指數　　　單位：萬臺圓 *

類別	生產總值		指數	
	1932 年	1936 年	1932 年	1936 年
紡織工業	245	441	100.0	180.2
金屬工業	588	1,091	100.0	185.5
機械及器具工業	435	766	100.0	176.3
窯業及土石業	697	950	100.0	136.3
化學工業	1,578	2,854	100.0	180.9
製材及木製品工業	708	1,072	100.0	151.3
印刷及製本工業	332	490	100.0	147.7
食料品工業	17,252	22,152	100.0	128.4
其他工業	951	1,445	100.0	151.9
工業生產總值	22,786	31,261	100.0	137.2

*：臺圓由臺灣銀行發行，日圓則由日本銀行發行，兩者兌換比率為一比一。
資料來源：臺灣省 51 年來統計提要。

　　臺灣工業生產總值從 1937 年至 1941 年，增加 81.4%，比1932～1936
年成長率高出 2.2 倍。當時為了發展軍需工業，金屬、機械及器具、化
學等工業亦快速增加，金屬工業生產總值增加 4.1 倍之多，其次為機械
及器具工業增加 3.5 倍，化學工業亦增加 2.7 倍，而成長最慢之食品工業，
僅增加 51.2%（見表 10–5）。又根據統計，1941 年時臺灣共有工廠 8,895
家，其中 41.8% 即 3,720 家的歷史在五年以內，可見此期間工業開始萌
芽並且發展甚為快速。

　　1942 年起日本對美國開啟戰爭，工業生產因而急劇減產，由於戰事
對日本逐漸不利，日本本土物資缺乏，外加海運困難，故 1943 年與 1942
年相較，臺灣自日本進口減少 15.9%，其中食品工業類減少 35.9%、窯業
及土石業類減少 28.2%、紡織工業類減少 23.5%、化學工業類減少 9.6%、

表 10-5　工業類別、產值及指數　　　　單位：萬臺圓

類別	生產總值		指數	
	1937 年	1941 年	1937 年	1941 年
紡織工業	505	1,142	100.0	226.3
金屬工業	1,436	5,919	100.0	411.5
機械及器具工業	859	3,002	100.0	349.4
窯業及土石業	883	1,975	100.0	223.8
化學工業	2,854	7,627	100.0	260.2
製材及木製品工業	554	1,162	100.0	210.0
印刷及製本工業	500	1,252	100.0	250.7
食料品工業	26,127	39,505	100.0	151.2
其他工業	2,141	4,400	100.0	205.5
工業生產總值	36,381	65,908	100.0	181.4

資料來源：同表 10-4。

製材及木製品工業類減少 7.0%。

　　就自日本輸入之單項民生日用品而言，如以進口之價值計，1943 年與 1942 年相較，襯衣、棉織物及絲織物、毛織物、鞋類、味精、各類罐頭食物、肥皂均大幅減少，臺灣則開始有新興工業生產肥皂、火柴、醬油、味噌、清酒、啤酒、各種藥品、陶瓷器與漆器等，其設備是利用日本本土舊有或剩餘者運至臺灣，此種方式對臺灣而言，為當時振興工業之最低廉途徑。1944 年 10 月臺灣開始遭受美軍的空襲，許多工廠被炸燬，而遭到破壞之工廠大多是目標明顯的重要工業之工廠，加上人員損傷及工作時間中斷，因而戰爭對工業所帶來的破壞可以「慘重」兩字形容之。

本章重點

1. 劉銘傳在臺灣六年，建設臺灣成為清代唯一有系統實施全面改革計畫的省份，甲午之戰日本從清廷手上接收了臺灣，早期臺灣先民曾成立臺灣民主國抗拒日本，各地也有義軍反抗日軍入臺，但是零星、缺乏組織加上裝備不良下，抗日事件終於漸漸平息，日本政府也著手開始臺灣的各項殖民地經濟建設。

2. 農業建設的首要工作是生產技術的革新與推廣，臺灣農業的現代化，起於 1899 年臺北首先成立農事試驗場，研究品種改良、肥料效果、農業機械、家畜飼養、蟲害控制等，再經由各地農民組合（現稱農會）推廣給農民。而地方經濟與政府行政也開始結合起來，走向組織化與系統化。

3. 日據時期主要的水利工程有嘉南大圳、桃園大圳、目冷圳、后里圳、獅仔頭圳、吉野圳及其改良工事等，其中以桃園大圳與嘉南大圳最具規模。桃園大圳位於桃園縣中壢北部沿海平原一帶，全部工程歷時十年才完成，灌溉面積達 2.2 萬甲，該區內每甲稻穀產量較工程前增加 2.1 倍；嘉南大圳位於雲林、嘉義及臺南等三縣之平原地帶，其中烏山頭堰堤工程，即使在日本本土亦是當時前所未有之大工程，全部工程歷時十年才完成，灌溉面積達 15 萬甲，完工後水稻單位面積產量亦增加 2 倍。

4. 日據時期臺灣稻米的增產相當有成就，稻作種植面積與單位面積產量皆顯著增加，故稻米總產量大幅增加。同期間 (1920～1938)，全臺人口數則由 375.8 萬人增至 574.7 萬人，當時糧產自給有餘仍可供應至日本內地。

5. 日本佔領臺灣之前，其本土約有 80% 的糖需仰賴進口，日據期間積極

由夏威夷引進蔗苗在臺灣推廣，之後又自印尼的爪哇引進蔗苗，1936年臺灣糖業試驗所開始有能力供應自己培育成功的品種。製糖技術方面，在 1901～1902 年期至 1912～1913 年期，短短的十年間，舊式糖廠迅速沒落，完全為新式製糖廠之天下。

6. 甲午戰爭之後，日軍於 1895 年 5 月 30 日自臺北縣澳底附近的鹽寮登陸，正式展開接收臺灣的行動，軍方修復基隆至新竹間之鐵路，並開始修築縱貫鐵路及開闢基隆港，自此展開了興築臺灣鐵路、港口等之大規模基礎建設工程。

7. 1920 年時，臺灣公營鐵路之營業里程已經長達 637 公里，1940 年時則達 900 公里，本線 722.3 公里之軌寬為 1.067 公尺，餘臺東縣 174.8 公里之軌寬只有 0.762 公尺。私營鐵路多係製糖公司所構築，其軌寬多為 0.762 公尺，由於其路線伸入農村，也構成了農村地區重要的交通網。

8. 公路建設方面，1895 年日軍進據臺灣後，即以工兵修拓原有道路，至 1896 年 3 月止，計修拓完成長達 400 餘公里。1896 年至 1898 年趕修道路，共長達 920 公里。1940 年時臺灣公路里程增至 18,000 公里，橋樑增至 10,001 座，其中宜蘭蘇澳道上之蘭陽大橋長 785 公尺，縱貫道上之下淡水溪(即今日的高屏溪)橋長 1,700 公尺、大甲溪橋長 1,214 公尺、大安溪橋長 916 公尺。

9. 19 世紀時臺灣西海岸港口相當分散，主要港口有基隆、淡水、高雄、安平、舊港（新竹）、後壟、梧棲、鹿港、下湖口、東石、東港等多達 11 處，平均大約間隔 35 公里即形成一港口，但各港口的市場範圍不超過 20 公里。日據時期港口建設主要重點是基隆港及高雄港。

10. 電力建設方面，1903 年臺北電氣作業所正式成立，負責籌建龜山水力發電所，並於 1905 年竣工，總裝置容量 600 瓩。1930 年代中期，日

月潭第一水力發電廠工程之完成為臺灣電力事業發展之轉換點，總裝置容量高達 10 萬瓩，當時全臺灣總裝置容量僅有 4.2 萬餘瓩。二次大戰結束前夕，臺灣仍有數項規模宏大之發電工程正在進行，包括：烏來、立霧、天輪、霧社等工程。

11. 就發電量及人口數可計算每人平均用電量，1943 年時臺灣已達 181.5 度，而印度在 1981 年時仍然只有 173 度，巴基斯坦則為 190 度，緬甸只有 34 度，可見臺灣就可用電量而言，領先這些開發中國家將近有半個世紀之長。

12. 教育是國家現代化及發展工業的動力，特別是在天然資源不是很富庶的臺灣及日本，全民教育水準的提升更是主要關鍵。臺灣學齡兒童的就學率，1904 年時僅有 3.8%，1940 年時已增至 57.6%，1943 年 4 月 1 日起臺灣開始全面實施國民小學 6 年之義務教育，當年臺灣學齡兒童就學率已高達 71.3%。

13. 中學教育方面，以臺北市為例，正式中學有臺北州立第一中學（即現今建國中學）、第二中學（即成功中學）及第三中學（即師大附中）等三所男生中等學校，修業年限為五年；女生中等學校有臺北第一高女（即一女中）、第二高女（在現今之立法院舊建築所在地）和第三高女（原來在臺北護專現址，戰爭期間遷至中山女高現址），修業年限則為四年。此外，尚有職業學校如臺北工業學校（即現今之臺北科技大學）、臺北商業學校（即臺北商業技術學院）、臺北農林學校（在臺灣大學現址）和私立臺灣商工學校（即開南商工）等。

14. 大學方面，1928 年 4 月 30 日臺北帝國大學正式舉行開校儀式，臺北帝大初設之時，僅文政及理農兩個學部，1935 年增設醫學部，1942 年又將理農學部分為理學部及農學部，1943 年再增設工學部，二次大戰後臺北帝大改制成為臺灣大學。

15. 臺灣工業在日據初期僅有製糖業一項，從 1914 年起臺灣工業之廠數開始明顯增多，但是一直到 1931 年時臺灣工業仍以食品工業為主，1934 年，日月潭水力發電廠完工，供電能力大增，臺灣工業才正式開始起飛，重大建設包括兩項：(1)在高雄投資設立製鋁廠，年產量高達 1.2 萬公斤，相當於日本全國需要量之半數。(2)在基隆投資設立臺灣電氣化學公司，利用電爐煉鋼，原料鐵屑取自日本，矽石則來自中國東北的大連港。

16. 1942 年起日本對美國開啟戰爭，工業生產因而急劇減產，由於戰事對日本逐漸不利，1944 年 10 月臺灣開始遭受美軍的空襲，許多工廠被炸燬，而遭到破壞之工廠大多是目標明顯的重要工業之工廠，加上人員損傷及工作時間中斷，因而戰爭對工業所帶來的破壞可以「慘重」兩字形容之。

本章習題

1. 日據時期臺灣的農業建設有那些重點？試說明之。

2. 日據時期臺灣的鐵路建設有那些？試說明之。

3. 日據時期臺灣的公路建設有那些？試說明之。

4. 試說明基隆港與高雄港的建設情況。

5. 日月潭第一水力發電廠工程何時完成？為何是臺灣電力事業發展的轉捩點？對臺灣工業的發展有何貢獻？

6. 試說明日據時期國民教育的發展情形。

第 11 章

臺灣經濟發展的時空過程㈢: 光復後臺灣的經濟發展

二次大戰結束後,臺灣脫離了日本政府的控制,初期臺灣地區最重大的經濟政策之一,即推動土地改革,政府也不停地充實農村基本建設,所以農業生產呈現一片繁榮景象,從而帶引臺灣經濟的全面發展。然而,經濟結構逐漸轉變之後,農業的經濟地位則逐漸下降,工業生產及服務業的貢獻至 2003 年時已佔國內生產毛額的 98.17%,使農業經營面臨了前所未見的新問題,但是農業在臺灣經濟發展的過程中,確曾有舉足輕重的角色,因此研究臺灣經濟發展的時空過程,農業一直還是值得重視的焦點。

臺灣經濟的持續發展與工商業化有十分密切的關聯性,而工商業化的進展又與都市化互為因果,因此說明農業發展的成熟之後,接續的課題就是工商業與都市化的迅速進展。近年來,各地區在工商業化與都市化之轉變下,生態環境受到很明顯的衝擊,於是臺灣的經濟發展進入另一個新的挑戰,這是二次大戰之後,才新產生的發展課題,頗值得重視。

第一節　農業發展的成熟期

臺灣地區土地資源十分有限,耕地面積無法大量增加,但是農戶數卻不斷成長,因而每一農戶的平均耕地面積,由民國四十一年的 1.29 公頃已降為民國八十二年的 1.06 公頃,每一農戶內真正從事農場工作者則

有逐漸減少之趨勢，因此農業就業人口不增反減，而兼業農戶又不停地
增加，此一現象意味著，臺灣地區農村勞動人口正大量轉業或外流，造
成短期之間農業勞動人口不足及老化，許多農場經營逐漸趨向粗放，或
長期休耕甚至淪於廢耕，這種情形與清朝及日據時期的農業發展情形完
全不同，顯然臺灣在本時期已邁進了另外一個新的發展境界。

　　前兩章已指出臺灣農業向以種稻為主，光復以後，稻米產值在農作
物中也一直維持在 50% 以上有一段時間，但是就目前來看，長期趨勢的
變化大約是每年減少 2%，至民國八十二年時，稻米產值只佔約 25.7%，
可見農業生產本身也有結構性的轉變。由於生產技術改進，農田水利設
施完備，化學肥料供應充裕，臺灣水稻的單位面積產量大幅度提高（參
見圖 11–1）。

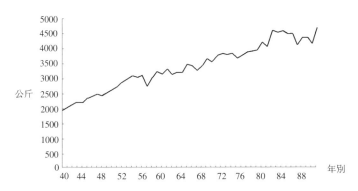

圖 11–1　　臺灣地區糙米的單位面積產量趨勢

　　另一方面，因為經濟成長快速，人民生活水準提高，飲食習慣改變，
以白米及豬肉為例說明之，平均每人每年的白米消費量正逐年減少（圖
11–2），至於肉類的每人每年消費量則明顯增加（圖 11–3）。因此，稻米
產值的比重下跌不但沒有造成糧食缺乏，反而還有過剩的現象發生，而
由農政單位推行稻田轉作或水旱田輪作計畫，以適應農產品生產的市場

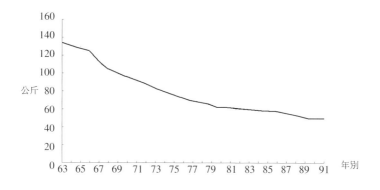

圖 11-2　臺灣地區每人每年白米消費量

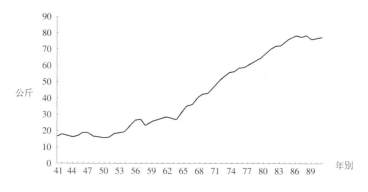

圖 11-3　臺灣地區每人每年肉類消費量

導向目標。臺灣農業發展雖然頗有成效，但農產品的進口增加亦為此期間經濟發展的特徵之一，舉例而言，飼料用玉米的進口量增加相當快速，其目的是為了發展畜牧事業，特別是養豬及養雞事業。玉米進口數量增加趨勢如圖 11-4 所示，民國八十年代中期以前幾乎年年都不停地增長，後來因為國內爆發口蹄疫，豬肉無法出口，進口量才轉而下降。毛豬產量大幅擴增的結果，不但自給有餘尚可大量外銷日本賺取外匯，民國八十三年之供應屠宰頭數即達 1,386 萬頭，其中以重量計算大約三分之一是供應外銷，這樣大的生產量對農村經濟的貢獻固然可喜，只是豬糞尿

的排放也在農村中產生了相當嚴重的環境污染問題。

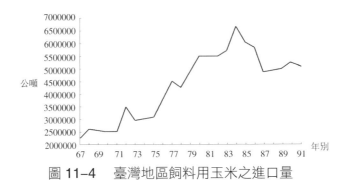

圖 11-4　臺灣地區飼料用玉米之進口量

　　臺灣農家在經濟發展中的貢獻很大，但是卻已逐漸淪為所得的弱勢者，表 11-1 比較歷年來農家、薪資家庭及勞工家庭的每人所得，發現農家的每人所得大約是薪資家庭的 65.7～81.6%，勞工家庭的 73.2～97.2%；若由每人的消費支出進行比較，如表 11-2 所示，仍以農家最低，勞工家庭次之，而薪資家庭最高。從以上所得及消費支出的統計與比較，可知農家所得低且消費支出也低，勞工家庭之情況雖優於農家卻不如薪資家庭，此結構也正好反映一級產業不如二級產業，而二級產業又不如三級產業。所得及消費水準的高低會支配資源的就業方向，亦即比較多的資源、比較好的資源將漸漸流向所得高、具有消費能力及機會的就業場所，因此這種排列次序指出了臺灣未來可能的轉變方向，即農業將繼續減縮，製造業不易擴張，服務業則會愈來愈佔重要地位。

表 11-1　農家每人所得佔薪資家庭及勞工家庭之比率

年別	農家每人佔其他家庭每人所得之百分比 (%)	
	薪資家庭	勞工家庭
1972	70.5	79.5
1973	65.7	73.2

1974	73.1	85.3
1975	71.6	81.5
1976	73.2	82.9
1977	70.0	80.5
1978	69.9	80.6
1979	69.8	79.4
1980	72.4	79.9
1981	72.6	82.3
1982	73.0	82.3
1983	77.2	86.6
1984	73.5	83.8
1985	74.4	83.5
1986	78.7	87.8
1987	78.2	87.3
1988	78.8	87.1
1989	78.4	97.2
1990	73.5	81.6
1991	78.9	86.8
1992	76.1	83.4
1993	78.1	86.6
1994	78.9	86.9
1995	81.6	89.6
1996	79.0	87.9
1997	77.5	90.2
1998	77.0	90.1
1999	79.0	91.5
2000	77.2	90.4
2001	79.5	93.8
2002	78.8	92.3

1996 年以前資料來源：行政院農委會，《農業統計要覽》各年版。
1997～2002 年資料來源：行政院主計處，《臺灣地區家庭收支調查報告》。

表 11-2　農家、薪資家庭及勞工家庭之每人消費支出

年別	每人消費支出（元）		
	農家	薪資家庭	勞工家庭
1972	6,292	8,886	8,002
1973	7,306	10,820	9,734
1974	10,906	14,732	13,031
1975	11,555	16,077	14,332
1976	13,009	17,791	15,977
1977	14,079	19,519	17,379
1978	17,133	23,383	20,794
1979	20,807	28,387	25,651
1980	25,820	31,245	25,125
1981	29,215	38,142	34,700
1982	30,953	41,621	37,619
1983	34,018	43,678	39,665
1984	36,549	47,707	42,778
1985	37,524	49,121	44,076
1986	41,025	51,715	46,645
1987	43,551	56,547	50,955
1988	49,538	62,863	57,021
1989	55,236	70,963	63,652
1990	58,780	78,007	70,798
1991	64,518	86,314	78,012
1992	71,839	94,310	86,141
1993	78,792	103,268	92,875
1994	86,316	112,067	102,047

1995	98,874	127,070	115,325
1996	105,090	139,465	127,501
1997	121,672	156,382	136,743
1998	124,663	162,114	141,671
1999	132,216	169,922	148,203
2000	133,553	172,250	151,781
2001	137,595	171,743	151,257
2002	134,983	170,866	150,907

資料來源: 同表 11–1。

第二節　工商業化與都市化

　　光復初期,臺灣人口約只有 629 萬餘人,至民國五十四年增加 1 倍,人口總數達 1,262 萬人,到了民國七十年又增加為 1,813 萬人,民國七十八年總人口數更超過 2,010 萬人,民國八十二年時已達 2,094 萬人。就區位分布而言,本書第五章第二節已說明人口有向大臺北地區、大臺中地區及大高雄地區集中之現象,因此各界已有改變行政區畫之構想,有待中央政府裁決。

　　二次大戰末期,臺灣經濟已經奠定了現代化及發展的基礎,終戰復甦以後,1960 年代因為國際經濟呈現穩定與繁榮,臺灣經濟得以快速成長,1955 至 1965 年,國內生產毛額之年平均成長率超過 20%(如表 11–3),同時期物價又極為平穩,達到了經濟成長及穩定的雙重目標。1970 年代,雖經歷能源危機的衝擊,由於企業界迅速調整生產結構,經濟恢復高度成長,年平均成長率仍超過 10%。1980 年代世界經濟走向衰退,臺灣經濟年平均成長率開始落入個位數字,1990 年代雖有復甦之跡象,但是二十世紀結束前,經濟成長率已降至 4.87%,二十一世紀一開始甚至

出現負成長現象。以上各項經濟成長率是名目數據，應扣除物價上漲率成為實質成長率比較有意義，但是成長率逐漸降低之趨勢是相當明顯的事實，不過由於國內生產毛額之數據已經很大，所以略低的成長率所引發的國內生產毛額增加金額，仍然相當可觀。此外，相較於已開發國家之經濟成長率，臺灣的經濟成長仍屬高度成長的例子。

就產業別之成長率而言，農業發展受到土地資源之限制，其年平均成長率逐漸降低，1980 年以前仍有兩位數成長率的成績表現，之後急速跌落，最近則已出現負成長的現象了；工業成長率在 1985 年以前高於整體的經濟成長率，是引導整體經濟成長的主因，但之後也急速縮減其貢獻力；服務業在 1965 年以後即年成長率高於經濟成長率，至今服務業的蓬勃發展，正式成為臺灣經濟成長的主要原動力了。

表 11-3　各部門、年別國內生產毛額年成長率　　單位：%

年別＼部門	總計	農業	工業	服務業
1955	24.60	18.96	35.04	24.10
1960	21.70	20.91	28.22	19.00
1965	16.04	9.84	20.52	17.31
1970	15.22	12.15	15.11	16.34
1975	7.29	9.66	5.28	8.41
1980	−0.32	12.04	25.80	25.94
1985	5.58	−3.59	5.84	5.54
1990	9.35	−6.62	6.54	13.08
1995	8.58	7.52	4.73	11.11
2000	4.02	−15.04	1.50	6.08
2001	−1.62	−8.24	−5.53	0.52
2002	2.55	−2.26	2.41	2.75

資料來源：行政院經建會，歷年之 *"Taiwan Statistical Data Book"*。

表 11-4　產業結構之變化　　　　　　單位：%

年別 \ 部門	總計	農業	工業	服務業
50	100.00	27.45	26.57	45.98
55	100.00	22.52	30.55	46.93
60	100.00	13.07	38.94	47.99
65	100.00	11.37	43.17	45.46
70	100.00	7.30	45.47	47.23
75	100.00	5.55	47.11	47.34
80	100.00	3.79	41.07	55.14
83	100.00	3.57	37.35	59.08
84	100.00	3.48	36.38	60.14
85	100.00	3.19	35.71	61.09
86	100.00	2.55	35.32	62.13
87	100.00	2.47	34.57	62.96
88	100.00	2.56	33.18	64.26
89	100.00	2.09	32.38	65.53
90	100.00	1.95	31.09	66.96
91	100.00	1.86	31.05	67.10

資料來源：同表 11-3。

　　近四十年來，隨著經濟成長，臺灣的產業結構產生相當顯著的變化，農業比重不斷下降，自五十年的 27.45% 降至九十一年的 1.86%；工業比重則迅速成長，自五十年的 26.57%，增至七十五年的 47.11%，達到最高峰，後來受到環保要求、勞工意識高漲、地價上漲及服務業竄升的影響，投資意願下降，其比重逐漸降為九十一年的 31.05%。服務業的比重始終維持在 50% 以下而波動，七十七年以後超過 50%，自此服務業發展日趨顯著，比重增加甚速，八十年時高達 55.14%，九十一年更已逼近 67.10%

（見表 11-4）。可見服務業不論就成長率或比重，已經成為臺灣經濟發展的主流了。

工商業化之推動，對於促進臺灣經濟發展、提高國民所得相當具有效果，由於工商業化引起技術、資本、勞動力等之需求增加，勞動品質也跟著改善，而產生國民消費結構與生活型態之轉變，再透過產業關聯關係，不但私有產業因應市場需求而發展，其他如交通運輸、公用事業等方面亦受牽引而發展。

就地區別而言，人口眾多且較集中之臺北、高雄、臺中等三地區，因具備都市化之優越條件，即成為工商業活動之主要集中地帶。由於工商業活動集中於上述三地區，因聚集利益使得這些原已密集發展之地區更為集中發展，並因而形成急速向外擴張之現象，不但在當地帶來嚴重交通、都市、環境污染等問題，且這些因素也已發生抵銷原有區位優勢之現象，特別是臺北地區，情況尤其明顯與嚴重。

都市型工商業的發展，導致生產活動不斷向都會區集中，在接近飽和之時，對於都市土地、各項建設與環境資源的需求，亦產生嚴重之壓力，引發公共設施不足、土地濫用、環境污染、資源缺乏及治安惡化等困境。另一方面，由於地方資源型工業受結構性衰退影響，就業機會減少，使遠離都市之農村地區經濟發展減緩，不但造成資源之不合理利用，甚至人口外流，更加深都市發展的困境。

展望未來，臺灣工商業活動仍將在用腳投票之下，向都會地區集中，為促使產業在區位上的均衡分布，避免人口與產業過度集中於都會地區，政府宜採取適當之區位政策，指導工商業至適當之農業區進行發展，俾各地區有均等發展機會，縮減區域間之發展差距。

第三節　生態環境的衝擊

　　二次大戰結束後，臺灣經濟發展初期曾經以自產煤礦為主要能源，民國五十八年，臺灣地區煤礦產量達 4.6 百萬公噸，其後因淺層煤礦已挖掘用盡，生產成本逐年增加，乃漸仰賴進口煤的補充，到了民國七十九年，自產煤礦只有 0.47 百萬公噸，而進口煤達 18.6 百萬公噸，由此項能源的來源及使用量可以清楚了解到臺灣經濟本身相當具有活力，不但已經消耗了自產能源，而且越來越加深對外國能源的進口依賴。進一步也可以思考，在物質不滅原理下，煤的燃燒除了產生所需要的熱能，還釋放 CO_2 等廢氣，也殘留下煤灰，對臺灣的自然環境必然具有相當的破壞性。因此，歷年來為求經濟發展，由國外源源不斷運進到臺灣的物質，除了轉變成新產品再出口到國外之外，剩餘的廢棄物究竟何去何從？對我們生活的生態環境有什麼影響呢？

　　以臺北市為例，內湖區原有一低窪的荒地，民國五十九年臺北市政府正式闢為垃圾掩埋場，以收容市區的垃圾，經過十五年的時間，這塊地不但早已填平，還高出地面 54 公尺，東西長 800 公尺，南北寬 120 公尺，形成一座新長大的垃圾山，並曾引發垃圾山大火，污染空氣。臺灣地區則年產垃圾 685 萬公噸（民國七十九年資料），幾乎是稻米產量的 3 倍，垃圾除了與人爭地之外，亦造成水體、空氣、土壤等的污染，破壞生態平衡，影響生活品質，抵銷了經濟成長改善生活品質的貢獻，應該設法減量。但是如表 11–5 所示，我們可看出：平均每人每日之垃圾量不斷增加，但到了民國八十七年之後，垃圾量有逐年遞減的趨勢，可見國人在垃圾分類及資源回收等工作上付出的努力已有初步的成效。

表 11-5　　環境品質指標

年別	平均每人每日垃圾清運量		飲用水水質不合格率 (%)	
	（公斤）	增減率 (%)	自來水	非自來水
74	–	–	0.27	34.05
75	0.770	3.61	0.62	28.47
76	0.786	2.01	0.46	24.83
77	0.860	9.51	1.09	29.74
78	0.896	4.18	3.25	23.97
79	0.963	7.48	1.45	31.84
80	1.001	3.87	1.83	36.99
81	1.087	8.68	3.36	33.12
82	1.101	1.25	4.22	36.52
83	1.121	1.84	3.96	41.69
84	1.138	1.47	4.28	34.66
85	1.135	−0.26	2.06	62.79
86	1.143	0.77	0.80	57.71
87	1.135	−0.75	0.37	55.47
88	1.082	−4.63	0.36	44.10
89	0.982	−9.26	1.15	44.68
90	0.898	−8.54	0.89	55.83
91	0.829	−7.74	0.33	50.05

資料來源：行政院環保署 (2003)，《環境保護統計年報》。

　　臺灣的河川總長 2,900 公里，由於人口集中於流域的中下游，都市生活廢水、工業廢水、畜牧廢水及垃圾滲出水等，已使大小河川之中下游均受到不同程度的污染，西部河川尤其嚴重。在 21 條主要河川中，中度及嚴重污染者佔 27%，在 26 條次要河川中則佔 20%；至於臺灣地區 34 個水庫及湖泊中，有 11 處已屬於優養狀態，更令人憂慮的是此等水庫皆為自來水之水源地，可見公共給水的安全性已經受到威脅。根據環保署之資料（表 11-5），經檢測之飲用水及自來水，水質不合格率在民國八十四年以前竟逐年上升，可見環境的反撲早已經開始，而且從每人每日

不可缺乏的飲用水開始，國人自食惡果究竟是無知或是無奈？幸好八十五年之後自來水的水質不合格率已經明顯控制在較低的水準了。

　　臺灣的地下水也是經濟變遷中遭受衝擊相當嚴重的自然資源，在屏東、雲林、嘉義一帶，因養殖漁業的發展，超抽地下水已造成地層下陷，沿海地區經常浸泡在海水中；許多沿海地區之地下水也發生鹽化現象，甚至也受到灌溉水、垃圾滲出水及工業廢水的污染，這種惡化趨勢仍繼續進行中，急待有效的控制方法出現。

　　空氣污染的產生有人為因素也有自然因素，但因大自然有自淨作用，因此會造成大氣環境污染的主要還是人類的各種活動，例如工廠使用燃料排放廢氣，即為固定空氣污染源；汽機車的排氣，則為移動空氣污染源。臺灣的空氣污染目前已經相當嚴重，尤其在大都市地區的街道上，更令人難以忍受，因此改善空氣品質也應成為每個人的責任，日常生活中每個人都應設法降低能源的使用，生產者則應研究改善生產過程的污染排放情形，社會上也需要建立對污染者的處罰辦法，只有大家合作，才比較容易解決空氣污染的問題。

　　早期葡萄牙人對臺灣曾有福爾摩沙之稱，意指美麗之島，然而廣大的鄉野在經濟發展中不斷地受到工廠、住宅等建築物的侵佔，取代了原有野生草木的農作物也開始受到廢棄物、廢水及廢氣的污染，許多沃野良田不知不覺或有意無意地被破壞了。根據臺灣省水利局民國七十七年的調查資料，全臺灣直接受污染的農田，面積已超過 5 萬公頃。以桃園縣觀音鄉為例，位於大潭村的高銀化工廠因廢水直接排入附近農田之灌溉排水渠道中，以致農田受到鎘及鉛的重金屬污染，所生產的米已發現含鎘量過高，不但不能食用，而且還不能隨意棄置，否則會再次造成污染，目前當地已有 90 公頃之農田必須長期休耕。類似有這種重金屬污染土壤之情形在中部及北部相當多見，最嚴重的是彰化地區，可能是該地

區地下電鍍工廠林立，廢污水任意排放，造成農田土壤遭到污染。

依據臺灣各行政區人口分布（如表 11-6），民國九十六年時都市人口將達 13,230,000 人，佔總人口的 58%，至於鄉鎮人口則幾乎維持不變，顯示都市化對自然環境的影響將越來越嚴重。

針對都市化所造成的環境問題，除應從避免人口及企業的過度集中，並均衡都市及地方發展，包括教育、公共設施及創造就業機會外，最基本的是建立適當的都市計畫及完整的都市公共設施，同時深入調查各種環境污染現象，針對都市的構造，各種經濟、社會活動以及都市市民的生活方式及將來動向加以推估，有系統地釐清整體問題，進行事前的預防工作。

表 11-6　臺灣各行政區人口分布　　　　　單位：千人

地區		民國 86 年	民國 91 年	民國96年(預估)
臺灣地區		21,450	22,150	22,900
臺灣省	臺灣省	16,758	17,290	17,684
	鄉鎮 (288)	9,652	9,665	9,669
	省轄市 (5)	2,602	2,761	2,899
	縣轄市 (20)	4,584	4,794	5,115
臺北市		3,060	3,110	3,360
高雄市		1,632	1,750	1,856
都市人口（院轄市、省及縣轄市）		11,878	12,415	13,230

資料來源：臺灣省政府經濟建設動員會 (1990)，《臺灣經濟叢刊——宏揚臺灣經驗迎接二十一世紀》。

本章重點

1. 臺灣地區農村勞動人口正大量轉業或外流，造成短期之間農業勞動人口不足及老化，許多農場經營逐漸趨向粗放，或長期休耕甚至淪於廢耕，這種情形與清朝及日據時期的農業發展情形完全不同，顯然臺灣在本時期已邁進了另外一個新的發展境界。

2. 臺灣農業向以種稻為主，光復以後，稻米產值在農作物中每年減少2%，至民國八十二年時，稻米產值只佔約 25.7%，可見農業生產本身也有結構性的轉變。

3. 經濟成長快速，人民生活水準提高，飲食習慣改變，以白米及豬肉為例說明之，平均每人每年的白米消費量正逐年減少，肉類的每人每年消費量則明顯增加。因此，稻米產值的比重下跌不但沒有造成缺乏糧食，反而還有過剩的現象發生，而由農政單位推行稻田轉作計畫，以適應農產品生產的市場導向目標。

4. 臺灣農業發展雖然頗有成效，但農產品的進口亦為此期間經濟發展的特徵之一，舉例而言，飼料用玉米的進口量增加相當快速，其目的就是為了發展畜牧事業，特別是養豬及養雞事業。毛豬產量大幅擴增的結果，不但自給有餘尚可大量外銷日本賺取外匯，民國八十三年之供應屠宰頭數即達 1,386 萬頭，其中以重量計算大約三分之一是供應外銷，這樣大的生產量固然可喜，只是豬糞尿的排放卻也產生了農村相當嚴重的環境污染問題。

5. 臺灣農家在經濟發展中雖然貢獻很大，但是卻逐漸淪為所得的弱勢者。農家的每人所得大約是薪資家庭的 65.7～81.6%，勞工家庭的73.2～97.2%；若由每人的消費支出進行比較，仍以農家最低，勞工家庭次之，而薪資家庭最高。此結構也正好反映一級產業不如二級產業，而二級

產業又不如三級產業。

6. 二次大戰末期，臺灣經濟已經奠定了現代化及發展基礎，終戰復甦以後，1960 年代因為國際經濟呈現穩定與繁榮，臺灣經濟得以快速成長，1955 至 1965 年，國內生產毛額之年平均成長率高達 20.78%，同時期物價又極為平穩，達到了成長及穩定的雙重目標。1970 年代，雖經歷能源危機的衝擊，由於企業界迅速調整生產結構，經濟恢復高度成長，因此年平均成長率仍有 18.24%。1980 年代世界經濟走向衰退，臺灣經濟年平均成長率仍達 16.11%，1990 年代仍維持 11.12% 的成長率。

7. 近三十年來，隨著經濟成長，產業結構產生相當顯著的變化，農業比重不斷下降，自五十年的 27.45% 降至九十一年的 1.86%；工業比重則迅速成長，自五十年的 26.57%，增至七十五年的 47.11%，達到最高峰，近年來受到環保要求、勞工意識高漲、地價上漲及服務業竄升的影響，投資意願已下降，其比重逐漸降為九十一年的 31.05%。服務業早期的比重始終維持在 50% 以下而波動，七十七年以後超過 50%，自此服務業發展日趨顯著，其比重增加甚速，八十年時高達 55.14%。九十一年更已逼近67.10%，成為臺灣經濟發展的主流了。

8. 都市型工商業的發展，導致生產活動不斷向都會區集中，在接近飽和之時，對於都市土地、各項建設與環境資源的需求，亦產生嚴重之壓力，引發公共設施不足、土地濫用、環境污染、資源缺乏及治安惡化等困境。另一方面，由於地方資源型工業受結構性衰退影響，就業機會減少，使遠離都市之農村地區經濟發展減緩，不但造成資源之不合理利用，甚至人口外流，更加深都市發展的困境。

9. 臺灣經濟本身相當具有活力，不但已經消耗了自產能源，而且越來越加深對外國能源的進口依賴。在物質不滅原理下，煤的燃燒除了產生所需要的熱能，還釋放 CO_2 等廢氣，也殘留下煤灰，對臺灣的自然環

境必然具有相當的破壞性。因此，歷年來為求經濟發展，由國外源源不斷運進到臺灣的物質，除了轉變成新產品再出口到國外之外，剩餘的廢棄物究竟何去何從？對我們生活的生態環境有什麼影響呢？

10.平均每人每日之垃圾量仍不斷繼續增加；飲用水及自來水之水質不合格率逐年上升；超抽地下水造成地層下陷、鹽化、及污染，這種惡化趨勢仍繼續進行中；固定空氣污染源及移動空氣污染源的空氣污染相當嚴重，尤其在大都市地區的街道上；農村受到工廠、住宅等建築物的侵佔，農作物也開始受到廢棄物、廢水及廢氣的污染。

本章習題

1. 試說明光復以後臺灣稻米之生產及消費的變化趨勢，並從而分析農政
   單位為什麼要推行稻田轉作。

2. 試說明光復以後臺灣毛豬的生產情形。

3. 根據表 11-3，臺灣經濟平均成長率不升反降，為什麼仍在國際上有亞
   洲新興工業國之稱？試說明之。

4. 試分析光復以後，臺灣經濟之產業結構變化情形。

5. 都市型工商業與地方資源型工商業的發展有什麼不同？

6. 試說明臺灣生態環境在二次大戰以後的變化趨勢。

7. 你認為解決都市化所造成的環境問題，應如何進行？

第 12 章

當前臺灣地區在國際經濟體系中的地位

第一節　經濟統合與經貿發展

　　經濟統合 (Economic Integration) 是透過國與國之間的經濟合作，將阻礙各國經濟發展的各種人為障礙加以廢除，而導入自由市場之調節機能，以創造最適宜的國際經濟結構，達成資源最佳與充分的利用，這種新的經濟制度即進行經濟統合的目標。

　　目前世界各地所出現之經濟統合案例，大致上係第二次世界大戰以後才出現的，亦可稱之為經濟的區域主義 (Economic Regionalism)。經濟的區域主義之所以盛行，主要是因為各國檢討過去競相實施外匯管制、匯率貶值、干預國際貿易的自由進行等措施之後，發現各國經濟均蒙受其害，乃採行地區性途徑進行國際經濟合作，企圖建立新的國際經濟制度，其內容包括：推動區域內各國之自由貿易、對外共同關稅、區域內各國生產要素的自由移動及共同經濟政策等。國與國之間的往來密切，除了地理位置相靠近之外，產品的供需也是影響因素，因此經濟統合之範圍，隨著國與國之經濟關係加深，統合之範圍也將擴大。亞太地區以太平洋為中心，正在尋求跨越亞洲、美洲及澳洲之統合機會，即為一例。

　　就經濟統合之型態，可以分為五種，亦即自由貿易區、關稅同盟、共同市場、經濟同盟及完全經濟統合等。各種統合型態只是在統合程度

上有所不同而已，茲分別說明如下：

一、自由貿易區

　　此一構想就是廢除區域內各成員國之關稅及輸入數量之限制，使區域內各國之商品可自由流通，跨越國境。這是經濟統合的初步階段，統合程度最低，例如「北美洲自由貿易區」(NAFTA) 的設計，即是朝向此一目標，當各成員國之貿易關係更加密切之後，即可能進行再進一步的統合。

二、關稅同盟

　　當自由貿易區內各國之商品已自由流通後，各成員國為了加深彼此的來往，可能產生排他的想法，乃進一步要求成員國採取對區域外之國家引用相同之關稅，亦即對非成員國採行共同關稅之措施，形成關稅同盟的經濟統合。

三、共同市場

　　具備關稅同盟之條件後，區域內各國進一步的統合即容許生產要素的自由移動，如此即形成共同市場的經濟統合，當年的歐洲共同市場即最著名的例子。

四、經濟同盟

　　此一制度較共同市場又進一步統合，亦即區域內各成員國之經濟政策均作某種程度之調整，以降低各國經濟政策的差異性。如歐盟已於1999 年 1 月 1 日正式啟用「歐元」為歐盟的統一貨幣。

五、完全經濟統合

完全經濟統合是最後的階段，此時區域內各國之經濟、金融、財政等政策，已經完全統合，並成立跨國的超級機構以統籌區域內之經濟政策，在實質意義上已達到經濟上的區域統合，形成一個新的經濟大國。

經濟發展階段相近的國家，理論上是比較容易成立水平的統合，此時各國之間的猜忌較小，也不會擔心強勢經濟國併吞了弱勢經濟國；至於經濟發展階段差異甚大的國家，若進行經濟統合，將組成所謂的垂直統合，此時因分配問題不容易有共識，統合相當困難。就目前而言，歐盟已於 1993 年 11 月 1 日正式成立，而成員國則由當初參與的十二國逐漸增加，至 2004 年 5 月 1 日，成員國已有二十五國；而美洲或亞洲則尚未成熟到此一統合程度，其原因就是成員國的差距太大，彼此猜忌，擔心統合以後經濟利益的分配不公平，而有相形不利或吃虧的顧慮，統合不易進展，足為明證。

第二節　亞太地區的經濟統合

所謂亞太地區，涵蓋範圍包括：北美洲的美國、加拿大，亞洲的日本、中華民國、韓國、香港、新加坡、馬來西亞、印尼、泰國、菲律賓、汶萊、中國大陸，以及澳洲、紐西蘭等共十五個國家，均處於太平洋的邊緣，中南美洲通常並未列入範圍之內。自第二次世界大戰結束後，世界經濟在貿易自由化的有利環境下，已呈現空前的繁榮，亞太地區各國多採行外向型經濟發展策略，逐步工業化，雖然經濟發展程度與時間先後，各國尚有差距，但近三十年來，亞太地區已成為全球最具經濟活力

的區域，除了日本出現經濟成長率為負數，排名居中間的我國、澳洲及印尼，經濟成長率均達 3.6%，中國大陸、南韓及泰國更分別高達 8.0%、6.3% 及 5.2%，表現尤其優異，各國之人口、面積、經濟成長率及每人 GNP 或 GDP 可參見表 12-1 所示。其中美國、日本及香港的每人 GNP/GDP 最高，我國排名第九，中國大陸則居第十五位。

　　亞太地區各國十分重視採取對外導向的經濟發展策略，由表 12-2 可看出，美國、日本及中國大陸有相當可觀的貿易總額，但日本及中國大陸均有鉅額的順差，美國則出現鉅額的逆差；就外匯存底而言，日本及中國大陸遠遠領先其他各國，其次則有中華民國、南韓及香港。西太平洋各國傳統上就十分著重教育及紀律，加上人民固有的勤奮、節儉習性，也是本區經濟能表現卓越的主因。此外，美國在二次世界大戰後，對西太平洋地區的軍、經援助，更奠定了各國早期經濟發展的基礎，稍後美國更成為各國的主要出口市場，主導了亞太地區各國經濟自由化與國際化的進行。現階段亞太地區的人口將近有 20 億人，GNP 佔了全球的一半，每年對外貿易額佔世界貿易總額之比率高達 40%，已成為世界經濟的重心。

　　亞太地區幅員廣闊，因此各國除語言、文化、政治體制、地理環境呈現差異外，在資源稟賦、技術水準、市場規模與經濟發展上亦有明顯差距。經濟統合的複雜性及困難程度較歐洲及美洲相對為高，適用的整合型態亦迥然不同。目前已有的區域性經濟組織包括「東南亞國協 (ASEAN)」、「太平洋盆地經濟理事會 (PBEC)」、「太平洋經濟合作理事會 (PECC)」、「亞太經濟合作會議 (APEC)」及「北美自由貿易協定 (NAFTA)」等。

表 12-1　2002 年 APEC 會員國基本經濟資料

地區、國別	人口	面積	經濟成長率		每人 GNP/GDP	
	萬人	萬 Km	%	排名	美元	排名
北美						
美國	28,688	937.26	2.2	13	36,012	1
加拿大	3,148	997.62	3.4	11	22,081	4
西太平洋						
日本	12,731	37.78	−0.3	15	31,161	2
亞洲新興工業國						
中華民國	2,252	3.62	3.6	7	12,588	9
南韓	4,760	9.92	6.3	2	10,006	11
香港	672*	0.11	2.3	12	23,800	3
新加坡	416	0.06	2.2	13	20,849	5
東南亞國協						
馬來西亞	2,450	33	3.5	10	3,493	12
印尼	20,610	192	3.6	7	759	13
泰國	6,350	51.8	5.2	3	1,958	7
菲律賓	8,163	30	4.6	4	727	14
汶萊	34	0.58	4.1	6	12,256*	10
中國大陸	128,018	954.16	8.0	1	989	15
大洋洲						
澳洲	1,972	768	3.6	7	19,684	6
紐西蘭	390	26.87	4.2	5	14,872	8

註：＊為 2001 年資料。
資料來源：經濟部投資業務處網站，經濟部國際貿易局網站，主計處網站及華僑經
　　　　　濟年鑑。

表 12-2　2002 年 APEC 會員國貿易資料

地區、國別	貿易總額		出口	進口	差額	外匯存底(年底資料)	
	億美元	排名	億美元	億美元	億美元	億美元	排名
北美							
美國	18,963	1	6,939	12,024	−5,085	710**	7
加拿大	4,799	4	2,524	2,275	249	371	9
西太平洋							
日本	7,539	2	4,167	3,372	795	4,610	1
亞洲新興工業國							
中華民國	2,477	7	1,351	1,126	225	1,617	3
南韓	3,146	6	1,625	1,521	104	1,213	4
香港	4,084	5	2,012	2,072	−60	1,119	5
新加坡	2,416	8	1,252	1,164	88	820	6
東南亞國協							
馬來西亞	1,732	9	933	799	134	346	10
印尼	884	12	571	313	258	340	11
泰國	1,336	11	689	647	42	389	8
菲律賓	715	13	363	352	11	164	13
汶萊	52.3	15	36.8	15.5	21.3	40*	14
中國大陸	6,208	3	3,256	2,952	304	2,911	2
大洋洲							
澳洲	1,377	10	650	727	−77	206	12
紐西蘭	295	14	144	151	−7	37	15

註：　1. * 為 2001 年資料。
　　　2. ** 為 2003 年資料。
資料來源：同表 12-1。

　　ASEAN 成立於 1967 年，目的在增進東南亞五國之區域合作。PBEC 則也是成立於 1967 年，係以企業界為主體的民間組織，目的在增進各國企業人士之聯繫，進而影響各會員國之政府決策，以擴增彼此間之貿易與投資。PECC 成立於 1980 年，成員涵蓋各國產、官、學界，屬於半官方的區域經濟組織，該組織主要功能在促進區域內的產業發展及技術合作，並以提升區域內經濟成長為目標。上述三個組織各有其特定領域上的成效，只是大多仍停留在國與國間的對話，屬於較鬆散之區域性經濟合作組織。此外，NAFTA 則為 1994 年美國、加拿大與墨西哥所組成的北美自由貿易區，與亞洲國家沒有直接關係。

　　APEC 是亞太地區現階段最具官方層次的組織，其涵蓋成員最多，是最典型的區域性經濟合作組織，自 1989 年成立以來，發展相當迅速。就組織架構而言，已由原先的部長級會議、資深官員會議及工作小組，增加了秘書處與非正式領袖高峰會議；組織成員則由原先創始會員 12 國，於 1991 年增為 15 國，1993 年通過墨西哥、巴布亞新幾內亞入會後，再增為 17 國。此外，APEC 功能亦因為美國的積極主導，而由以往的諮商式論壇，逐漸演變為具決議性之組織，且會員國間之經濟合作範圍亦有趨於多元化之趨勢。

　　1980 年代以來，亞太地區區域內貿易快速成長，1991 年亞太區域內之貿易額高達 9,160 億美元，在全球區域貿易中佔 65.6%，較歐體區域內貿易額或比率均高。此外，1990 年亞太各國之外人投資總額超過 1,000 億美元，其中七成以上為區域內各國相互投資，足見亞太區域內之經濟活力十分旺盛。

第三節　臺灣在亞太地區的角色

　　臺灣是亞太地區的一員，也是經濟發展最成功的典範之一，經濟成長表現已博得「臺灣奇蹟」或「臺灣經驗」的封號。1952 迄 1992 年，我國之國民生產毛額（簡稱 GNP）已由 12 億美元劇增為 2,109 億美元，排名高居世界第二十位，至於平均每人的 GNP，也由不到 200 美元躍升至 10,215 美元，居世界第二十五位。此外，1992 年對外貿易總額亦由四十年前的 3 億美元，劇增至 1,535 億美元，晉升為世界第十四大貿易國，可見臺灣在國際舞臺上表現強盛的經濟活力，理應在國際關係中扮演更重要的角色，貢獻於國際社會。

　　臺灣於 1984 年及 1986 年分別加入 PBEC 與 PECC，亦於 1991 年與中國大陸及香港同時成為 APEC 的會員國，因此在亞太地區扮演的角色與擔負的責任越來越重要。基於地緣與歷史因素，我國與亞太地區的經貿關係一向極為密切。1990 年在新臺幣持續升值、外匯管制放寬、勞工短缺、土地成本高漲以及環保意識抬頭的情況下，臺灣廠商興起對外投資的熱潮，東南亞國家與中國大陸因天然資源豐富、勞工相對低廉，加以市場廣大，故吸引了大量臺商前往投資。2001 年我國對東南亞投資共約 523 億美元，對大陸間接投資金額亦相當龐大。再加上美國一向亦為我國主要對外投資國，我國已成為亞太地區的主要投資國之一，已由過去的資本輸入國演變為資本輸出國。另一方面，近年來國內勞工缺乏，我國亦引入不少的外籍勞工，也成為勞動輸入國。

　　在對外投資活絡的帶動下，近年來，我國與 APEC 各會員國之雙邊貿易亦呈快速增加趨勢，2003 年雙邊貿易額已超過 1,598 億美元，佔我國對外貿易總額比率高達 58%。其中美國為我國最大出口市場，日本為

最大進口來源，另香港、東協、中國大陸、歐盟與韓國亦為主要貿易對象。

目前我國不僅是一個資金輸出國，同時也是國際上有能力對外國提供經濟援助的國家之一。為回饋國際社會，也為了敦親睦鄰，我國正構思提供開發中國家所需之資金與技術援助，1988 年國內乃成立了「海外經濟合作發展基金」，後以此基金於 1996 年成立了「國際合作發展基金會」，為我國專供對外援助之法人機構，其主要業務有：無償之技術協助、農、漁、醫療及經貿等技術團駐地服務、有償之專案計畫貸款、投資及投資授信保證業務等，可見我國正積極善盡一個國際經濟組織成員應盡的責任。

近年來，區域營運中心的經營方式已成為配合多國籍企業經營的趨勢，其做法是針對某一特定地區之海外業務，在該地區選擇適當地點設立區域性總部或中心，統籌規畫並管理該地區所有子公司的生產製造、銷售、研發、採購、教育訓練等事項，以針對地區之特性，因地制宜，靈活調度資源，掌握市場。行政院已通過發展臺灣地區成為亞太區域營運中心的長程目標，主要就是掌握臺灣在西太平洋的樞紐地位，應用先天的地理及人文優勢條件，同時臺灣還擁有雄厚的金融潛力，高素質的人力，以及相當完整的產業體系，因此未來若能努力加強充實硬體設施，改善軟體及法規制度，使人才、資金、財貨及資訊皆能充分自由的進出及流通，可以進一步結合亞太地區的經濟資源，成為跨國企業之區域營運中心，預計可塑造臺灣成為一個較香港及新加坡更為有利的營運中心，讓亞太國家及世界各國擴大與東亞經濟圈的經貿往來時，並以臺灣作為中繼站。

發展臺灣成為亞太區域營運中心，將可帶來顯著的經濟效益，一方面藉由管理及生產技術之引進及產業關聯效果，可加速推動國內專業性

服務業及高科技工業的發展，並強化國際企業的經營能力，提升產業發展層次；另一方面，亦可藉多國籍企業在臺灣設置區域營運中心，擴大我國的經貿網路，加強對國外資源的掌握，從而開拓經濟發展的新空間，建立我國與亞太各國經貿發展的新模式。

　　亞太地區各國之發展，有賴於區內及全世界的經濟繁榮，因此維持一個開放的經濟體制，無疑是維持本區域經濟成長的必要條件，因此亞太地區的經濟合作已邁向一個新紀元，為因應亞太地區合作之新階段，我國當前經濟發展除繼續推動經濟自由化及國際化，並建設臺灣成為亞太營運中心外，亦應積極回饋國際社會，俾進一步提升我國參與國際社會之地位。

本章重點

1. 經濟統合 (Economic Integration) 是透過國與國之間的經濟合作，將阻礙各國經濟發展的各種人為障礙加以廢除，而導入調節機能，以創造最適宜的國際經濟結構，達成資源最佳與充分利用，以建立新的經濟制度。

2. 經濟的區域主義之所以盛行，主要是因為各國檢討過去競相實施外匯管制、匯率貶值、干預國際貿易的自由進行等措施之後，發現各國經濟均蒙受其害，乃採行地區性途徑進行國際經濟合作，企圖建立新的國際經濟制度，其內容包括：推動區域內各國之自由貿易、對外共同關稅、區域內各國生產要素的自由移動及共同經濟政策之調整等。

3. 自由貿易區就是廢除區域內各成員國之關稅及輸入數量限制，使區域內各國之商品可自由流通，跨越國境。這是經濟統合的初步階段，統合程度最低。當自由貿易區內各國之商品已自由流通，各成員國進一步採取對區域外之國家引用相同之關稅，亦即對非成員國採行共同關

税之措施，即形成關稅同盟。

4. 經濟發展階段相近的國家，理論上比較容易成立水平的統合，至於經濟發展階段差異甚大的國家，若進行經濟統合，主要將組成所謂的垂直統合，此時因分配問題不易有共識，統合相當困難。

5. 所謂亞太地區，涵蓋北美洲的美國、加拿大，亞洲的日本、中華民國、韓國、香港、新加坡、馬來西亞、印尼、泰國、菲律賓、汶萊、中國大陸，以及大洋洲的澳洲、紐西蘭等，共十五個國家處於太平洋的邊緣，中南美洲通常並未列入範圍之內。

6. 亞太地區幅員廣闊，現有的區域性經濟組織包括「東南亞國協 (ASEAN)」、「太平洋盆地經濟理事會 (PBEC)」、「太平洋經濟合作理事會 (PECC)」、「亞太經濟合作會議 (APEC)」及「北美自由貿易協定 (NAFTA)」等。其中 APEC 是亞太地區現階段最具官方層次的組織，其涵蓋成員最多，是最典型的區域性經濟組織，自 1989 年成立以來，發展相當迅速。組織成員則由原先創始會員 12 國，於 1991 年增為 15 國，1993 年通過墨西哥、巴布亞新幾內亞入會後，再增為 17 國。APEC 功能亦因為美國的積極主導，而由以往的諮商式論壇，逐漸演變為具決議性之組織，且會員國間之經濟合作範圍亦有趨於多元化之趨勢。

7. 臺灣於 1984 年及 1986 年分別加入 PBEC 與 PECC，亦於 1991 年與中國大陸及香港同時成為 APEC 的會員國。1990 年在新臺幣持續升值、外匯管制放寬、勞工短缺、土地成本高漲以及環保意識抬頭的情況下，臺灣廠商興起對外投資的熱潮，東南亞國家與中國大陸因天然資源豐富、勞工相對低廉，加以市場廣大，故吸引了大量臺商前往投資。我國已成為亞太地區的主要投資國之一，已由過去的資本輸入國演變為資本輸出國。

8. 1988 年國內乃成立了「海外經濟合作發展基金」，後以此基金於 1996

年成立了「國際合作發展基金會」，為我國專供對外援助之法人機構，其主要業務有：無償之技術協助、農、漁、醫療及經貿技術團駐地服務、有償之專案計畫貸款、投資及投資授信保證業務等。

9. 臺灣位居西太平洋的樞紐地位，具有先天的地理及人文優勢條件，同時臺灣還擁有雄厚的金融潛力，高素質的人力，以及相當完整的產業體系，未來若能努力加強充實硬體設施，改善軟體及法規制度，使人才、資金、財貨及資訊皆能充分自由的進出及流通，並進一步結合亞太地區的經濟資源，應具有吸引跨國企業到此設置區域營運中心的有利條件。

10. 發展臺灣成為亞太區域營運中心，將可帶來顯著的經濟效益，一方面藉由管理及生產技術之引進及產業關聯效果，可加速推動國內專業性服務業及高科技工業的發展，並強化國際企業的經營能力，提升產業發展層次；另一方面，亦可藉多國籍企業在臺灣設置區域營運中心，擴大我國的經貿網路，加強對國外資源的掌握，從而開拓經濟發展的新空間，建立我國與亞太各國經貿發展的新模式。

本章習題

1. 何謂經濟統合？依統合程度之不同，有什麼統合型態可能出現？
2. 什麼樣的經濟背景比較容易發生經濟統合？為什麼歐洲比亞洲或美洲較容易出現經濟統合？
3. 亞太地區有那些區域性經濟組織？
4. 試說明臺灣廠商興起對外投資熱潮的經濟背景。
5. 臺灣目前如何扮演存在於亞太地區中之角色？

第 13 章

臺灣經濟發展的問題與方向

　　經濟發展是表現一國人民生產力的提升及生活水準改善的過程。就已開發國家而言，發展的重點目標應是繼續維持其經濟穩定及繁榮，以提升其生活品質；就開發中國家而言，則以先進國家為範例，加速其經濟發展，以縮短其和已開發國家的差距為要務。

　　臺灣經濟的發展，已跳脫開發中國家的貧窮、窘困局面，發展速度之快，更被視為「臺灣經驗」或「經濟奇蹟」，成為開發中國家極感興趣的研究、學習對象。然而，快速經濟發展也引起不少轉型時期的問題，值得我們關切、檢討並設法解困。下面乃就維持國際競爭力下的發展、部門與區域之均衡發展、都市生活圈之發展等課題，分析問題之所在，並研討可能的解決對策。

第一節　國際競爭力與發展方向

　　由第九章、第十章及第十一章之解說，臺灣很早即已展開國際貿易，從鹿皮、樟腦到米、糖、茶葉、木材等的出口，均對臺灣經濟有相當明顯的影響。從民國五〇年代起，經濟活動更不停地快速成長，產業結構也急速改變，這種轉變應該是為了適應內外經濟環境的改變所自發與誘發的結果。根據表 13–1，過去三十年來臺灣之進出口金額統計，可以看到從早期的貿易入超（逆差），到民國六〇年代已扭轉為出超（順差），並且逐年擴大順差，在 1986 及 1987 年達最高峰。進出口總金額也由

1952 年的 40 億美元，增加到 1992 年的 4,274 億美元，表示臺灣經濟與
國際經濟的關係越來越緊密連結在一起，成長幅度超過百倍，並且競爭
能力不斷上升，至 2002 年更高達 8,401 億美元，十年之間又增加了一倍，
表現成果相當豐碩。

表 13-1 　臺灣歷年之進出口貿易額統計　單位：百萬美元

年別	進出口合計	出口	進口	順差
1975	427,928	201,468	226,460	−24,992
1976	559,052	309,913	289,139	20,774
1981	1,608,389	829,756	778,633	51,123
1986	2,424,077	1,507,044	917,033	590,011
1991	3,731,557	2,040,785	1,690,772	350,013
1992	4,273,778	2,239,032	2,034,746	204,286
1994	4,171,662	2,456,011	2,261,651	194,360
1995	5,692,429	2,949,578	2,742,851	206,727
1996	5,991,745	3,176,625	2,815,120	361,505
1997	6,757,779	3,481,685	3,276,094	205,591
1998	7,196,838	3,693,269	3,503,569	189,700
1999	7,493,861	3,917,445	3,576,416	341,029
2000	8,984,997	4,616,301	4,368,696	247,605
2001	7,757,174	4,137,744	3,619,430	518,314
2002	8,401,188	4,507,506	3,893,682	613,824

資料來源：行政院主計處網站。

對外國際貿易的急速擴張，不但彌補了人口密度高與土地面積有限
的弱點，更促進了我國與世界各國的經濟、文化交流，造就了今日高經
濟水準的發展成果。因此，政府首先積極籌畫加入「關稅暨貿易總協定
(GATT)」，後來因 GATT 改組，又以加入「世界貿易組織 (WTO)」為目
標，終於在 2002 年突破各種困境，正式入會成為會員國，可見國際貿易

對臺灣經濟發展的重要性，有必要積極提升我國在國際上的經濟地位。

表 13-2　臺灣歷年之出口主要貨品金額　　單位：百萬美元

	1987	1989	1991	1993	1995	1997	1999	2001	2002	成長率(%)
動物及動物產品	2,037.3	1,793.4	1,994.9	2,043.2	3,092.2	1,593.1	1,117.6	1,180.5	1,282.2	-3.09
化學品	775.2	1,058.3	1,569.8	1,937.4	3,238.2	3,277.6	3,266.9	4,137.9	4,677.0	11.97
塑膠製品	1,915.1	2,500.2	2,706.7	2,719.4	2,995.9	3,128.3	2,812.7	2,574.9	2,593.8	2.02
橡膠及其製品	398.1	503.2	590.5	681.6	973.3	1,079.3	1,009.4	1,035.8	1,135.0	6.98
皮革、毛皮製品	1,514.8	1,493.8	1,262.7	1,053.2	1,446.9	1,456.3	1,196.0	999.1	956.5	-3.07
木材,木製品及編結品、合版	1,237.8	1,162.0	921.5	785.2	741.0	653.3	413.6	325.3	300.8	-9.43
紡織品	9,058.4	10,355.6	11,997.2	12,039.4	15,622.0	16,660.5	14,172.7	12,630.1	12,149.7	1.96
鞋、帽、雨傘、羽毛製品、人造花、人髮製品	4,321.0	4,483.7	4,423.7	3,335.8	1,876.0	1,402.1	978.2	740.9	651.9	-12.61
基本金屬及其製品	3,626.6	5,192.2	5,805.9	7,133.1	10,026.8	11,530.6	11,606.9	11,330.9	12,542.7	8.27
電子業	5,738.5	8,138.2	8,183.3	10,259.2	16,250.4	18,024.1	21,832.5	23,601.1	25,838.1	10.03
機械	3,135.7	4,668.1	6,794.7	7,045.6	8,349.7	9,651.5	7,921.1	8,348.1	9,258.4	7.22
電機產品	1,516.8	2,191.4	2,538.6	3,217.9	3,998.6	4,767.5	4,601.1	4,665.1	5,898.7	9.05
資訊與通信產品	3,786.2	4,423.9	5,588.8	6,439.5	9,906.8	14,441.6	15,141.7	15,668.1	16,039.0	9.62
家用電器	933.0	1,096.1	1,006.0	874.9	875.8	828.1	690.9	574.8	555.6	-3.46
精密儀器、鐘錶、樂器	1,187.8	1,681.2	2,034.7	2,165.7	2,588.5	2,751.8	2,966.9	3,329.8	4,565.7	8.98
玩具遊戲品與運動用品及零件與附件	3,337.3	3,037.7	3,044.3	2,816.1	2,746.1	2,382.8	1,781.2	1,735.3	1,729.2	-4.38
傢俱	1,630.1	1,634.2	1,695.3	1,839.8	1,767.5	1,700.6	1,718.8	1,313.3	1,198.8	-2.05

資料來源：歷年之海關進出口貿易統計資料。

　　進口金額的逐年成長，一方面是為了供應出口產品所需要的原料及資本財（機器、設備）等，另一方面也是因本國居民之所得提高，已有能力購買外國生產的消費財。至於出口金額的年年成長則可代表臺灣經濟的國際競爭力一直在加強，才能在國際市場上取得商機。根據表 13-2 所顯示，目前主要的出口產品按出口值的成長率大小排列，主要是化學品、電子業、資訊及通信產品、電機產品等工業產品，這些產品的年成長率都在 10% 左右，以往資訊與通訊之出口值仍相當有限，而今日已成

為世界市場的主要供給者，1994 年臺灣電腦營業額達 116 億美元，僅次於美國、日本和德國，排名世界第四，而 1995 年估計將有 2,700 萬部臺灣製造的筆記型電腦在全世界銷售，產量居世界第一，桌上型電腦將可供應全世界 460 萬部。此外，電腦零配件方面，全世界 80% 的電腦主機板，61% 的掃瞄器，80% 的滑鼠，以及 52% 的鍵盤都是由臺灣電腦工業所供應，可見臺灣已是世界矚目的電腦重鎮。至於鞋、帽、雨傘、羽毛製品、人造花及人髮製品等之成長率為 −12.61%，可見其快速萎縮，今日在國際市場上已沒有那麼風光了，經濟發展所引發的產品結構改變的確是相當顯著，基本上產業部門正朝向生產技術密集的科技產品而發展，至於初級或加工程度不高之產品的出口，則已逐年而顯著地減少了，表示國內各產業的國際競爭力有明顯升降之變化。

第二節　部門與區域發展不均的問題

自民國四十二年開始，政府連續推動以四年為一期的經濟建設計畫，其目標是為了順應國際競爭能力並引導國家經濟的發展方向，政策效果不錯，因而經濟成長快速且經濟結構逐步轉變。從民國四十一年到民國八十二年，國民生產毛額已從 1,674 百萬美元成長至 220,129 百萬美元，以指數式計算成長率大約達每年 11.90%；即使考慮人口成長因素之下，平均每人 GNP 仍由 196 美元增長為 10,566 美元，成長率達 9.73% 左右。依據國際間一般的認知，每人 GNP 超過 8,000 美元時，即算邁入已開發國家，因此我國在國際社會中已具備躋身已開發國家之列的條件，政府也以已開發國家之身分，於 2002 年元月加入 WTO。

經濟結構的轉變，已在第十一章表 11–4 的統計數字顯示出來，傳統的農業在整體經濟中所佔之比重已由 27.45% 很快地降為 1.86%；而工業

所佔比重由 26.57% 上升至 47.11%，又降為 31.05%；只有服務業的比重逐漸上升，由 45.98% 上升達 67.10%，從統計數字可見經濟轉型的趨勢及速度。1980 年以前，農業部門的勞動、資本等生產因素，大幅度地流向工業部門，促成了工業部門的明顯成長。之後，農業部門雖停滯或萎縮，但工業部門的成長有限，隨後並在比重上也開始下跌，這一期間主要的經濟成果應是服務業的興起。這種現象顯示，臺灣已由農業經濟為主的傳統社會，轉型為高度工商業化的新經濟社會，經濟結構的轉變，帶來了未來更為寬廣的發展空間，也引發了經濟、社會及政治層面的各種衝擊，正是社會科學研究者所面臨最多、最新奇挑戰的時候，亟待深入去了解與適應。

　　由於農業部門的比重降低，原有農村的人口、資本及土地已開始流向非農業部門，而農村的一些基本設施如國民小學等，則有荒廢的現象出現了；就勞動力而言，年輕、教育水準高的勞動力，已經離農離村，造成農村人口老化；資本在利之所趨之下，也轉投資於非農業部門，農業發展所需資金，反而由政府去籌措了；至於土地方面較為複雜，在嚴格的「非都市土地使用編定」之政策管制下，由於轉用困難，故出現休耕、廢耕甚至違規使用的情形，足見部門發展不均的影響雖可以政策阻擋生產因素的流通，但也只有短期之效果，長期之下新產生的問題則甚為嚴重。部門發展不均的結果容易使社會出現「進步中的落後」或「富裕中的貧窮」現象，有待正確的產業政策加以矯正。

　　經濟的快速成長與結構改變，在貿易自由化之壓力下，透過部門發展不均已引發區域發展不均的情況。我們可以引用表 13–3 歷年各縣市稅收收入額及地區所佔百分比加以分析，臺北市的土地面積只有臺灣省的 7.6%，但其稅收比率高達 30% 以上；高雄市與臺北縣、桃園縣等在稅收方面居其次，僅佔 10% 左右，與臺北市之差距實在太大；其他縣市分

表 13-3　臺灣地區歷年各縣市稅收收入額

縣別	84 年 金額	84 年 百分比	85 年 金額	85 年 百分比	86 年 金額	86 年 百分比	87 年 金額	87 年 百分比	88 年 金額	88 年 百分比	89 年 金額	89 年 百分比	90 年 金額	90 年 百分比	91 年 金額	91 年 百分比
合計	1,055,109,410	100.0	1,036,623,122	100.0	1,109,443,107	100.0	1,224,737,138	100.0	1,196,043,643	100.0	1,694,832,077	100.0	1,107,221,737	100.0	1,136,663,869	100.0
臺北市	408,574,631	38.7	411,459,371	39.7	447,332,853	40.3	509,653,606	41.6	457,498,725	38.3	679,337,738	40.1	442,256,965	39.9	343,652,910	30.2
高雄市	82,187,911	7.8	77,359,437	7.5	85,707,410	7.7	87,252,234	7.1	126,336,638	10.6	182,990,780	10.8	120,338,250	10.9	137,202,445	12.1
臺北縣	111,206,186	10.5	107,322,848	10.4	117,071,350	10.6	127,948,013	10.4	121,557,581	10.2	166,464,977	9.8	105,424,237	9.5	96,604,685	8.5
宜蘭縣	10,588,149	1.0	11,081,145	1.1	11,849,057	1.1	11,968,327	1.0	10,959,908	0.9	14,360,647	0.8	8,626,137	0.8	9,512,401	0.8
桃園縣	83,306,106	7.9	80,791,953	7.8	85,506,304	7.7	93,110,508	7.6	107,105,150	9.0	148,739,801	8.8	91,167,561	8.2	151,846,765	13.4
新竹縣	18,656,054	1.8	18,044,690	1.7	19,334,081	1.7	19,287,036	1.6	21,492,258	1.8	34,386,999	2.0	24,693,488	2.2	18,248,799	1.6
苗栗縣	14,493,258	1.4	15,686,236	1.5	19,926,331	1.8	23,775,549	1.9	23,581,948	2.0	30,578,907	1.8	17,486,400	1.6	17,394,405	1.5
臺中縣	44,714,031	4.2	42,458,666	4.1	42,778,835	3.9	46,000,426	3.8	45,173,642	3.8	57,869,783	3.4	36,724,743	3.3	59,717,950	5.3
彰化縣	28,425,426	2.7	26,954,788	2.6	28,129,624	2.5	30,740,998	2.5	29,379,714	2.5	38,992,901	2.3	25,090,671	2.3	23,167,587	2.0
南投縣	8,656,366	0.8	8,371,714	0.8	8,800,463	0.8	9,888,507	0.8	10,196,384	0.9	11,929,888	0.7	7,898,532	0.7	8,243,593	0.7
雲林縣	10,328,984	1.0	10,113,251	1.0	9,632,915	0.9	10,176,690	0.8	9,328,390	0.8	17,119,516	1.0	29,247,216	2.6	33,422,696	2.9
嘉義縣	6,252,512	0.6	6,431,150	0.6	6,947,415	0.6	7,338,716	0.6	7,088,915	0.6	9,436,887	0.6	5,836,353	0.5	6,387,288	0.6
臺南縣	26,758,643	2.5	25,670,612	2.5	26,683,651	2.4	27,455,448	2.2	25,505,441	2.1	35,175,713	2.1	22,605,045	2.0	22,105,407	1.9
高雄縣	32,604,034	3.1	30,846,155	3.0	32,915,461	3.0	33,236,525	2.7	33,409,813	2.8	41,759,234	2.5	26,730,611	2.4	22,266,298	2.0
屏東縣	12,884,778	1.2	11,973,994	1.2	12,173,397	1.1	12,787,838	1.0	12,063,267	1.0	16,709,189	1.0	11,020,172	1.0	14,205,907	1.2
臺東縣	2,913,345	0.3	3,169,082	0.3	3,187,225	0.3	3,311,409	0.3	3,054,701	0.3	3,885,176	0.2	2,557,939	0.2	2,497,150	0.2
花蓮縣	7,614,365	0.7	7,451,985	0.7	7,712,798	0.7	8,252,054	0.7	8,000,525	0.7	10,460,738	0.6	7,131,706	0.6	8,549,419	0.8
澎湖縣	875,900	0.1	903,659	0.1	908,928	0.1	947,187	0.1	1,000,001	0.1	1,082,599	0.1	652,198	0.1	632,737	0.1
基隆市	46,144,839	4.4	46,233,452	4.5	39,700,278	3.6	41,331,769	3.4	34,956,756	2.9	50,551,751	3.0	23,360,692	2.1	71,726,279	6.3
新竹市	13,746,386	1.3	14,978,791	1.4	17,496,189	1.6	22,197,072	1.8	20,864,778	1.7	32,113,707	1.9	27,022,269	2.4	20,728,478	1.8
臺中市	46,467,644	4.4	43,957,350	4.2	47,811,184	4.3	55,385,888	4.5	49,528,531	4.1	59,218,738	3.5	39,348,279	3.6	37,999,560	3.3
嘉義市	8,520,996	0.8	9,204,808	0.9	9,495,996	0.9	11,383,512	0.9	10,303,963	0.9	14,338,592	0.8	8,209,873	0.7	8,123,767	0.7
臺南市	29,188,866	2.8	26,157,985	2.5	28,341,362	2.6	31,280,826	2.6	27,656,614	2.3	37,327,816	2.2	23,742,400	2.1	22,427,343	2.0

資料來源：歷年之各縣市統計要覽。

別只佔 5% 以下；至於澎湖縣與臺東縣，分別各佔 0.1% 及 0.2%，可見就區域發展而言，臺北市不但是人口密集的超級大都市，而且其經濟（所得）影響力已經蔓延到臺北縣及桃園縣；南部地區比較明顯的發展只限於高雄市；中部地區則局限於臺中市，這是相當明顯的區域不均衡發展，各縣市之差別懸殊也頗大。

綜合所得稅收入額受到人口數及所得之影響，表 13-3 的統計，已充分反映出各地區的發展機會差距甚大，發展機會比較大的是臺北縣市及高雄市、臺中市，不但人口集中且所得比較高，已形成三大都會區，這一方面固然是自由經濟制度下，偏頗的發展結果，同時也是限制農村土地發展所促成的後果，值得國人重視，自由市場及政策干預其實都各有利弊，有待深入探討市場機能失靈及政策干預失靈的原因。至於緊接而來的後果則有農村不景氣、都市社會問題、環境污染、交通擁擠等，都是一些難以克服的難題，引起相當高的社會成本。

表 13-4 為歷年來各縣市的人口密度統計，亦即以當地人口總數除以土地面積而得，正如前面的分析結果，臺北市及高雄市兩直轄市之人口密度最高；五個省轄市（臺中市、嘉義市、臺南市、新竹市及基隆市）居其次；臺北縣、桃園縣及彰化縣再其次；臺東縣及花蓮縣人口密度最低，密度最高的臺北市是臺東縣的 140 倍，但臺北市近年來的人口密度已經飽和了，可見生活環境的緊迫也開始迫使人口向外遷移。

臺灣地區人口集中於北部區域，主要是由人口的社會移動所造成的，由於北部區域居民的平均每人所得比其他區域為高，因此，東部、中部和南部區域的農村人口，乃紛紛向北部區域集中，以致整個臺灣地區，只有北部區域成為人口的淨移入地區。

由於作為都市或工業使用的土地，往往比作為農業利用的土地價值高，因此在第二、三級產業部門比較發達的地區，許多農田經常轉變成

表 13-4　各縣市歷年來單位土地面積人口數　單位：人／平方公里

	87年單位面積人口數	88年單位面積人口數	89年單位面積人口數	90年單位面積人口數	91年單位面積人口數
臺北市	9,712.81	9,717.86	9,736.85	9,690.23	9,719.86
高雄市	9,520.02	9,605.97	9,703.98	9,729.35	9,827.35
臺北縣	1,685.51	1,710.50	1,738.26	1,758.90	1,774.09
宜蘭縣	217.21	216.92	217.01	217.29	216.51
桃園縣	1,352.21	1,385.22	1,419.07	1,443.92	1,468.20
新竹縣	299.79	303.84	308.01	312.62	317.09
苗栗縣	307.56	307.53	307.48	307.99	308.06
臺中縣	715.38	722.12	728.41	732.29	736.93
彰化縣	1,211.35	1,215.23	1,219.78	1,223.01	1,225.04
南投縣	132.93	132.48	131.88	131.94	131.82
雲林縣	580.24	578.11	575.88	576.03	575.44
嘉義縣	297.49	295.88	295.69	296.25	295.74
臺南縣	545.77	547.48	549.45	549.30	549.39
高雄縣	439.39	440.57	442.13	442.93	441.66
屏東縣	328.05	327.50	326.99	327.63	326.48
臺東縣	71.10	70.49	69.79	69.59	69.40
花蓮縣	77.04	76.85	76.40	76.30	76.08
澎湖縣	705.19	701.64	705.45	727.30	728.70
基隆市	2,878.29	2,901.51	2,925.79	2,944.93	2,948.58
新竹市	3,422.24	3,477.14	3,539.40	3,586.06	3,638.91
臺中市	5,615.94	5,755.46	5,909.66	6,019.22	6,098.84
嘉義市	4,382.30	4,416.60	4,434.49	4,464.65	4,463.21
臺南市	4,109.59	4,145.05	4,182.57	4,217.85	4,241.96

資料來源：同表 13-3。

商業、工業或住宅等用地，以致損失大量的綠地或開發空間，妨害生活環境的健康與舒適性。此外，工廠及人口聚集的區域，也因污染、擁擠

及自然資源的破壞等而使生活環境品質逐漸惡化。

　　基於第二、三級產業部門相對集中於北部區域的事實，政府應該要有均衡區域發展的公共政策，例如控制北部區域新設立的公共設施，盡量鼓勵其分散至其他區域，例如中正大學、嘉義大學、慈濟醫學院、東華大學、臺東大學、臺南大學之設立，不但對中部、南部及東部區域的學術及經濟發展有所裨益，同時亦有緩和人口向北部區域集中的作用；此外，改善與擴建區域間的運輸系統，亦具有均衡區域發展之功效，例如興建臺中港、蘇澳港、中山高速公路、北迴鐵路、鐵路電氣化、西部濱海公路、新中橫公路、第二高速公路等，以及目前推展的高速鐵路、航空站等，都有助於高密度發展區域，順利向低密度發展地區遷移，以平衡區域的發展。

　　除了增進發展緩慢地區之經濟發展條件外，改善生活與工作環境之品質，亦為促進人口合理分布與均衡發展的重要方法，因此都市計畫與生活圈的設計與落實，值得未來在政策擬定時多投入一些心力。

第三節　三大都會生活圈的發展

　　臺灣從第二次世界大戰的轟炸廢墟中，不但恢復了生機，更積極推動實施經濟建設計畫，然而在總體經濟的快速成長過程中，各區域的發展速度並不一致，而且至今還有擴大差距的趨勢。除了各區域的國內生產毛額有差距之外，平均每人所得的區域分布也不平均，各種條件皆以北部區域最優厚，而東部區域最差。根據前幾章的分析，國內生產毛額和平均每人所得的區域差異，顯然和第二、第三級產業部門相對集中於人口聚集的都會區域有關，因此正如前一節的分析，臺灣經濟發展不但有部門發展不均現象，並已造成區域發展的不均衡，而且只能高度集中

於三大都會圈，特別是臺北都會圈之現象。

　　就目前三大都會生活圈（臺北縣市、臺中縣市及高雄縣市）之居住狀況分析，可以發現三都會圈皆有趨向於高密度的趨勢，尤以臺北市、臺中市及高雄市為然。為了維護居住品質和促進人口與產業之均衡發展，在此三都市實施容積率管制已為刻不容緩的工作，否則便亟需隨時配合居住密度，修正公共設施之供應，才不致於降低居住品質。行政院經建會於民國七十九年進行三大都會生活圈的普查，從資料分析（表 13–5）可知，各地區（指鄉鎮市區）最迫切需要改善之公共設施種類，有地區性之差異，都會中心之都市以公園綠地不足、停車場不夠及改善噪音與髒亂污染為優先需求，離中心都市愈遠之地方則以交通不便、路況不良、醫藥設備不夠及市場太遠等問題之改善較迫切。可見都會圈雖為人們用腳投票的支持點，卻也有不少的缺點有待改進。

　　都會區（或其包含之六縣市）都有空屋率過高的問題，尤以臺中市達 26% 最嚴重。臺北縣、臺中縣及高雄市 16～17% 亦太高，臺北市及高雄縣亦有 12% 及 15%。以三都會區之住宅存量與家戶數比較，臺北縣與臺中市都已有住宅存量太多之問題，存量與家戶比分別為 1.11 及 1.26。臺北市則存量仍嫌不足，其比率為 0.96。至於臺中縣、高雄縣及高雄市則存量與家戶比為 1.0，即家戶數與住宅存量相當。未來住宅建設應密切配合區位需求，以免造成更多的空屋。

　　然而，完全配合住宅市場需求區位，恐將會重蹈新住宅過度集中於臺北都會圈之覆轍，故鄰近郊區或都會圈外圍地區之新住宅社區建設之潛力，值得仔細評估，才能有助於各地區之均衡發展。提升都會圈生活品質，須有多種住宅策略相配合，始能達成，如土地使用分區管制，房價或租金穩定策略，公共設施建設優先順序等，這些措施皆會影響目標達成的效率，故政府對於住宅政策之擬定，有必要結合各方面領域之專

家，並協調相關部門，強調相關措施之配合，進行系統規畫，才能擴大成功之效果。

表 13–5　三都會生活圈各鄉鎮市區公共設施需求項目

縣市別	鄉鎮別	公共設施需求前三項優先項目	鄉鎮別	公共設施需求前三項優先項目
臺北市	松山區	停車場所 (16%)、髒亂 (14%)、噪音污染 (12%)	文山區	噪音污染 (11%)、髒亂 (11%)、停車場所 (11%)
	大安區	停車場所 (18%)、髒亂 (15%)、噪音污染 (14%)	南港區	髒亂 (16%)、噪音污染 (14%)、停車場所 (9%)
	中正區	髒亂 (16%)、噪音污染 (15%)、停車場所 (14%)	內湖區	停車場所 (13%)、公園綠地不夠(13%)、髒亂 (12%)
	萬華區	髒亂 (20%)、噪音污染 (17%)、停車場所 (16%)	士林區	髒亂 (14%)、停車場所 (14%)、噪音污染 (12%)
	大同區	髒亂 (18%)、噪音污染 (15%)、停車場所 (15%)	北投區	髒亂 (12%) 停車場所 (11%)、噪音污染 (8%)
	中山區	髒亂 (18%)、停車場所 (15%)、噪音污染 (15%)	信義區	髒亂 (15%)、停車場所 (15%)、噪音污染 (11%)
臺北縣	板橋市	髒亂 (18%)、公園綠地不夠 (15%)、停車場所 (13%)	土城鄉	公園綠地不夠 (16%)、髒亂 (12%)、交通不方便 (9%)
	三重市	髒亂 (19%)、公園綠地不夠 (15%)、噪音污染 (12%)	蘆洲鄉	髒亂 (13%)、公園綠地不夠 (13%)、圖書館 (11%)
	永和市	公園綠地不夠 (21%)、停車場所 (20%)、髒亂 (14%)	五股鄉	公園綠地不夠 (15%)、停車場所 (13%)、髒亂 (12%)
	中和市	公園綠地不夠 (17%)、髒亂 (15%)、停車場所 (11%)	泰山鄉	交通不方便 (16%)、市場太遠 (14%)、髒亂 (9%)
	新店市	公園綠地不夠 (13%)、髒亂 (11%)、交通不方便 (10%)	林口鄉	交通不方便 (19%)、市場太遠 (13%)、髒亂 (12%)
	新莊市	公園綠地不夠 (18%)、髒亂 (17%)、停車場所 (11%)	深坑鄉	交通不方便 (27%)、就醫不方便 (19%)、路況不良 (15%)
	樹林鎮	公園綠地不夠 (14%)、交通不方便 (12%)、排水系統 (11%)	石碇鄉	就醫不方便 (24%)、交通不方便 (23%)、就學不方便(指國小及國中)(10%)
	鶯歌鎮	公園綠地不夠 (13%)、髒亂 (12%)、噪音污染 (10%)	坪林鄉	交通不方便 (19%)、就醫不方便 (12%)、市場太遠 (11%)
	三峽鎮	交通不方便 (11%)、排水系統 (10%)、路況不良 (9%)	三芝鄉	路況不良 (26%)、交通不方便 (22%)、市場太遠 (17%)
	淡水鎮	交通不方便 (12%)、公園綠地不夠 (12%)、市場太遠 (9%)	石門鄉	市場太遠 (19%)、交通不方便 (15%)、就醫不方便 (11%)
	汐止鎮	交通不方便 (15%)、路況不良 (14%)、髒亂 (11%)	八里鄉	交通不方便 (12%)、就醫不方便 (10%)、市場太遠 (10%)
	烏來鄉	就醫不方便 (21%)、交通不方便 (20%)、市場太遠 (13%)		

續表 13-5　三都會生活圈各鄉鎮市區公共設施需求項目

縣市別	鄉鎮別	公共設施需求前三項優先項目	鄉鎮別	公共設施需求前三項優先項目
高雄市	鹽埕區	公園綠地不夠 (16%)、停車場所 (15%)、髒亂 (11%)	前金區	停車場所 (18%)、公園綠地不夠(13%)、噪音污染 (12%)
	鼓山區	髒亂 (14%)、噪音污染 (10%)、停車場所 (9%)	苓雅區	停車場所 (17%)、公園綠地不夠(14%)、噪音污染 (13%)
	左營區	公園綠地不夠 (12%)、髒亂 (11%)、圖書館 (8%)	前鎮區	公園綠地不夠 (17%)、噪音污染 (14%)、髒亂 (14%)
	楠梓區	公園綠地不夠 (19%)、噪音污染 (11%)、圖書館 (10%)	旗津區	公園綠地不夠 (13%)、髒亂 (12%)、交通不方便 (11%)
	三民區	公園綠地不夠 (18%)、髒亂 (12%)、停車場所 (11%)	小港區	噪音污染 (19%)、公園綠地不夠 (13%)、髒亂 (13%)
	新興區	停車場所 (24%)、公園綠地不夠 (18%)、噪音污染 (13%)		
高雄縣	鳳山市	公園綠地不夠 (23%)、髒亂 (13%)、圖書館 (10%)	湖內鄉	排水系統 (16%)、公園綠地不夠(14%)、髒亂 (11%)
	岡山鎮	排水系統 (15%)、公園綠地不夠 (12%)、髒亂 (8%)	茄萣鄉	公園綠地不夠 (18%)、髒亂 (13%)、圖書館 (12%)
	旗山鎮	排水系統 (15%)、圖書館 (10%)、髒亂 (9%)	永安鄉	交通不方便 (16%)、排水系統 (15%)、市場太遠 (15%)
	美濃鎮	排水系統 (13%)、市場太遠 (13%)、交通不方便 (10%)	彌陀鄉	排水系統 (21%)、公園綠地不夠 (13%)、交通不方便 (11%)
	林園鄉	公園綠地不夠 (17%)、污染 (13%)、排水系統 (12%)	梓官鄉	公園綠地不夠 (15%)、排水系統(15%)、圖書館 (14%)
	大寮鄉	公園綠地不夠 (16%)、交通不方便 (10%)、髒亂 (10%)	六龜鄉	就醫不方便 (17%)、圖書館 (11%)、排水系統 (10%)
	大樹鄉	公園綠地不夠 (12%)、圖書館 (12%)、交通不方便 (10%)	甲仙鄉	就醫不方便 (24%)、市場太遠 (19%)、交通不方便 (15%)
	仁武鄉	交通不方便 (12%)、公園綠地不夠 (12%)、污染 (11%)	杉林鄉	交通不方便 (18%)、就醫不方便(17%)、市場太遠 (11%)
	大社鄉	污染 (16%)、公園綠地不夠 (12%)、髒亂 (11%)	內門鄉	交通不方便 (20%)、市場太遠 (14%)、就醫不方便 (13%)
	鳥松鄉	圖書館 (12%)、公園綠地不夠 (12%)、排水系統 (11%)	茂林鄉	交通不方便 (22%)、就醫不方便 (19%)、就學不方便 (指國小及國中)(9%)
	橋頭鄉	排水系統 (15%)、公園綠地不夠 (15%)、交通不方便 (9%)	桃源鄉	就醫不方便 (43%)、交通不方便 (19%)、路況不良 (8%)
	燕巢鄉	交通不方便 (12%)、排水系統 (10%)、路況不良 (9%)	三民鄉	就醫不方便 (31%)、交通不方便 (24%)、就學不方便 (指國小及國中) (17%)
	田寮鄉	交通不方便 (26%)、路況不良 (18%)、就醫不方便 (16%)		
	阿蓮鄉	髒亂 (13%)、公園綠地不夠 (10%)、社會風紀 (9%)		
	路竹鄉	公園綠地不夠 (15%)、排水系統 (11%)、交通不方便 (9%)		

續表 13–5　三都會生活圈各鄉鎮市區公共設施需求項目

縣市別	鄉鎮別	公共設施需求前三項優先項目	鄉鎮別	公共設施需求前三項優先項目
臺中市	中區	髒亂 (16%)、噪音污染 (15%)、社會風紀 (14%)	北區	停車場所 (15%)、髒亂 (12%)、噪音污染 (10%)
	東區	髒亂 (15%)、公園綠地不夠 (14%)、噪音污染 (12%)	西屯區	公園綠地不夠 (10%)、停車場所(10%)、髒亂 (10%)
	西區	停車場所 (15%)、髒亂 (11%)、社會風紀 (10%)	南屯區	公園綠地不夠 (14%)、交通不方便 (13%)、市場太遠 (8%)
	南區	公園綠地不夠 (13%)、噪音污染 (12%)、髒亂 (12%)	北屯區	公園綠地不夠 (14%)、圖書館 (10%)、髒亂 (9%)
臺中縣	豐原市	公園綠地不夠 (12%)、路況不良 (11%)、停車場所 (10%)	石岡鄉	交通不方便 (15%)、市場太遠 (14%)、就醫不方便 (11%)
	東勢鎮	交通不方便 (13%)、路況不良 (12%)、市場太遠 (8%)	外埔鄉	交通不方便 (15%)、市場太遠 (14%)、就醫不方便 (11%)
	大甲鎮	公園綠地不夠 (11%)、交通不方便 (11%)、市場太遠 (9%)	大安鄉	交通不方便 (20%)、市場太遠 (14%)、就醫不方便 (13%)
	清水鎮	交通不方便 (15%)、市場太遠 (14%)、排水系統 (9%)	烏日鄉	排水系統 (14%)、交通不方便 (12%)、路況不良 (12%)
	沙鹿鎮	市場太遠 (13%)、公園綠地不夠 (12%)、交通不方便 (11%)	大肚鄉	公園綠地不夠 (16%)、圖書館 (12%)、市場太遠 (10%)
	梧棲鎮	市場太遠 (13%)、排水系統 (11%)、交通不方便 (10%)	龍井鄉	交通不方便 (16%)、市場太遠 (14%)、髒亂 (11%)
	后里鄉	交通不方便 (14%)、路況不良 (10%)、排水系統 (8%)	霧峰鄉	交通不方便 (12%)、排水系統 (8%)、路況不良 (8%)
	神岡鄉	交通不方便 (12%)、路況不良 (11%)、圖書館 (10%)	太平鄉	公園綠地不夠 (14%)、排水系統 (14%)、路況不良 (12%)
	潭子鄉	公園綠地不夠 (14%)、路況不良 (11%)、交通不方便 (10%)	大里鄉	公園綠地不夠 (15%)、排水系統 (12%)、髒亂 (9%)
	大雅鄉	公園綠地不夠 (11%)、圖書館 (11%)、交通不方便 (10%)	和平鄉	就醫不方便 (31%)、交通不方便 (21%)、市場太遠 (13%)
	新社鄉	交通不方便 (10%)、就醫不方便 (16%)、市場太遠 (13%)		

資料來源：行政院經建會，《臺灣地區各生活圈居住需求之研究》，民國八十二年三月。

本章重點

1.臺灣很早即已展開國際貿易，從鹿皮、樟腦到米、糖、茶葉、木材等

的出口，均對臺灣經濟有相當明顯的影響。過去四十多年來臺灣之進出口金額統計，可以看到從早期的貿易入超（逆差），到民國六十年代已扭轉為出超（順差），並且逐年擴大順差，在 1986 及 1987 年達最高峰，表示臺灣經濟與國際經濟的關係越來越緊密連結在一起，並且競爭能力也不斷上升，表現成果相當豐碩。

2. 對外國際貿易的急速擴張，不但彌補了人口密度高與土地面積有限的弱點，更造就了今日高經濟水準的發展成果。因此，政府積極籌畫加入「世界貿易組織（WTO）」，以建立國際上的交流平臺，促進臺灣經濟升級。

3. 至於出口金額的年年成長則可代表臺灣經濟的國際競爭力一直在加強，才能在國際市場上取得商機，目前主要的出口產品按出口值的大小，主要是機械、電子、紡織、基本金屬、資訊及通訊等工業產品，以往資訊與通訊之出口值仍相當有限，而今日已成為世界市場的主要供給者。至於成衣、製鞋及玩具則昔日也佔重要地位，但今日已沒有那麼風光了，經濟發展所引發的產品結構改變的確是相當顯著。

4. 自民國四十二年開始，政府連續推動以四年為一期的經濟建設計畫，從民國四十一年到民國八十二年，國民生產毛額成長率大約達每年 11.90%，平均每人 GNP 由 196 美元增長為 10,566 美元，依據國際間一般的認知，每人 GNP 超過 8,000 美元時，即算邁入已開發國家，因此我國在國際社會中已具備躋身已開發國家之列的條件，政府也以已開發國家之身分，於 2002 年元月加入 WTO。

5. 由於農業部門的比重降低，原有農村的人口、資本及土地已開始流向非農業部門，而農村的一些基本設施如國民小學等，則有荒廢的現象；年輕、教育水準高的勞動力，已經離農離村，造成農村人口老化；資本也轉投資於非農業部門，農業發展所需資金，反而由政府去籌措了；至於土地由於轉用困難，故出現休耕、廢耕甚至違規使用的情形。

6. 臺北市的土地面積只有臺灣省的 7.6%，但其稅收比率佔全國三分之一；高雄市與臺北縣、桃園縣在稅收方面雖居其次，但是與臺北市之差距實在太大；其他縣市分別只佔 5% 以下；至於澎湖縣與臺東縣，分別各佔 0.1% 及 0.2%，可見就區域發展而言，臺北市不但是人口密集的超級大都市，而且其經濟（所得）影響力已經蔓延到臺北縣及桃園縣。

7. 歷年來各縣市的人口密度統計，臺北市及高雄市兩直轄市之人口密度最高；五個省轄市（臺中市、嘉義市、臺南市、新竹市及基隆市）居其次；臺北縣、桃園縣及彰化縣再其次；臺東縣及花蓮縣人口密度最低，密度最高的臺北市是臺東縣的 140 倍，但臺北市近年來的人口密度已經開始下降了，可見生活環境的飽和已開始迫使人口向外遷移了。

8. 作為都市或工業使用的土地，往往比作為農業利用的土地價值高，因此在第二、三級產業部門比較發達的地區，許多農田經常轉變成商業、工業或住宅等用地，以致損失大量的綠地或開發空間，妨害生活環境的健康與舒適性。此外，工廠及人口聚集的區域，也因污染、擁擠及自然資源的破壞等而使生活環境品質逐漸惡化。

9. 三大都會生活圈（臺北縣市、臺中縣市及高雄縣市）之居住狀況有趨向於高密度的趨勢，尤以臺北市、臺中市及高雄市為然。為了維護居住品質和促進人口與產業之均衡發展，在此三都市實施容積率管制已為刻不容緩的工作。三大都會生活圈最迫切需要改善之公共設施種類，有地區性之差異，都會中心之都市以公園綠地不足、停車場不夠及改善噪音與髒亂污染為優先需求，離中心都市愈遠之地方則以交通不便、路況不良、醫藥設備不夠及市場太遠等問題之改善較迫切。可見都會圈雖為人們用腳投票的支持點，卻也有不少的缺點有待改進。

本章習題

1. 經濟發展的目標是什麼？已開發國家與開發中國家有什麼不同？

2. 試說明為何政府要積極推動加入 GATT 或 WTO 等國際性經濟組織？

3. 試說明近十年來臺灣出口產品之結構性變化。

4. 試分析農業部門發展萎縮所造成的影響有那些？

5. 試說明臺灣區域發展不均衡的現象。

6. 為了保護農業而限制農林土地之利用，試分析其後果及影響。

7. 試說明臺灣各縣市之人口密度分布情形。

8. 試說明都市及工業化所造成生活環境的變化。

9. 要促成區域均衡發展，你認為政府應該怎麼做？

10. 試說明三大都會圈最迫切需要之公共設施種類有那些？

第 14 章

專題研究㈢：舉行「臺灣經濟地景」圖片展示

第一節　經濟地景的意義

經濟地景 (economic landscape) 即是指經濟活動造成的地理景觀或是天然的地理景觀所具有的經濟意義而言。地理景觀 (geographical landscape) 通常是指一個面積並不大的地理單元 (geographical unit)，而該地理單元又能足夠代表地表上某一種地理現象。例如一條河川、一座火山、一片森林、一個果園等都是一個地理單元，它們分別代表著不同的地理現象和意義。

地理景觀大致可分為兩大類：自然地景 (natural landscape) 與人造地景 (artificial landscape)。自然地景是指地球的自然營力塑造而成的地理現象，例如高緯度和高山上的冰雪地景，海洋塑造的海岸景觀，地殼運動造成的山脈地景，河流造成的河川地形等均屬之。人造地景則是相對於自然地景而言，是指凡是由人力建造完成之地理景觀均屬之，例如農田、都市、道路、工廠等。

第二節　臺灣的農產業地景

一、花蓮瑞穗舞鶴的北回歸線地標（照片 14-1）

　　北回歸線為北緯 23.5 度，它幾乎正穿過臺灣中部，通過花蓮縣瑞穗舞鶴、嘉義縣的吳鳳和太保、嘉義市、及澎湖縣等地。北回歸線南距赤道約 2,600 公里，北距北極約 7,400 公里，由於它距赤道較近，因此在北回歸線附近是屬於副熱帶氣候。在北回歸線附近，太陽常年在頭頂上空附近，因此太陽輻射強，年平均氣溫高。臺灣又位於亞洲大陸和太平洋之間，這種最大陸地和最大海洋之間的地理位置又造成了季風氣候。因此臺灣在緯度和海陸作用交互影響下，其氣候為副熱帶季風氣候。臺灣的氣候特徵為全年高溫，無明顯冬季，除東北沿海地區冬季有雨外，其他地區雨季明顯集中於 5 至 6 月的梅雨季及 7 至 9 月的颱風季。這種高溫、多雨又乾溼相當明顯的氣候對臺灣的產業、作物及各種經濟活動均影響極大。

二、臺南縣嘉南平原之水稻田（照片 14-2）

　　稻米是中國人的主要糧食之一。2003 年，全球稻米產量約 58,913 萬公噸，其中亞洲季風區即產 53,482 萬公噸，佔全球的 90%。稻米主要產於高溫多雨地區，在季風亞洲，包括臺灣、中國大陸的華中和華南、日本、中南半島各國、及印度等，人民幾乎都以米為主食，而且其生活方式和地理景觀也都與稻作有關，因此這個區域的文化又有「稻米文化」之稱。

照片 14–1　花蓮北回歸線地標

照片 14–2　嘉南平原水稻景觀

　　在 17 世紀以前，臺灣原住民並不知如何種稻，只是依靠原始農業為生。到明鄭時期，漢人來臺，臺灣才開始大規模種稻。清初，臺灣開發

以嘉南平原為中心，當時人口成長快速，需要糧食多，因而稻田面積增加非常快。後來日本人引進日本稻並加以改良，育成「蓬萊米」新品種，從此臺灣的稻米變成蓬萊米。臺灣光復以後，為了供應急速成長的人口所需之糧食，不但大量增產稻米，而且政府也積極改良稻米品種，並育成許多新品種。例如「良質米」(俗稱壽司米) 就因為品質優良、市價高、可增加農民收益，而獲得重視。

表 14-1　民國七十四至九十二年臺灣稻米收穫面積及產量

年（民國）	收穫面積（公頃）	稻穀產量（公噸）
74	536,678	2,749,848
75	531,561	2,496,510
76	501,492	2,402,477
77	471,065	2,331,916
78	457,454	2,355,243
79	454,266	2,283,670
80	428,802	2,311,638
81	397,150	2,069,880
82	390,927	2,232,933
83	365,837	2,061,403
84	363,479	2,071,968
85	347,762	1,930,897
86	364,212	2,041,843
87	357,687	1,859,157
88	353,065	1,916,305
89	339,601	1,906,057
90	331,619	1,723,895
91	306,840	1,803,187
92	272,124	1,648,275

資料來源：臺灣省政府農林廳 (1995)，《臺灣農業年報》；行政院農委會 (2004)，《92
　　　　　年農業統計年報》。

根據民國九十二年統計，臺灣稻穀總產量為 1,648,275 公噸，其中主

要分布於彰化縣、雲林縣、嘉義縣、臺中縣和臺南縣。上述五縣在民國九十二年之產量和高達1,128,221公噸，佔全臺灣 60% 以上。民國七十四至九十二年臺灣稻米收穫面積可參考上表 14-1。

由上表可知，臺灣的稻作面積及稻穀產量均日益減少中，其主要原因是外國食品進口臺灣，已使國人傳統的米食習慣有漸漸改變的趨勢。此外，臺灣的種稻規模也較小，因此其生產成本高，不經濟，因而在國際上其價格缺乏競爭力。

三、桃園縣楊梅的茶園（照片 14-3）

在荷蘭人來臺之前，臺灣的原住民已知用野生山茶製成茶湯飲用，但是對臺灣的茶葉事業影響不大。臺灣的茶業是在漢人來臺後，將福建的茶葉品種及製茶技術傳入才開始，在清朝嘉慶（1800 年）之前，臺灣的茶葉產量不大，僅分布在水沙連（今南投縣魚池）一帶較重要。到了道光年間（1850 年），臺北縣開始種植茶葉。至同治年間（1866 年），英國人在臺獎勵種茶，因而茶園種植日廣，其範圍已包括了臺北至彰化之丘陵地和臺地。當時臺茶主要外銷美國，而且在臺灣經濟中佔有極重要地位。例如 1894 年時，臺茶出口量為 15,400 公噸，其出口值佔當年臺灣出口總值之 56.4%。當時經營臺茶出口的外商大都集中在臺北的大稻埕，其中以寶順洋行 (Dodd & Co.)、德記洋行 (Tait & Co.)、怡記洋行 (Elles & Co.)、水陸洋行 (Brown & Co.) 及和記洋行 (Boyd & Co.) 五家最大，此外，還有 150 餘家本國人經營的茶行，由此可知當時茶葉之興盛景況。

但是近年來，由於臺茶生產成本高，在國際上已失去競爭力，因而轉往內銷。加上近年來，國人生活水準提高，日漸重視「茶道」，故內銷量和消費量日漸增加。根據統計，國人每人每年的茶葉消費量已由民國六十九

年的 0.34 公斤提高到民國八十九年的 1.28 公斤，增加了 3 倍以上。

　　臺灣產製的茶有綠茶、包種茶、烏龍茶、和紅茶等，其中以包種茶和烏龍茶為主，紅茶和綠茶為輔。臺灣的茶主產在臺灣北部和中部的丘陵地區，北部茶區以臺北縣、桃園縣、新竹縣、苗栗縣為主，中部以南投縣為主。民國七十四至九十二年臺灣的茶葉種植面積及產量可參考表14-2。

表 14-2　民國七十四至九十二年臺灣茶葉之種植面積及產量

年（民國）	種植面積（公頃）	產量（公噸）
74	26,328	23,203
75	26,389	23,890
76	24,571	25,578
77	25,595	23,557
78	23,914	22,130
79	24,315	22,299
80	23,864	21,380
81	22,620	20,164
82	22,934	20,515
83	21,439	24,485
84	21,554	20,892
85	21,223	23,131
86	21,199	23,505
87	20,659	22,641
88	20,222	21,119
89	19,701	20,349
90	18,938	19,837
91	19,342	20,345
92	19,310	20,675

資料來源：臺灣省政府農林廳 (1995)，《臺灣農業年報》；行政院農委會 (2004)，《92年農業統計年報》。

四、彰化縣八卦山的鳳梨田（照片 14-4）

　　臺灣是我國鳳梨主要產地。臺灣在荷蘭人來臺之前即有鳳梨栽培，當時之品種為本地種。在日據時期，再由夏威夷、菲律賓、和南洋地區引進改良種。目前臺灣的鳳梨主要有在來種、開英種及雜交種三大品系。在日據時期 1910 年時，臺灣的鳳梨種植僅有 950 公頃；到 1937 年時，鳳梨種植面積急速擴大到 10,392 公頃。臺灣光復後，政府革新栽培技術，在民國六十三年時，鳳梨種植面積再擴大到 16,778 公頃。當時鳳梨除內銷外，尚製成罐頭外銷日本、美國和歐洲等地。在民國五十年時，其出口量曾高達 52,469 公噸，其出口值佔當時我國總出口值的 5.25%。但是由於東南亞及非洲新興國家亦致力發展鳳梨罐頭加工業，再加上我國土地及勞工成本太高，因而鳳梨出口量日益減少。到民國七十九年時，我國鳳梨罐頭的出口量僅 182 公噸，反觀民國五十九年時，鳳梨罐頭的出口量高達 58,072 公噸。在二十年間，我國鳳梨罐頭出口數量已減少了 99.7%，因而鳳梨的種植已趨於沒落。

　　臺灣鳳梨主要產於屏東縣、臺南縣及高雄縣等山坡地地區。根據民國九十二年統計，臺灣地區鳳梨之總種植面積為 11,402 公頃，而上述三縣之種植面積即達 7,278 公頃，約佔全臺灣之 2/3。民國七十四至九十二年臺灣的鳳梨種植面積及產量可參考表 14-3。

照片 14-3　桃園的茶園

照片 14-4　彰化八卦山之鳳梨田

表 14-3　民國七十四至九十二年臺灣之鳳梨種植面積及產量

年（民國）	種植面積（公頃）	產量（公噸）
74	5,352	149,745
75	6,275	157,941
76	6,545	193,337
77	7,580	228,127
78	7,304	230,738
79	7,382	234,629
80	7,525	241,477
81	7,472	226,279
82	7,794	277,263
83	7,511	252,234
84	7,360	256,421
85	7,499	274,113
86	7,798	300,686
87	8,349	316,507
88	8,973	348,450
89	9,546	357,535
90	10,273	388,691
91	10,460	416,280
92	11,402	447,807

資料來源：臺灣省政府農林廳 (1995)，《臺灣農業年報》；行政院農委會 (2004)，《92 年農業統計年報》。

五、花蓮縣花東縱谷的甘蔗園（照片 14-5）

臺灣種植甘蔗已有悠久歷史，在荷蘭人佔領臺灣時，荷人曾獎勵種植甘蔗，並輸出蔗糖。在清朝時，臺灣的甘蔗種植還是相當粗放，當時製糖的動力是牲畜，器具是石臼，因此效率低，蔗汁的榨取率也不高，其剩下的蔗粕均做為燃料。到了清朝道光年間（1833 年），臺糖開始輸出，主要市場為中國大陸和日本。到咸豐年間（1856 年），臺糖輸出中國大陸華北之量為 96,000 公噸。不久美國的羅賓納脫 (Robinet) 公司在打狗（今高雄）

開始經營臺糖輸出工作。到 1860 年，臺灣開放通商口岸，於是外商紛紛在安平（今臺南）和打狗開設洋行，從事蔗糖輸出工作，從此臺糖業務欣欣向榮。到光緒年間（1894 年），臺糖輸出量為 73,566 公噸，其出口值佔當年臺灣出口總值的 26.2%，輸出地區主要是中國大陸和日本。

照片 14–5　花蓮縣的甘蔗園

　　日據時代，日本政府建立現代化糖業，鼓勵財閥投資，並訂定許多制度以促進甘蔗生產並輸往日本。因此在當時糖業發展極快，已經與稻米並列為臺灣經濟兩大支柱。例如在 1939 年時，臺灣蔗糖產量曾高達137.4 萬公噸，其中 95% 均輸出日本。

　　臺灣光復初期，當時由於日、港、東南亞及中東等市場均需要臺糖，因而臺灣糖業復甦極快。在民國四十年以前，臺糖的外匯收入達到外匯總收入的 70～80%，但是在民國四十二年以後，由於國際糖價走低，從此臺糖在我國歷年出口中逐漸下降。目前更由於製糖成本升高，臺糖已無法和開發中國家競爭，因而臺糖經營也日漸困難。

　　根據民國九十二年統計，臺灣甘蔗種植面積為 23,027 公頃，主要分布於臺南縣、雲林縣、嘉義縣、屏東縣、高雄縣和彰化縣。上述六縣的種植面積共 20,860 公頃，佔全臺灣總種植面積的 90%。民國七十四至九十二年臺灣的甘蔗種植面積及產量可參考表 14-4。

表 14-4　民國七十四至九十二年臺灣甘蔗的種植面積及產量

年（民國）	種植面積（公頃）	產糖量（公頓）
74	83,183	671,331
75	64,573	578,019
76	63,500	484,428
77	71,472	592,657
78	67,750	626,459
79	65,909	479,083
80	60,588	410,069
81	62,343	477,342
82	62,307	399,069
83	60,776	467,868
84	58,525	408,093
85	52,348	391,544
86	48,231	347,683
87	45,829	311,699
88	40,709	276,409
89	37,364	259,471
90	32,033	188,862
91	27,814	171,962
92	23,027	151,043

資料來源：臺灣省政府農林廳 (1995)，《臺灣農業年報》；行政院農委會 (2004)，《92 年農業統計年報》。

六、花蓮縣中央山脈山坡地之檳榔園（照片 14-6）

　　在一百多年前，臺灣人民即已吃檳榔。到了日據時代，日本人曾嚴
厲禁止吃檳榔，但是臺灣光復後，吃檳榔的習慣又再恢復。早期在民間
的訂婚禮中，檳榔是必備的禮品，這是取其果實纍纍，象徵多子多孫之
意。最近幾年，吃檳榔的風氣愈發盛行，檳榔已變成「臺灣的口香糖」。

　　檳榔又稱為賓門、國馬、青仔、椰玉、檳楠、或檳榔子。檳榔樹性
喜高溫、潮溼、在年平均溫度 25～30 ℃、年雨量 1,600～2,400 公釐、且
陽光充足的地方，生長發育良好。

照片 14-6　花蓮山坡地上之檳榔園

　　臺灣檳榔的種植面積在民國五十二年以前，不到 1,200 公頃；到民
國六十七年，檳榔之種植面積增加了 1 倍，達到 2,448 公頃；到民國七
十五年，全省檳榔種植面積超過 10,000 公頃，為民國五十二年之 9.4 倍；
到民國七十七年，檳榔種植面積超過 20,000 公頃，為民國五十二年之 20

倍；到民國七十九年，檳榔種植面積更超過 35,000 公頃，為民國五十二年之 30 倍；到民國九十二年時，全省檳榔種植面積已高達 52,000 公頃，為民國五十二年之 44 倍。由此可知臺灣地區的檳榔種植面積在過去四十年間成長了 40 倍以上。檳榔歷年之種植面積與成長倍數，請參考表 14-5。

表 14-5　臺灣歷年檳榔的種植面積及成長倍數

年（民國）	種植面積（公頃）	成長倍數
52	1,175	1.0
53	1,257	1.1
54	1,391	1.2
55	1,362	1.2
56	1,403	1.2
57	1,470	1.3
58	1,523	1.3
59	1,533	1.3
60	1,607	1.4
61	1,597	1.4
62	1,474	1.3
63	1,685	1.4
64	1,735	1.5
65	1,878	1.6
66	2,110	1.8
67	2,448	2.1
68	2,840	2.4
69	3,354	2.9
70	4,100	3.5
71	4,428	3.8
72	5,772	4.9
73	6,936	5.9
74	8,902	7.6
75	11,061	9.4
76	15,521	13.2
77	24,266	20.7

78	33,487	28.5
79	35,760	30.4
80	39,659	33.8
81	41,535	35.4
82	44,671	38.0
83	47,203	40.2
84	54,534	46.4
85	56,581	48.2
86	56,542	48.1
87	56,111	47.8
88	56,593	48.2
89	55,601	47.3
90	54,005	46.0
91	53,272	45.3
92	52,767	44.9

資料來源：臺灣省政府農林廳 (1995)，《臺灣農業年報》；行政院農委會 (2004)，《92 年農業統計年報》。

　　根據民國九十二年統計資料，臺灣地區種植檳榔面積最大的是南投縣，面積達 16,519 公頃，佔全臺灣檳榔種植總面積的 31%；其次是屏東縣，種植面積為 14,659 公頃，佔全臺灣的 28%；第三是嘉義縣，為 8,968 公頃，佔全臺灣的 17%；第四是花蓮縣，為 4,562 公頃，佔全臺灣的 9%。合計這四個縣，檳榔種植的面積已高達全臺灣總檳榔種植面積的 85%。

第三節　臺灣的林、漁、牧、礦等業地景

一、臺灣的森林（照片 14-7）

　　人類很早以前就知道利用森林來製造房屋、傢俱、燃料、及造紙。目前更知有露營、登山、和觀賞等遊憩用途。所謂森林主要是指天然森

林而言，森林對地球的生態環境極有益處，森林一向有「地球的肺」之稱，主要原因是森林可以調節碳、氮和氧的循環。森林還可以調節溫度和降水，其根部又可以固著土壤，防止土壤流失，而且涵養水源，所以森林又有「綠色水庫」之稱。森林也是許多野生動物的棲息地，可以維持大量的物種多樣性。

　　臺灣因位於副熱帶，降雨豐沛，且 3,000 公尺以上的高山甚多，因而溫度的垂直變化大，故從平地到高山，包含有熱帶、副熱帶、溫帶、和寒帶等各種森林資源。在民國九十二年底，全臺灣林地面積為 2,102,400 公頃，佔全臺灣土地面積的 58.5%。其中針葉樹林有 438,500 公頃，佔全部林地面積的 20.9%；針葉闊葉混合林有 391,200 公頃，佔 18.6%；闊葉樹林面積最大，為 1,120,400 公頃，佔 53.4%；竹林最少，約為 152,300 公頃，佔 7.2%。

照片 14-7　臺灣的副熱帶森林

　　民國四十四年，臺灣實施第一次森林資源調查，其後森林面積及蓄積量的變化請參閱表 14-6。由表可知，從民國六十五年到民國八十年間全省林地面積在減少，這是因為人口增加，經濟繁榮，大量開發森林，供做別種土地利用的結果。臺灣林地面積在民國八十年後已略有增加，這乃是國人開始重視森林的生態功能，相關單位也不再輕易開發林地轉供別種土地利用之故。

表 14-6　全省森林之面積及蓄積量的變化

年（民國）	面積（公頃）	佔全臺灣面積 (%)
44	1,969,500	54.7
50	2,117,420	58.8
65	2,224,472	61.8
80	1,846,970	51.3
83	1,866,208	51.8
92	2,102,400	58.5

資料來源：臺灣省政府農林廳 (1995)，《臺灣農業年報》；行政院農委會 (2004)，《92年農業統計年報》。

二、嘉義縣沿海之魚塭景觀（照片 14-8）

　　魚塭大多是用泥土或水泥配合紅磚圍築形成之池塘，漁民在其中飼養魚、蝦及貝類等。臺灣的魚塭主要分布於彰化縣大肚溪以南一直到屏東沿海一帶，其中以彰化、雲林、嘉義和臺南四縣沿海地區面積最大。

　　臺灣沿岸地區的養殖漁業基本上除上述魚塭式養殖業外，尚有下列三種：(1)利用潮汐灘地或河口經營之養殖業，這是無固定設施的一種養殖業，大多為水平懸掛式或垂直豎竿式之牡蠣養殖，主要分布於新竹縣香山、彰化縣大肚溪以南至高雄之間的沿海地區；(2)利用海蝕平臺經營之半開放式養殖業，這是利用潮水變化來從事九孔、貝類、石斑、及斑

節蝦等之養殖，主要分布在東北角海岸地區；⑶利用淺海水域經營海洋牧場，這是將淺海水域分成上、中、下三層海水，分別經營漁業，其底層是設置人工魚礁，中層和上層是用懸掛式和浮沈式箱網養殖。目前漁業局已在基隆、新竹等地設置了許多人工魚礁區進行漁業資源之培育計畫。民國七十四至九十二年臺灣海面養殖及內陸養殖業之數量可參考表14-7。

照片 14-8　　嘉義沿海的漁塭

表 14-7　　民國七十四至九十二年臺灣養殖業之數量

年（民國）	海面養殖（公噸）	內陸養殖（公噸）
74	36,067	214,668
75	28,266	237,846
76	29,520	275,908
77	34,617	266,357
78	37,074	212,681
79	36,507	307,756
80	31,192	260,693

81	33,958	227,690
82	35,105	250,170
83	33,185	254,780
84	33,230	253,404
85	34,889	237,636
86	31,354	238,835
87	26,033	229,132
88	24,035	239,034
89	28,282	228,117
90	26,763	286,018
91	28,729	317,939
92	34,386	330,348

資料來源：臺灣省政府農林廳 (1995)，《臺灣農業年報》；行政院農委會 (2004)，《92
年農業統計年報》。

三、臺北市陽明山的擎天崗牧場（照片 14-9）

在日據時期，臺灣的商人即已自日本引進乳牛，生產牛乳，但當時的牧場設備相當簡陋，而且產量也少。臺灣光復後，在民國四十六年，政府開始推廣酪農業。初期最先在桃園、楊梅和平鎮等地推廣實驗，然後再擴大至臺北、新竹等縣。民國六十一年，政府為加速農村經濟建設，更積極推廣酪農業，於是在淡水、大園、楊梅、寶山、香山、苗栗等 20 個地方成立乳牛專業區。到民國八十三年，全臺灣已有 36 個乳牛專業區。因為酪農業受市場因素影響極大，所以臺灣的牧場均在臺灣的西部丘陵和臺地地區。臺灣的酪農業在過去幾十年中，一直呈現穩定的上升發展，主要原因是政府長期的保護政策及人民生活水準的提高所致。民國七十四至九十二年臺灣乳牛的成長情形可參考表 14-8。

表 14-8　民國七十四至九十二年臺灣的乳牛頭數及牛乳產量

年（民國）	乳牛頭數（頭）	牛乳量（公噸）
74	22,752	87,879
75	27,309	109,723
76	33,986	144,390
77	40,140	173,407
78	44,926	182,421
79	46,342	203,830
80	49,433	225,656
81	53,295	246,281
82	57,652	278,476
83	58,812	289,574
84	66,377	317,806
85	62,846	315,927
86	65,284	330,469
87	66,514	338,369
88	66,175	338,005
89	66,140	358,049
90	65,125	345,970
91	64,517	357,804
92	59,467	354,421

資料來源：臺灣省政府農林廳 (1995)，《臺灣農業年報》；行政院農委會 (2004)，《92 年農業統計年報》。

四、臺南縣沿海地區的鹽田（照片 14-10）

　　鹽是日常生活中不可缺少的物質。臺灣產鹽的歷史已相當悠久，目前臺灣生產的鹽包括粗鹽、洗滌鹽、精鹽及各種調味鹽。臺灣的鹽主要產於苗栗、嘉義及臺南三縣沿海的布袋、七股及北門等鄉鎮，這主要是當地的日照長、雨日及雨量少之故。

　　就民國九十一年統計，臺灣的鹽產量共有 246,998 公噸，其中以粗鹽和洗滌鹽為最重要，共佔全部鹽的 75%。粗鹽係日曬法所製之鹽，是

供給農、漁和工業之用。洗滌鹽則經過洗滌鹽工廠洗滌後所製成之鹽，是供應食品加工業之用。我們日常生活所用之鹽是精鹽，係經電透析精鹽廠加工後所製成的鹽。臺灣過去鹽的生產量可參考表 14–9。

表 14–9　臺灣鹽的生產量

年（民國）	產量（公噸）
34	90,222
40	284,252
45	328,506
50	434,879
55	411,089
60	669,692
65	496,873
70	517,825
75	357,309
80	424,057
81	268,167
82	390,174
83	414,359
84	426,211
85	460,515
86	－
87	200,069
88	292,403
89	272,790
90	252,613
91	246,998

資料來源：行政院經濟部 (2004)，《經濟統計年報》。

照片 14–9　陽明山擎天崗牧場

照片 14–10　臺南的鹽田

五、宜蘭縣蘇澳附近之採石場（照片 14–11）

　　臺灣地區因為位於歐亞大陸板塊和菲律賓海板塊之間，在受到兩板塊的擠壓下，產生地質變質作用，因而原先的石炭岩變質形成大理石。大理石主要成分是碳酸鈣和碳酸鎂。當它發生變質作用時，因為受到巨大壓力，乃變成可流動性的岩石，因此產生大理石中的帶狀紋路。大理石是良好的建築材料，也可做為藝術雕刻品。

　　臺灣大理石主要產地為花蓮縣和宜蘭縣，除做為建材外，尚為製造水泥之原料。根據民國九十二年之統計，臺灣大理石之產量約 2,105 萬公噸，其中花蓮縣產 1,797 萬餘公噸，佔全臺灣總量的 85%；宜蘭縣產 310 萬餘公噸，佔全臺灣產量之 15%。臺灣過去大理石之產量可參考表 14–10。

表 14–10　臺灣過去大理石之產量

年（民國）	產量（公噸）
38	17,520
40	262,566
45	490,644
50	718,606
55	1,121,877
60	1,510,134
65	3,274,173
70	8,598,649
75	10,259,483
80	11,837,479
81	14,604,177
82	17,712,508
83	17,740,499
84	16,974,726

85	17,527,940
86	18,071,024
87	17,519,017
88	17,755,220
89	17,831,591
90	20,475,479
91	23,754,160
92	21,047,487

資料來源：行政院經濟部 (2004)，《經濟統計年報》。

第四節　臺灣的能源、工業及都市地景

一、桃園縣大漢溪上游之石門水庫（照片 14–12）

石門水庫位於桃園縣石門之淡水河支流大漢溪上游，是一個具有灌溉、發電、公共給水、防洪和觀光等多目標的水庫。石門水庫興建於民國四十五年，至民國五十三年完工，其水庫總容量為 30,912 萬立方公尺，為臺灣第三大水庫（第一為曾文水庫，水庫總容量為 70,800 萬立方公尺；第二為翡翠水庫，水庫總容量為 40,600 萬立方公尺）。

石門水庫之發電裝機容量為 9 萬瓩，計畫年發電量為 2.1 億度。若就發電裝機容量而言，臺灣最大的水庫發電量為青山水庫（36 萬瓩）、德基水庫（23.4 萬瓩）和谷關水庫（18 萬瓩）。水力是沒有環境污染之虞的能源，因此有「白煤」之稱。而且水力能源又是可再生能源，可取之不盡和用之不竭，因此大家應該要保護水庫，使其永續營運。

臺灣水力發電在過去三十年間成長了 2 倍。在民國九十二年時，水力發電量為 68.6 億度，佔全臺灣總發電量 1,738.1 億度之 3.9%（表 14–11）。

照片 14–11　宜蘭蘇澳的採石場

圖 14–12　桃園縣的石門水庫

二、臺中縣臺中港火力發電廠（照片 14–13）

　　臺中火力發電廠位於臺中港工業區之南和大肚溪出海口之北，裝置燃煤機組 8 座，氣渦輪機組 4 座，發電裝機容量為 468 萬瓩。火力發電是將燃料（指煤、石油、和天然氣等化石燃料）燃燒產生熱能，再將熱能轉變成機械能，然後運轉發電機產生電能的發電方式。

　　目前我國的電力供應主要以火力發電為主，在民國九十二年之發電量中，臺電及民營的火力發電即佔總發電量之 74.5%。目前我國共有超過 30 所火力發電廠，其中臺電最主要的 10 所火力發電廠為深澳、協和、林口、通霄、臺中、興達、南部、大林、澎湖和尖山等火力發電廠。我國的火力發電量可參考下表 14–11。

表 14–11　我國的水火力及核能發電量　　　　單位：億度

年（民國）發電項目	62	72	82	92	成長倍數（62 年至 92 年）
1.水　力	33.4	49.9	67.2	68.6	2.1
2.火　力	179.3	235.1	635.6	1,295.7	7.2
3.核　能		189.0	343.5	373.7	2.0（72 至 92 年間）
總發電量	213.3	474.7	1,046.4	1,738.1	8.1

資料來源：臺灣電力公司 (1994)，《中華民國 83 年電力報告書》；臺灣電力公司 (2004)，《臺灣電力公司九十二年年報》。

三、臺北縣萬里第二核能發電廠（照片 14–14）

　　第二核能發電廠簡稱為核二廠，位於臺灣北端臺北縣萬里鄉，目前裝置 2 部機組，容量為 98.5 萬瓩，是臺灣電力供應系統中裝置容量最大

照片 14-13　臺中港的火力發電廠

照片 14-14　臺北縣萬里的核二廠

的發電機組。核能發電係利用熱中子撞擊核燃料鈾–235，使之分裂釋放出大量能量，將冷卻水加熱變成蒸汽，再使發電機產生電力的發電方式。

　　我國於民國五十九年興建第一座核能發電廠，目前我國已有三座核能發電廠在運轉。至民國九十二年底，三座核電廠之年發電量為 373.7 億度，佔全臺灣總發電量之 21.5%。我國為因應經濟快速成長，維持電力供應，因而又計畫興建第四座核能發電廠（核四廠），依民國九十三年六月之工程進度估計，將於民國九十八年全部完工。我國的核能發電量可參考表 14–11。

四、高雄市楠梓加工出口區中的標準廠房（照片 14–15）

　　民國五十四年，我國的人口成長率高，加上美國對我國的經濟援助又停止，因此當時我國經濟情勢相當艱困。政府為了經濟自主，解決人口勞力過剩，增加就業機會，並拓展外銷，賺取外匯，於是在民國五十五年十二月在高雄市前鎮的中島新生地設立加工出口區，這是我國第一個加工出口區。後來由於發展快速，投資踴躍，因而很快即達到飽和，於是政府又於民國五十八年一月成立楠梓加工出口區，並於五十八年八月再成立臺中加工出口區。

　　加工出口區中設有標準廠房，以供各類事業使用。除標準廠房外，加工出口區中尚設有銀行、郵局、海關、稅捐稽徵處、及就業輔導處等以服務各出口事業單位。目前加工出口區中之主要出口事業有：精密器械製造業、電子機械器材製造業、化學製品製造業、食品製造業、成衣製造業、國際貿易業、和資訊服務業等。

　　根據民國九十一年之統計，高雄加工出口區共有外銷事業 81 家，投資金額為 8.75 億美金；楠梓加工出口區核准設廠者為 95 家，投資金額

為 28.68 億美金；臺中加工出口區核准設廠者為 40 家，投資金額為 6.41 億美金。

五、高雄市前鎮的石化工業（照片 14-16）

石化工業是以石油或天然氣為原料，將其製成各種化學品之工業。若依原料之性質分類，可分為烷烴類、烯烴類和芳香烴類等；若按產品用途分類，可分為塑膠類、橡膠類、合成纖維類、添加劑類等；若照製造層次分類，則可分為上、中、下游。石化工業的上游是以生產石化基本原料為主；中游是以上游基本原料為進料，再經過各種製造程序生產合成橡膠、纖維等中間原料；下游則是以石化工業的中間原料再加工製成各種消費產品為主。

我國石化工業開始於民國四十六年，當時臺灣塑膠公司的 PVC 工廠開工，至民國五十七年一輕興建完成，開始生產乙烯和丙烯。民國六十二年中國石油公司興建乙烷裂解工廠。接著民國六十四年和六十七年，又分別完成二輕和三輕，從此我國石化工業的上、中、下游一貫體系已粗具規模。民國七十三年，四輕也完成，使我國乙烯的產量排名到世界第十二位。民國八十三年，五輕興建完成，而臺灣塑膠公司提出的六輕興建計畫，亦於民國八十七年起陸續完工生產，使我國石油化學工業又向前邁進一大步。

石化工業一直在我國產業中具有重要地位，自民國七十四年至七十八年間，其生產值佔我國製造業生產總值之 30% 以上，而且從事石化工業的就業人口約 150 萬人。但是在民國七十八年以後，由於石化工業的國際行情大跌，經濟景氣低迷，再加上環境保護意識高漲，及建廠土地取得困難等因素，因此使得我國的石化工業開始出現衰退現象。茲以乙烯為例，其民國七十年至九十二年間的產量可參考表 14-12。

圖 14–15　楠梓加工出口區的標準廠房

圖 14–16　高雄前鎮的石化工業

表 14–12　我國乙烯的產量

年（民國）	產量（公噸）
70	442,591
71	451,823
72	499,033
73	659,657
74	792,483
75	868,113
76	822,577
77	851,544
78	765,931
79	775,662
80	709,173
81	733,895
82	742,143
83	888,891
84	847,381
85	905,383
86	959,391
87	935,209
88	1,296,838
89	1,591,671
90	2,580,390
91	2,393,278
92	2,674,789

資料來源：行政院經建會 (1992)，《自由中國之工業》；行政院經濟部 (2004)，《工業生產統計月報》。

六、臺北市西門商業區景觀（照片 14–17）

臺北市是臺灣地區第一大都市。都市是較大的貿易中心，其都市機能是以服務業為主，包括商業、政府機關、醫院、學校、戲院與銀行等。

服務業的特徵就是集中，所以商店集中乃產生商業區，學校與政府機關集中產生文教區，住家集中產生住宅區等。

臺北市西門商業區是一較有歷史的古老商業區。其發展可溯及清朝時代，康熙時福建泉州人來臺，先到新莊，後到萬華，這是臺北市的開拓時期。到雍正時期，臺北市淡水河東岸已成沙帽廚社（今貴陽街與環河南路一帶），此為臺北市最早的市街。光緒年代，設臺北府於今日的城中區，此為「臺北」之名的由來，其意義係指臺灣的北部之意。光緒十年，劉銘傳為臺灣巡撫時，又大力建設，才使西門商業區初具規模。

日本佔領臺灣後，其建設大都亦集中此區，不但建築宏偉，而且重要行政和金融機構亦集中在此，因此在今天的衡陽路一帶形成為日據時代的「榮町」。不過西門商業區卻因為土地狹小、建築物老舊、交通擁擠、及黑社會介入，已使其環境品質日趨惡化，因而呈現衰落現象。臺北的新興商業中心已漸漸轉移至忠孝東路的東區商業區。後來經政府的大力整頓及規劃，使西門商業區得以呈現嶄新的面貌。

照片 14-17　臺北市西門商業區

本章重點

1. 經濟地景即是指經濟活動造成的地理景觀或是天然的地理景觀所具有的經濟意義而言。

2. 地理景觀通常是指一個面積並不大的地理單元，而該地理單元又能足夠代表地表上某一種地理現象。

3. 地理景觀大致可分為兩大類：自然地景與人造地景。自然地景是指地球的自然營力塑造而成的地理現象，例如冰雪地景、海岸景觀等均屬之。人造地景則是相對於自然地景而言，是指凡是由人力建造完成之地理景觀均屬之，例如農田、都市等。

4. 北回歸線為北緯 23.5 度，它幾乎正穿過臺灣中部，臺灣又位於亞洲大陸和太平洋之間，因此臺灣在緯度和海陸作用交互影響下，其氣候為副熱帶季風氣候。特徵為高溫、多雨又乾溼相當明顯，這種氣候對臺灣的產業、作物及各種經濟活動均影響極大。

5. 稻米是中國人的主要糧食之一。稻米主要產於高溫多雨地區，在季風亞洲，人民幾乎都以米為主食，而且其生活方式和地理景觀也都與稻作有關，因此這個區域的文化又有「稻米文化」之稱。

6. 臺灣的茶主產在臺灣北部和中部的丘陵地區，北部茶區以臺北縣、桃園縣、新竹縣、苗栗縣為主，中部以南投縣為主。

7. 臺灣種植甘蔗已有悠久歷史，臺灣在光復初期，由於日、港、東南亞及中東等市場均需要臺糖，因而臺灣糖業發展極快，在民國四十年以前，臺糖的外匯收入達到外匯總收入的 70～80%。

8. 最近幾年，吃檳榔的風氣愈發盛行，檳榔已變成「臺灣的口香糖」。臺灣檳榔的種植面積在民國五十二年以前，不到 1,200 公頃；到民國九十二年時，檳榔種植面積已高達 5 萬 2 千公頃，為民國五十二年之 44

倍。

9. 臺灣的魚塭主要分布於彰化縣大肚溪以南一直到屏東沿海一帶，其中以彰化、雲林、嘉義和臺南四縣沿海地區面積最大。

10. 目前我國的電力供應主要以火力發電為主，在民國九十二年之發電量中，火力發電即佔總發電量之 74.5%。

11. 我國於民國五十九年興建第一座核能發電廠，目前我國已有三座核能發電廠在運轉。至民國八十二年底，三座核電廠之年發電量為 343 億 5,400 萬度，佔全臺灣總發電量之 32.8%。目前我國因為經濟快速成長，政府為維持電力供應，因而又計畫興建第四座核能發電廠。

12. 臺北市是臺灣地區第一大都市。都市是較大的貿易中心，其都市機能是以服務業為主，包括商業、政府機關、醫院、學校、戲院與銀行等。臺北市西門商業區是一較有歷史的古老商業區。不過西門商業區卻因環境品質日趨惡化，而呈現衰落現象。臺北的新興商業中心已漸漸轉移至忠孝東路的東區商業區。後來經政府的大力整頓及規劃，使西門商業區得以呈現嶄新的面貌。

本章習題

1. 說明經濟地景的意義。

2. 拍攝一種蔬菜的地景照片，並探討其意義。

3. 拍攝一種果品的地景照片，並探討其意義。

4. 拍攝一種家禽的地景照片，並探討其意義。

5. 拍攝一種製造業的地景照片，並探討其意義。

6. 拍攝一種運輸系統的地景照片，並探討其意義。

第 15 章

專題研究㈣：產業外移中國大陸對臺灣經濟的影響

第一節　臺灣產業為何外移中國大陸

一、臺商追求利潤與躲避風險

　　早在 1950 年代初期，即有臺商申請赴海外投資。根據經濟部的資料，從 1952 年至 2000 年，一共核准臺商赴外投資 6,817 件，金額為 269.6 億美元。

　　臺商赴海外投資的理由很多，表現出來的投資行為可以發現基本上是風險躲避與追求利潤極大化。在風險躲避的行為方面，通常臺商面臨發展瓶頸，必需在⑴投入大量資金進行研發以提升競爭力，或是⑵整廠移到可以降低成本的地方繼續生產，兩者重大決策之間擇一時，通常選擇⑵的廠商較多。其理由主要是因為投資研究發明，雖然一旦成功，可以獲得相當高的報酬率，但是成功率相對上也比較低。所以，除非企業經營者是風險愛好者或是對風險高或低均無所謂者，否則一般都是會避開選擇高風險高報酬或高風險低報酬的項目。

　　在追求利潤極大化方面，通常廠商從事多角化經營或是跨國經營時，都會遵從邊際報酬均等的原則。在從事多角化經營時，廠商對每項產品的投資增加或減少，基本考量是每項投資所產生的邊際報酬是否達到一

致。如果有某一項產品的邊際報酬仍然高於其他產品，廠商會繼續增加該項產品的投資，一直到這項產品的邊際報酬因為投資增加而逐漸降低到與其他產品的邊際報酬相等為止。同樣地在進行跨國投資經營，也是會投資到每個地區所產生的邊際報酬都相等時為止。只要有某個地方的投資邊際報酬高於其他地方，就會吸引廠商繼續增加對當地的投資。

　　臺灣雖然以中小企業為主體，但是 1980 年代中葉以來，前往中國大陸投資的行為，基本上也是出於風險躲避和利潤極大化的心理，1980 年代初期臺灣的勞動成本與土地使用費，相對於東南亞國家顯然偏高。廠商面臨在臺灣從事產業升級或者整廠外移東南亞的抉擇時，不少廠商選擇後者。等到 1980 年代中葉，中國大陸對外開放情勢穩定，勞動成本和土地使用費相對上比東南亞地區偏低時，開始有些在東南亞投資的台商，沒有等待政府核准，即將整廠設備移往中國大陸的珠江三角洲一帶從事生產。等到政府開放赴中國大陸探親，尋找投資機會的商務考察團逐漸增多。

二、中國大陸進行改革與開放

　　1949 年以來的中國大陸經貿發展，明顯地以 1978 年為界線，呈現兩個截然不同的模式。1949 年至 1978 年，中國大陸逐漸形成強調「自給自足」的傳統社會主義經濟型態。1978 年至今，則調整成為主張「改革開放」的自由社會主義經濟型態。這兩種經濟型態的主要差別，乃本節主要敘述內容。

A.「自給自足」的傳統社會主義經濟型態

　　清末民初，中國大陸經濟生產以農業為主，非農業部門剛開始出現新式工業與銀行、電信、電報、輪船……等服務業。

由於勞動相對比較豐富，導致農業生產方式傾向於多使用勞動力，這種勞力密集的結果，卻影響中國大陸農耕器具的製造技術長期處於停滯狀態，造成中國大陸經濟在清末民初呈現人口不斷增加，總產出也不斷增加，但是平均每人產出卻呈現停滯的「廣泛性成長」(extensive growth)。科技停滯因此成為中國大陸農業落後和農民貧困的主要原因。然而，1950 年代初期，中國大陸領導人卻採用馬克思的理論架構來解釋農民的困苦，認為中國大陸農民受地主剝削，佃農每年一半產出要繳地租，所以只要改變這種生產關係，即可激發農民的生產力，增加農業生產，提供更多農業剩餘來支持非農業部門的發展。所以從 1950 年代初期即開始在農村推動「農業集體化」，在工業追隨「史達林模式」以發展重工業為目標，在對外貿易採用「物資平衡法」與社會主義兄弟國家以貨易貨，其主要措施包括：

1. 農村集體化

1950 年代初期，中國大陸農村進行一連串改革措施。先是清算地主，將土地所有權分給佃農或半自耕農。接著組織互助組，進行農業勞動力的整合。然後推動「初級合作社」，鼓勵農民共同出資購買農耕器具，輪流使用。在目睹前面幾項措施，都有助於提升農業生產。於是提早進行農村集體化，要求農家以土地入股，成立「高級合作社」，隨即再邁入「人民公社」。然而中國大陸農民在加入人民公社之後，發現土地不再私有而且工作又缺乏激勵機制，無法使勞動貢獻獲得合理報酬，工作意願大幅低落，結果導致整個農業生產呈現呆滯。

2. 史達林模式

蘇聯在史達林執政期間，因為採取高度的中央集權，得以集中國家的經濟資源投資重工業，在很短期間內即建立重工業基礎。史達林的經濟發展模式，引起不少二次世界大戰後新興國家仿效，中國大陸也是受

到蘇聯的影響，在 1950 年代初期即採取計畫經濟以發展重工業。

中國大陸推行計畫經濟的進程，首先是在 1950 年代初，將民營的工商企業，經由公私合營逐步改造成為以國營為主，集體經營為副的型態。同時為配合五年經濟計畫的實施，將市場調整經濟資源供需的機能，逐漸由計畫部門的經濟指令所取代。

同時中國大陸政府在國務院下面成立經濟計畫委員會，簡稱國家計委。各省也成立經濟計畫委員會。國家計委主要工作是制定和監督執行中國大陸的五年經濟計畫與年度經濟計畫，各省的計畫委員會，則根據國家計委的五年計畫和年度計畫，研擬和監督執行該省的五年經濟計畫與年度經濟計畫。

由於中央和各省的計委主管中國大陸經濟資源的調撥，以實現五年和年度經濟計畫目標，所以計畫經濟的操作，可以分為幾大項：
①計委、廠商、物資供應部門

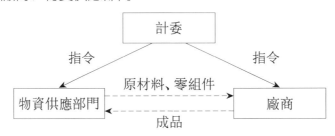

圖 15-1　計委、廠商、物資供應部門關係圖

計委根據年度計畫，在年初下指令給廠商與物資供應部門。給廠商的指令，明確規定廠商生產什麼、生產數量、銷售價格、完工期限、交貨對象、規格與驗收標準。給物資供應部門的指令，明確規定在什麼期限內，供應那些廠商的關鍵零組件、銷售價格、採購那些廠商的產品、購買價格、規格與驗收標準。

廠商接到指令之後，一方面根據規定價格向其他廠商和物資供應部

門，採購規定數量的原材料與關鍵零組件；一方面啟動生產線，開始製造。製成品按照規定價格，銷售給其他廠商和物資供應部門，廠商不用擔心生產什麼、生產多少、如何生產、如何分配、因為都是按照計委的指令，所以除非沒有按照指令來生產，否則即使發生存貨呆滯，廠商也不用承擔責任。

　　物資供應部門接到指令之後，一方面按照規定價格，將原材料和關鍵零件銷售給廠商。一方面按照規定價格收購廠商的產品，以便銷售給農村、城市居民或廠商。同樣不用為存貨或缺貨負責。所以，在這種制度下，商品市場完全由計畫部門所取代。消費者的偏好，由計委決定。同樣地，勞工的就業與工資，也由計委決定。

②計委、廠商、財政部門

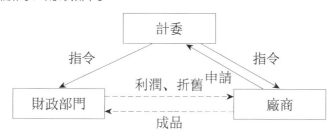

圖 15-2　計委、廠商、財政部門關係圖

　　由於廠商的產品銷售價格與原材料和零組件的購買價格均由計委決定，所以計委若把產品銷售價格抬高，原材料和零組件的購買價格壓低，廠商的利潤自然增加。從計委的觀點，廠商有超額利潤或嚴重虧損，都是價格政策所決定，與廠商無關。因此規定廠商要把利潤和每年廠房設備提列的折舊準備金全部繳交財政部門。廠商每年若有虧補，則由財政部門補貼，廠商需要投資擴廠或更新設備時，則向計委提出申請。計委根據五年計畫和年度計畫，排列產業的優先發展順序。列入優先鼓勵發展的產業，其廠商比較容易得到計委指令財政部門的撥款。不在優先鼓

勵發展的產業，則必須等待其他廠商撥款之後，再列入考慮。所以，在
這個制度下，整個國家要儲蓄多少，以進行投資，不是由個別家庭或消
費者所決定，而是由計委按年度經濟計畫進行總籌分配。

　　中國大陸採用史達林模式，確實很快即建立重工業基礎。然而由於
企業與計委之間的資訊不對稱，再加上文革期間嚴禁以物資或金錢作為
提升效率的機制，促使企業傾向低報生產潛力，使每年生產目標很容易
達成。導致中國大陸經濟與東歐社會主義國家一樣，資本投入越多，經
濟成長速度反而減緩。

3.物資平衡法

　　中國大陸在 1978 年以前，基本上屬於「雙元封閉型有勞動剩餘」的
經濟體制，對外貿易佔總產出的比重很低，而且是採物資平衡法來決定
貿易數量。

　　物資平衡法的做法，是計畫部門事先估計某項產品的產量，然後估
計投資、公共部門與消費等方面的需求，若有不足則採取「以貨易貨」
的協商方式，與東歐對該項產品供過於求的社會主義國家交換。若東歐
國家也供應不足，再透過國際市場採購。

　　這種貿易方式，基本上並沒有從「比較利益原則」來指導廠商生產
那些在國際市場最具競爭優勢的產品，以爭取外匯來購買本身所需要的
商品。而且造成國內廠商不用面臨國際廠商在本國市場的競爭，對於提
升生產績效的迫切性，也相對降低。

　　物資平衡法使中國大陸參與國際市場經濟交易減至最少，一方面由
於消費需求的排序在投資與公共支出之後，而且往往受到抑制。另一方
面受到中國大陸嚴格外匯管制，使廠商不能在沒有批准之下，向外採購
物資。這種偏重自給自足的封閉型經濟，造成中國大陸與國際經濟體系
隔絕將近 30 年。

B.「改革開放」的自由社會主義經濟型態

　　1978 年以來，中國大陸經濟呈現較快速的成長。從 20 多年來的政治、經濟和社會發展，可以歸納出中國大陸反覆運用⑴解除管制，⑵引進外資，⑶鼓勵出口等方式，大規模召商引資，提升國內總和需求與增強國際競爭優勢。但是這種過程由於缺乏內在安定機制，容易產生景氣過熱，最後不得不依靠行政干預予以降溫，本節將敘述這種不斷重複的經貿模式。

1. 解除管制

　　1978 年以來，中國大陸逐步解除管制以恢復市場機能。例如計畫經濟時間，城市勞工局對勞工的就業分派，取代勞動市場。改革開放以後，逐步取消工作分派，而由勞工自己尋找工作機會。本來農民不能任意流動，1978 年之後也逐步放寬，造成農村剩餘勞動力大批湧入城市的正式與非正式市場，尋找工作機會。同樣地，中國大陸在 1980 年代只開放某些沿海城市供外商投資，一直到 1992 年鄧小平的開放第三產業，才開始為中國大陸的經濟掀起大規模的投資熱潮，促使總和需求的提升。尤其在 2001 年年底，中國大陸加入世界貿易組織，承諾在 5 年之內陸續開放與國際貿易有關的服務業，中國大陸為了融入國際市場，各項經濟法規紛紛進行立法與修法的工作，使中國大陸解除管制的幅度加大，速度加快。

2. 引進外資

　　1978 年前後，中國大陸由排斥與仇視外商，轉變成為接納與親善外商。這種 180 度的態度轉變，顯示中國大陸對政策的實施與貫徹，其實相當具有彈性。引進外資的手段更由消極的制定法律，等待外商主動上門，轉為積極帶隊前往外商企業，進行面對面溝通與談判。尤其在談判

過程，對於想要爭取的外商，中國地方政府通常會在整地、批地、土地折價、土地變更、租稅減免、銀行貸款、市場佔有……等等，採取全力配合的方式。而且外商比較集中的珠江三角洲與長江三角洲地區，當地地方政府除了爭相吸收外商投資之外，還會將外商投資所繳交的各項稅收，扣除行政部門的必要費用之外，大部分又再投入城市建設與房地產開發。

　　這種召商引資方式，造成外商在中國大陸投資型態的改變。早期外商投資著重在利用中國大陸比較低廉的勞動力和土地，進行商品的加工製造與出口銷售。但是近期來，不少國際著名的廠商進入中國大陸投資，則著重在佔領中國大陸的市場。所以在中國大陸各大城市，可以普遍看到外商經營的連鎖餐飲店、超級市場、和量販店……等林立。

　　從表 15-1 的統計資料，也可以看出中國大陸從 1983 年到 2002 年實際利用外資以 1997 年為分水嶺，1997 年以前基本上呈現遞增趨勢。1998 年和 1999 年受亞洲金融風暴影響，大幅衰退。2000～2002 年，仍然起伏互見，未來是否能再超越 1997 年高峰，仍然有待觀察。

3. 鼓勵出口

　　1980 年代以來，中國大陸積極改革外貿體制與調整進出口管理政策，以提升競爭能力。中國大陸首先在 1980 年代初，成立海關總署、進出口商品檢驗總局、以及對外經濟貿易部，使事權統一。然後對商品實行一、二、三類分級管理，讓地方有更多口岸，可以直接開展對外貿易。同時開始允許國有外貿公司實行承包責任制。到了 1993 年中共十四屆三中全會後，不但鼓勵外貿公司合併成立大貿易商，而且在 1998 年 4 月，進一步開始允許民營企業也可以申請外貿經營權。

　　除了行政管理型態調整之外，在進出口獎勵和管理政策也進行改革。除了廣泛利用差別稅率，降低中國大陸本身不能生產或是能夠生產然而

表 15–1　中國大陸實際利用外資的成長趨勢

年份	數額（億美元）	年增率 (%)
1983	19.8	–
1984	27.1	36.9
1985	46.5	71.6
1986	72.6	56.1
1987	84.5	16.4
1988	102.3	21.1
1989	100.6	−1.7
1990	102.9	2.3
1991	115.5	12.2
1992	192.0	39.8
1993	389.6	102.9
1994	432.1	10.9
1995	481.3	11.4
1996	548.0	13.9
1997	644.1	17.5
1998	585.6	−9.1
1999	526.6	−10.1
2000	593.6	12.7
2001	496.7	−16.3
2002	550.1	10.8

資料來源：中國國家統計局，《中國統計年鑑》(1998)(2003)，資料計算所得。

品質不佳的機械設備與儀器的進口成本之外，中國大陸也利用進出口配額許可證的管理制度，調節產品進出口的種類與數量。尤其在 1994 年元月 1 日，將早期實施的複式匯率制，改為單一的調節匯率制。然後利用出口退稅、出口信貸等方式，獎勵商品出口。儘管因此一再引起歐盟、

日本和北美地區工業化國家的反傾銷糾紛，中國大陸仍然採用這些措施推動出口。

　　從表 15-2 可以看到，由於中國大陸積極鼓勵商品出口，1978 年至 2002 年，中國大陸進出口貿易數額佔國內生產毛額的百分比，由 9.8% 上升到 49.0%，增加將近 40 個百分點。這種轉變，顯示中國大陸由封閉型經濟體制，轉變成為開放型經濟體制。而且從 1994 年中國大陸將匯率單一化之後，每年都出現貿易順差。顯示中國大陸的各項獎勵出口措施，確實能夠提升商品出口，改善國際收支。所以即使其中有不少措施，抵觸世界貿易組織的規定，一再引起中國大陸與其他國家之間的貿易摩擦。但是中國大陸為了出口創匯，還會一犯再犯。甚至還一度曾經考慮到，在加入世界貿易組織之後，要結合各個小國家，共同表決修改中國大陸認為不合理，會阻礙中國大陸擴張商品出口的那些規定與行政措施。

表 15-2　中國大陸對外貿易的成長狀況 (1978～1999)

年份	出口		進口		貿易佔國內生產總值的比例 (%)
	數額（億美元）	年增率 (%)	數額（億美元）	年增率 (%)	
1978	97.5	－	108.9	－	9.8
1979	136.6	40.1	156.7	43.9	11.3
1980	181.2	32.7	200.2	27.8	12.6
1981	220.1	21.5	220.2	10.0	15.1
1982	223.2	1.4	192.9	−12.4	14.6
1983	222.3	−0.4	213.9	10.9	14.5
1984	261.4	17.6	274.1	28.1	16.7
1985	273.5	4.6	422.5	54.1	23.1
1986	309.4	13.1	429.1	1.6	25.3
1987	394.4	27.5	432.1	0.7	25.8

1988	475.2	20.5	552.7	27.9	25.6
1989	525.4	10.6	591.4	7.0	24.6
1990	620.9	18.2	533.5	−9.8	30.0
1991	718.4	15.7	637.9	19.5	33.4
1992	849.4	18.2	805.9	26.3	34.2
1993	917.4	8.0	1,039.6	29.0	32.5
1994	1,210.1	31.9	1,156.1	11.2	43.6
1995	1,487.8	22.9	1,320.8	14.2	40.2
1996	1,510.5	1.5	1,388.3	5.1	35.6
1997	1,827.9	21.0	1,423.7	2.5	36.2
1998	1,838.1	0.6	1,402.4	−1.5	34.3
1999	1,949.3	6.0	1,657.2	18.2	36.4
2000	2,492.0	27.8	2,250.9	35.8	43.9
2001	2,661.0	6.8	2,435.5	8.2	43.3
2002	3,256.0	22.4	2,951.7	21.2	49.0

資料來源：中國國家統計局，《中國統計年鑑》(1998)(2003)，資料計算所得。

第二節　臺商在中國大陸的投資與分布

一、投資產業的轉變

　　臺商赴中國大陸投資，雖然很多屬於小企業沒有向政府申報，但是上市上櫃大企業都有申報，從經濟部投資業務處所核准的案件，可以大致掌握其趨勢。在製造業方面，1993 年以前臺商申請赴中國大陸投資的產業，以食品加工和塑膠製造業為主，其次才是家電與資訊電子產業。從 1993 年以後，家電與資訊電子產業、基本金屬材料產業和化工產業逐

漸成為臺商申請投資的前三大產業。資料顯示，臺商赴中國大陸投資，
由早期的勞力密集產業，轉向資本密集產業。

表 15-3　　臺商申請經由第三地赴中國大陸投資

單位：百萬美元

年別	家電與資訊電子業	食品加工	基本金屬材料	塑膠產品	紡織	化工	精密機械	交通運輸
1991	31	19	9	22	26	2	3	–
1992	34	46	10	44	31	12	18	7
1993	445	324	256	375	282	186	286	133
1994	157	145	90	73	66	89	44	35
1995	214	117	116	62	80	94	29	101
1996	276	121	128	63	106	98	39	114
1997	875	333	395	349	279	231	247	161
1998	758	70	126	64	140	146	74	84
1999	537	58	104	99	40	143	28	31
2000	1,464	43	183	184	57	110	84	53

資料來源：行政院經建會 (2001)，"*Taiwan Statistical Data Book*"，pp. 272～273。

二、投資數額的起伏

　　至於臺商在中國大陸投資的實際數額到底有多少，至今尚未有客觀
和完整的統計。經濟部投資業務處的資料，是臺商預定投資的總額，並非
每年投資的數額，何況從歷年的補登記案例可以發現，有不少中小型的臺
商根本沒有提出申請就前往投資。中國大陸官方每年也出版內部發行的
外商投資統計年鑑，但是有沒有完完全全統計出臺商每年的實際投資數
額，由於缺乏進一步佐證資料，所以也難以判斷。不過由於中國大陸從
1990 年中葉以來，每年都會公布這項統計數據，所以還是有參考價值。

表 15–4　臺商赴中國大陸投資統計

單位：億美元

年份	數額
1989	1.6
1990	2.2
1991	4.7
1992	10.5
1993	31.4
1994	33.9
1995	31.6
1996	34.7
1997	32.9
1998	29.2
1999	26.0
2000	23.0
2001	29.8
2002	39.7

資料來源：王洛林 (1997)，《中國外商投資報告》，頁 382；臺灣經濟研究院 (2004)，《兩岸經濟統計月報》，頁 26。

　　在 1992 年以前，臺商每年赴中國大陸實際投資金額，都不到 10 億美元。但是 1992 年受到鄧小平開放第三產業的影響，開始大量投入中國大陸的房地產開發，所以 1993 年的實際投入數額上升得 31.4 億美元。臺商這股投資熱潮，並沒有受到當年宏觀經濟調控的影響，從 1993 年至 1997 年，每年投入的數額都在 30 億美元以上。直到 1998 年，因為中國大陸在亞洲金融風暴威脅下，堅持人民幣不貶值，結果外銷訂單流失，臺商實際投資金額才掉到 30 億美元以下。接著美國景氣低迷與中國大陸陷入物價緊縮，臺商實際投資金額繼續在 30 億美元以下，2001 年中國

大陸走出物價緊縮陰霾，臺商實際投資恢復到 30 億美元。2002 年中國大陸申奧成功，引發另一股投資熱潮，臺商實際投資更躍升到 40 億美元以上。

三、投資區域的移轉

　　早期的臺商在港商的引導下，主要集中在廣東的珠江三角洲，尤其深圳到東莞一帶，以及福建的廈門與福州等沿海地區。一方面是中國大陸在這些地區先後設置深圳、珠海、蛇口、汕頭、廈門等經濟特區，對前往投資外商給予獎勵投資條例。另一方面則是開始吸引大批農村勞動力前往尋找就業機會，對外商而言，豐富的勞動供給，可以不用擔心勞力不足，需要不斷調升工資問題。同時，這些地區可以利用香港為進出口貨物的主要口岸，可以減低因為運輸耽誤所導致的停工待料或出貨不及等問題。

　　所以 1995 年中華經濟研究院第一研究所高長研究員主持的「臺商與外商在大陸投資經驗之調查研究：以製造業為例」即發現 1993 年和 1994 年的兩次調查結果，臺商在廣東與福建兩個沿海地區的投資比重都超過 20%。尤其臺灣較早外移中國大陸的勞力密集產業，例如食品加工、紡織業、成衣及服飾品製造業、皮革毛皮及其製造業、木竹製品及非金屬傢俱製造業、塑膠製品製造業、電子及家電用品製造修配業等，往往選擇這兩個地區為主要投資區域。

　　然而 1990 年代中葉以後，隨著大上海地區的發展，臺商開始北移，不僅製造業，各種服務業也隨著中國大陸的開放第三產業而投入人口最密集的長江三角洲。以上海為例，常住人口 2002 年已經超過 1,600 萬人，每天從周邊地區前來上海工作或經商的流動人口也超過 300 萬人。這麼龐大的人口，對經營第三產業的臺商而言，代表商機。所以經營服飾、

餐飲、美容、婚紗、房地產、金融、保險等第三產業的臺商，川流不息地進出大上海地區尋找開業的機會。而且有更多的臺商以上海為口岸，轉往江蘇、浙江等地投資。其中最為明顯的則是臺灣的資訊電子產業逐漸集中到蘇州、崑山、松江等地，形成上、中、下游的產業整合。

　　臺商向長江三角洲移轉，與當地人力素質較高、人口密度大、以及招商政策更具彈性有關。以製造業較多的蘇州高新科技開發區和崑山工業園區為例。1990 年代初期，中國大陸各大城市成立高新科技開發區時，其中央政府並沒有撥下開辦費，而是「給政策」。按照中國大陸的說法，就是授權開創高新科技開發區。蘇州高新科技開發區的負責人在中國大陸政府的充分授權下，看中蘇州近郊虎丘山一帶，即著手規畫。首先將土地使用權折價與外商公司進行合資，或出售給外商使用幾十年，藉此取得開辦經費。然後透過這些資金在國有商業銀行開戶，並且取得長期低利貸款。接著開始從事整地、開路和架設管線等工程，藉以擴大園區的範圍和吸引更多外商進駐。這種以政策取得資金，以資金辦企業的方式，在十年之內，促使蘇州高新科技開發區成為臺灣資訊科技產業的投資重點地方。

　　與蘇州高新科技開發區相鄰的崑山，則又是另一種經營策略。崑山本為蘇州市轄下的一個小縣，在 1990 年初期，當地的政府官員看到廣東與福建因為大規模招商引資而致富，就利用上海和蘇州也開始發展經濟開發區的機會，主動舉辦各種投資說明會，憑藉崑山位在上海與蘇州之間，但是土地使用費只有這兩個城市的一半不到的優勢來吸引外商，並對於外商到當地投資有什麼要求，在行政上都會盡量配合。尤其當地官員深知中共中央對於地方政府招商，還沒有訂出完整的管理辦法，所以只要法律沒有規定不能做的事，當地官員都敢做。他們相信一旦招商引資成功，中共中央會在事後對各種作為予以合法化。基於這種認知，他

們在獎勵投資方面，提出比中共中央、江蘇省和蘇州市還要優厚的條件來吸引投資。這種在沒有完全法制化社會的便宜行事，確實為崑山地區吸引大批外商。但是也因為一切都可以便宜行事，對外商的保障也沒有法律可循。所以 2003 年有些在崑山投資的小廠商就面臨當地政府的壓力，希望它們遷廠到新開發的區域，原來的廠地將重新整併和規畫，以迎接大廠商的進駐。

第三節　外移產業在經營上的可能風險

　　中國大陸的經濟結構、發展策略、法令規章等，不但與臺灣有相當大的差異，而且不斷在變化，使外移產業在經營上面臨許多風險。在此將這些風險分為經濟風險與非經濟風險。

一、經濟風險

1. 景氣循環

　　1978 年以來，中國大陸推動改革開放，由計畫經濟向市場經濟過渡。但是中國大陸的發展策略與東歐國家不同。東歐國家是採用「震盪療法」，在短時間內成立民主政治與恢復市場經濟。這種做法曾經在 1990 年代初期，讓這些國家陷入物價急速上升與失業大幅增加的困境。但是經過這些年的調整與國際經濟組織的協助，東歐國家已先後恢復穩定成長，有些甚至加入歐洲聯盟。

　　中國大陸採取的改革策略是「摸著石頭過河」的漸進方式，這種做法固然降低整個社會所面臨的衝擊程度，但是由於改革緩慢，而且步調不一，結果造成市場機能無法充分發揮穩定經濟的作用。最明顯的例子就是景氣波動幅度加大，從 1978 年到 2003 年，中國大陸已經發生三次

的物價膨脹與一次物價緊縮。每一次的景氣波動登時衝擊整個中國大陸，使人民和企業蒙受損失。

第一次的物價膨脹，發生在 1985 年。當時中國大陸逐步推動物價改革，在放寬管制的過程中，有些商品的價格受到哄抬，讓一般人民開始感覺貨幣購買力下跌。雖然整個事件沒有引起大規模城市居民抗議，也導致中共中央領導階層的改組，由趙紫陽接替胡耀邦的位置，主掌中國大陸的日常運作。

第二次的物價膨脹，發生在 1988 和 1989 年。趙紫陽本來相信可以用溫和的物價上漲來刺激廠商投資，以加速經濟成長。本來這種發展策略，在市場機能比較健全的工業化國家，偶爾也採用。但是在市場機能不健全的中國大陸，則逐漸失控。剛開始是外商和中國大陸的國有企業及地方政府，受到中共中央經濟寬鬆政策的鼓勵，大幅增加投資。投資增加帶動中國大陸總合需求的上升。在總合供給沒有多大改善的情況下，經濟產出固然增加，物價也大幅上漲，結果造成 1988 年和 1989 年連續兩年物價上漲率都達到兩位數，這是中國大陸城市居民從 1949 年之後，從未再遭遇過的情況，所以引起不滿和恐慌，最後竟然導致天安門事件，成為國際矚目的政治動亂。

第三次的物價膨脹，發生在 1993 年至 1995 年之間。天安門事件之後，外商對中國大陸的風險評估，大幅提高政治風險度，所以投資更加審慎。加上中國大陸為了解決 1989 年的物價膨脹，採用行政命令方式，要國有企業及地方政府正在進行的各項投資停工，等待進一步的檢查與審核。這種立刻停工的方式固然使物價因為投資減少而下滑，經濟產出也大幅下滑。這種做法引起主張積極開放與加速成長的鄧小平不滿，所以在 1992 年發表講話，主張開放第三產業。

中國大陸開放第三產業，確實吸引大量外商重新前往投資，以臺商

為例，1993 年的實際投資超過 30 億美元，比 1992 年增加兩倍。許多資金都是投入房地產和開發區建設。投資的大幅增加，確實又讓總合需求上升，帶動總產出增加，但是在總合供給增加幅度有限的情況下，物價再度膨脹，而且增加幅度超過 20%。不過由於中共中央有天安門事件的前車之鑑，所以在 1993 年 7 月就提早宣布宏觀調控政策，利用財政和貨幣逐漸緊縮的手段，預先為經濟降溫，使物價膨脹的傷害降低。不過投資在房地產的臺商幾乎全無倖免。臺灣一些在 1980 年代後期著名的股票大戶，紛紛因為在中國大陸房地產投資套牢而發生財務危機，最後一個一個從臺灣股市消失。

中國大陸第一次物價緊縮發生在 1998 年至 2000 年之間。一方面是宏觀調控緊縮政策尚未放寬，一方面是亞洲金融風暴引起中國大陸出口衰退，再加上 1998 年中國大陸各地發生嚴重水災，人民蒙受損失等，造成中國大陸總合需求大幅減少，經濟成長與物價都出現負成長。這段期間外商和臺商投資趨於審慎與保守。從上述的歷史可以發現，中國大陸市場機能仍然不健全，法令規章也還沒有完全配合的情況下，很容易產生景氣急速加熱或降溫。而且中國大陸慣於採用行政手段來干預，使廠商很難評估各種可能發生的經濟風險。

2. 產品仿冒

在工業化國家，對於人民的智慧財產權之保護，可謂無所不致。因為這些國家的政府深知，唯有充分保護人民的智慧財產權，才能鼓勵人民的創新發明，而創新發明正是這些國家得以在國際市場競爭維持領先地位的關鍵。

但是在中國大陸，儘管制定各項保護智慧財產權的法令，也加入各種公約，並且經常在大城市推行打擊盜版的運動，但是執法不嚴，等於形同虛設。

所以當「鐵達尼號」電影還沒有在臺灣與中國大陸上映之前，在北京和上海的街頭可以買到兩片人民幣 32 元的盜版 VCD。尤其這兩大城市專賣仿製品的市場，每天從早到晚門庭若市。沿海地方專門製造仿冒品的工廠，更受到當地公安的保護。因為生產仿冒品確實為當地行政主管部門創造稅收和各項行政收入，儘管中共中央三申五令要打擊盜版，地方政府都對造假工廠保護有加。

這種執法不嚴的情況，對於正派經營的廠商威脅日增，這也是想前往中國大陸開拓內銷市場的企業必須評估的風險。如果本身技術層次不高，容易受到仿冒。在中國大陸投資，工資和土地使用費都比當地廠商高，一旦產品受到仿冒，需求大幅減少，索賠又無門的情況下，往往遭到淘汰。

二、非經濟風險

中國大陸至今仍是獨裁政權、人治社會。所以地方政府集行政、司法與立法權於極少數人手中。如何與這些具有決策大權的人建立良好關係，往往就成為在當地投資能否順利發展的主要關鍵。企業與地方政府的主要官員互動良好，有很多事情都可以辦得通。所以加拿大官方對該國廠商要前往中國大陸投資，所提出的首要建議就是設法與投資當地主要官員建立良好關係，甚至指出只要關係良好，當地政府連法律都可以因之轉彎。

然而改革開放以來，中國大陸各地方政府的官員逐漸受到批評，中共中央肅貪的行動也一再進行，不過仍然無法防止。這種情況增加了外商要與中國大陸地方官員建立良好關係的成本。而且官員來來去去，流動性也不小。一旦新官上任，往往又需要花精神加費用重新建立關係。這種情況對於來自法制社會，一切遵照法律規範的工業國家廠商，若沒

有特別提出忠告，是無法理解的。

　　除了建立關係以外，加拿大也提醒廠商還要了解中國大陸人民非常好面子的特性，往往把維護面子看作比生命更重要。尤其把被人告上法院這一件事，看作是最沒有面子的事，會受到他的同事、朋友和鄰居的嘲笑。一旦被告，中國大陸人民往往會動用所有關係跟對方沒完沒了。因此加拿大政府建議其廠商，除非有決心不再到中國大陸投資，否則盡可能不要動用法律來控告對方。吃點虧以保存對方的面子，以後還有合作或往來的機會。這些也是生於工業化國家，凡事相信法庭會主持最後正義的廠商，若沒有被提醒是很難理解的事。

　　正因為中國大陸這種講關係、重面子，與執法不嚴等等人治社會的特徵，造成外商到中國大陸投資，無法事先就將所有可能發生的風險與成本全部核算清楚。所以規模越大的企業，對於投資中國大陸越審慎。反而是很多中小企業沒有估計清楚就把資金投進去，等到發現當地政府所做的承諾隨時在改時，已經進退不得。因此除了評估經濟風險之外，對於非經濟風險更需要仔細衡量。尤其不宜主觀認定這些非經濟風險不可能發生在自己身上，以免一旦真正發生，已無法進行危機處理。

第四節　外移產業對臺灣貿易與生產的影響

　　臺灣與中國大陸之間，每年進出口貿易數額到底是多少，實際上也不容易估計。主要是有些商品報關到香港，結果商船在香港外海，直接換艙單，也沒有通關，就直駛廣州。結果造成臺灣對中國大陸出口，比中國大陸官方統計數額低的情況。為了避免這種雙邊資料不一致的問題，在此都採中國大陸海關統計。

　　本來要估算臺商赴中國大陸投資對臺灣貿易與生產的影響，需要建立計量模型，進行嚴謹的數量分析。不過受到資料可靠性與是否足夠的影響，在此只採用定性分析來探討臺灣對中國大陸的商品出口，到底在中國大陸對美出口，扮演什麼樣的角色？以 2003 年為例，根據《中國海關統計月報》的資料，當年中國大陸從臺灣進口的商品結構中，數額超過 10 億美元的項目，主要包括：有機化學產品、塑膠製品、人造纖維、鋼鐵、銅製品、資訊電子零組件……等。同期，中國大陸出口到美國的商品結構中，數額超過 10 億美元的項目，主要包括：有機化學品、塑膠製品、皮革皮件、針織品、紡織品、其他紡織品、鞋襪、鋼鐵製品、鍋爐組件、資訊電子零組件、運輸交通工具零組件、運輸交通索引機具、精密儀器與光學產品、傢俱、玩具等。

　　比較中國大陸從臺灣進口、中國大陸對美國的出口、以及臺商在中國大陸投資的商品結構，可以比較武斷地推論出：中國大陸勞動邊際成本相對上比臺灣低，所以促使臺商在追求利潤的考量下，把需要勞力的部分生產移到中國大陸沿海地區，然後從臺灣進口資本和技術比較密集的零組件，在中國大陸組裝之後，出口到美國等工業化國家。結果造成臺灣對中國大陸出口越多，直接從臺灣出口到美國的商品就越少。這種趨勢也就說明了，從 1987 年之後臺灣對美國的出口佔總出口的百分比，開始呈現較大幅度的下跌。這些減少的部分，其實是臺商接到訂單之後，由投資在中國大陸的生產線負責生產。雖然最終需求者還是在美國，但是由於臺商赴中國大陸投資，造成臺灣商品在美國的市場佔有率下跌，由臺商在中國大陸投資企業出口到美國的商品所取代。而且，這還只是初步效果，臺商在中國大陸投資企業，對中國大陸企業產生示範效果，再透過生產與製造技術的流失，中國大陸企業逐漸取代臺商企業，更進而搶走臺商企業在美國的市場。從中國大陸紡織、鞋襪和家電等產品在

表 15–5　2003 年臺灣、美國與中國大陸的主要商品貿易

HS 二分位	中國大陸從臺灣進口的商品 （10 億美元）	中國大陸對美國出口的商品 （10 億美元）
有機化學品	1.8	1.0
塑膠原料及製品	4.6	3.0
皮革製品	–	2.9
人造纖維	1.4	–
紡織類衣物	–	1.8
非紡織類衣物	–	2.9
其他紡織製品	–	1.8
鞋襪	–	5.3
鋼鐵	3.6	–
鋼鐵製品	–	2.7
銅製品	1.0	–
機械零組件	–	21.4
電子零組件與設備	17.1	18.0
鐵路運輸工具	–	1.0
其他交通運輸工具	–	2.5
光學儀器	–	1.8
傢俱	–	5.8
玩具與運動器材	–	5.7

資料來源: 中國海關,《中國海關統計月報》, 2003 年 12 月, 頁 48～49, 56～57。

美國各賣場逐漸排擠臺灣和東南亞商品, 可以了解隨著中國大陸提倡科技興國, 不斷提升產品的製造技術, 臺灣產品在美國所面臨來自中國大陸的競爭壓力, 今後將會越來越強烈。臺灣產業除了繼續充當在中國大陸投資臺商的上游供應商之外, 也要思考今後走向。

　　1979 年以來, 中國大陸提供勞工、土地和優厚的獎勵投資條例, 大幅吸引外商投資。臺商基於風險躲避與利潤極大化, 從 1980 年代中葉,

表 15-6　臺灣對主要貿易夥伴商品出口比重

單位：%

年份	美國	中國大陸	日本
1991	29.3	9.8	12.1
1992	28.9	12.9	10.9
1993	27.7	16.5	10.6
1994	26.2	17.2	11.0
1995	23.7	17.4	11.8
1996	23.2	17.9	11.8
1997	24.2	18.4	9.6
1998	26.6	17.9	8.4
1999	25.4	17.5	9.8
2000	23.5	16.9	11.2

資料來源：行政院經建會，"*Taiwan Statistical Data Book*" (2001)，p. 223；
海基會，《兩岸經濟統計月報》，2003 年 12 月。

開始由第三地前往投資。由於中國大陸勞動邊際成本低於臺灣，結果造成臺商從臺灣進口資本與技術密集的零組件或半成品，在中國大陸沿海地區組裝之後，再出口到美加等地區。因此形成臺灣對中國大陸出口佔臺灣總出口的比重上升，臺灣對美國出口的比重反而下跌。

臺灣產業雖然逐漸成為臺商的上游廠商，但是也不斷面臨中國大陸企業在國際市場，尤其是美加市場的競爭。有些商品的市場佔有率，更完全被替代。面對這種趨向，臺灣廠商若要繼續維持競爭優勢，在兩岸產業分工上掌握主控權，在對美市場競爭上居於領導權，必須不斷進行創新與發明，不論科技或金融，繼續處於領先地位，才能避免中國大陸廠商的迎頭趕上。

本章重點

1. 中國大陸已成為臺灣產業外移最多的地區，影響因素主要包括：(1)臺商追求利潤與躲避風險；(2)中國大陸經濟改革與對外開放。

2. 臺灣產業外移中國大陸，已從勞力密集產業轉向資本與技術密集產業，由製造業轉向服務業。

3. 臺灣產業外移中國大陸，也由珠江三角洲，逐漸向長江三角洲發展。

4. 臺灣產業在中國大陸面臨經濟問題與非經濟問題的風險，尤其中國大陸還是獨裁政體與人治社會，講關係與重面子，使外商無法事前評估所有可能產生的投資成本。

5. 由於外移產業對臺灣商品的需求，使中國大陸成為臺灣最大商品出口地區。但是在中國大陸組裝的商品，卻成為臺灣在北美地區最大競爭，造成臺灣對北美地區出口的減少。

本章習題

1. 討論臺灣產業外移中國大陸的主要原因，並比較臺灣與中國大陸投資環境的優劣。

2. 訪問產業外移的臺商，請他們說明在中國大陸投資的經驗，並整理成為個案研究報告。

3. 指出臺灣外移產業在中國大陸可能面臨那些風險？如何規避各種風險？

4. 臺灣對中國大陸商品出口增加，但是在北美市場反而逐漸被取代，試問政府應該如何制定因應對策？

本書重要參考文獻

第一章　經濟地理的意義與發展

1. 陳伯中 (1973)：《經濟地理》，三民書局，臺北。

2. Berry, B. J. L., E. C. Conkling, and D. M. Ray (1987): *Economic Geography*, Prentice-Hall, Inc., Englewood Cliffs, N.J.

3. Haggett, P. (1979): *Geography: A Modern Synthesis*, 3rd edition, Harper & Row Publishers, N.Y.

第二章　經濟活動與生態環境

1. 姜善鑫 (1993)：〈全球環境變遷〉（上）（下），《環境教育》，16：1，p. 13；17：31，p. 12。

2. 施添福 (1993)：《高級中學經濟地理》（上），國立編譯館，臺北。

3. 陳伯中 (1973)：《經濟地理》，三民書局，臺北。

4. Kaufman, D. G. and C. M. Franz (1993): *Biosphere 2000: Protecting Our Global Environment*, Harper Collins College Publishers, N.Y.

5. The World Resources Institute (1992): *World Resources 1992−93*, Oxford University Press, Oxford.

第三章　經濟活動的區位問題㈠

1. 陳伯中 (1973)：《經濟地理》，三民書局，臺北。

2. 施添福 (1993)：《高級中學經濟地理》（上）（下），國立編譯館，臺北。

3. Berry, B. J. L., E. C. Conkling, and D. M. Ray (1987): *Economic Geography*, Prentice-Hall, Inc., Englewood Cliffs, N. J.

4. Bradford, M. G. and W. A. Kent (1978): *Human Geography: Theories and Their Applications*, Oxford University Press, Oxford.

5. Haggett, P. (1979): *Geography: A Modern Synthesis*, 3rd edition, Harper & Row Publishers, N.Y.

第四章　經濟活動的區位問題㈡

1. 施添福 (1993)：《高級中學經濟地理》（上）（下），國立編譯館，臺北。

2. 徐育珠 (1970)：《經濟學導論》，三民書局，臺北。

3. Berry, B. J. L., E. C. Conkling, and D. M. Ray (1987): *Economic Geography*, Prentice-Hall, Inc., Englewood Cliffs, N.J.

4. Bradford, M. G. and W. A. Kent (1978): *Human Geography: Theories and Their Applications*, Oxford University Press, Oxford.

5. Lloyd, P. E. and P. Dicken (1977): *Location in Space: A Theoretical Approach to Economic Geography*, 2nd edition, Harper & Row Publishers, N.Y.

第五章　經濟發展的區域差異

1. 王彼得 (1990)：〈臺灣地區區域發展政策方向探討〉，《臺灣經濟叢刊——宏揚臺灣經驗迎接二十一世紀》，臺灣省政府經濟建設動員會，p. 94～126。

2. 〈臺灣地區各生活圈居住需求之研究——三大都會生活圈普查資料分析 (1993)〉，行政院經濟建設委員會都市及住宅發展處。

3. 吳濟華 (1990)：〈落實城鄉均衡發展應有的觀念與具體措施〉，《臺灣經濟叢刊——宏揚臺灣經驗迎接二十一世紀》，臺灣省政府經濟建設動員會，p. 75～85。

4. 李朝賢 (1990)：〈臺灣經濟發展差異之研究〉，《臺灣經濟叢刊——宏揚臺灣經驗迎接二十一世紀》，臺灣省政府經濟建設動員會，p. 55～74。

5. 蕭家興 (1990)：〈臺灣地區國土開發及區域發展之規劃〉，《臺灣經濟叢刊——宏揚臺灣經驗迎接二十一世紀》，臺灣省政府經濟建設動員會，p. 86～93。

6. Fullelleton, H. H. and J. R. Prescott (1975): *An Economic Simulation Model for Regional Development Planning*, Ann Arbor Science Publishers, Inc.

第六章　世界經濟體系的形成

1. 小林實 (1990)：〈世界經濟發展與西太平洋經濟圈〉，《臺灣經濟叢刊——宏揚臺灣經驗迎接二十一世紀》，臺灣省政府經濟建設動員會，p. 127 ～ 132。

2. 何顯重 (1970)：《國際貿易概要》，三民書局，臺北。

3. 張漢裕 (1988)：《西洋經濟思想史概要》，三民書局，臺北。

第七章　專題研究(一)：產業活動污染的調查與報告

1. 王萬邦 (1992)：〈臺灣水泥業的發展與區位分析〉，臺灣大學地理研究所，碩士論文。

2. 王榮輝 (1979)：《臺灣石灰石礦與水泥工業之發展》。

3. 王榮輝 (1990)：〈資源整體規劃中礦業之新角色〉，《礦冶》，34(1)：p. 15～23。

4. 蔣本基等 (1983)：〈平衡水泥產業發展與環境保護策略研究〉，經濟部工業局專業研究報告。

第八章　專題研究(二)：超級市場國際商品的調查與報告

1. 曾次青、段華昭、黃基塘翻譯 (1975)（原作者：E. A. Brand）：《超級市場經營管理論與實務》(*Modern Supermarket Operation*)，海角企業有限公司，臺北。

2. 經濟部 (1993)：《超級市場：經營管理技術實務手冊》，經濟部商業司，臺北。

第九章　臺灣經濟發展的時空過程(一)：清代臺灣的經濟發展

1. 殷允芃、尹萍、周慧菁、李瑟、林昭武 (1992)：《發現臺灣》（上）（下），黎銘書報社，臺北。

2. 戚嘉林 (1993)：《臺灣史》（上）（下），自立晚報文化出版部，臺北。

3. 黃富三、曹永和 (1980)：《臺灣史論叢》第一輯，眾文圖書公司，臺北。

第十章　臺灣經濟發展的時空過程(二)：日據時期臺灣的經濟發展

1. 殷允芃、尹萍、周慧菁、李瑟、林昭武 (1992)：《發現臺灣》（上）（下），黎銘書報社，臺北。

2. 戚嘉林 (1993)：《臺灣史》（上）（下），自立晚報文化出版部，臺北。

3. 黃富三、曹永和 (1980)：《臺灣史論叢》第一輯，眾文圖書公司，臺北。

4.葉淑貞 (1995)：〈日據時代臺灣之租佃制度與農場經營〉，「臺灣百年經濟變遷」研討會論文，臺北。

第十一章　臺灣經濟發展的時空過程㈢：光復後臺灣的經濟發展

1.李朝賢 (1990)：〈臺灣經濟發展差異之研究〉，《臺灣經濟叢刊——宏揚臺灣經驗迎接二十一世紀》，臺灣省政府經濟建設動員會，p. 55～74。

2.殷允芃、尹萍、周慧菁、李瑟、林昭武 (1992)：《發現臺灣》（上）（下），黎銘書報社，臺北。

3.戚嘉林 (1993)：《臺灣史》（上）（下），自立晚報文化出版部，臺北。

4.葉淑貞 (1995)：〈日據時代臺灣之租佃制度與農場經營〉，「臺灣百年經濟變遷」研討會論文，臺北。

5.蕭家興 (1990)：〈臺灣地區國土開發及區域發展之規劃〉，《臺灣經濟叢刊——宏揚臺灣經驗迎接二十一世紀》，臺灣省政府經濟建設動員會，p. 86～93。

第十二章　當前臺灣地區在國際經濟體系中的地位

1.小林實 (1990)：〈世界經濟發展與西太平洋經濟圈〉，《臺灣經濟叢刊——宏揚臺灣經驗迎接二十一世紀》，臺灣省政府經濟建設動員會，p. 127～132。

2.王彼得 (1990)：〈臺灣地區區域發展政策方向探討〉，《臺灣經濟叢刊——宏揚臺灣經驗迎接二十一世紀》，臺灣省政府經濟建設動員會，p. 94～126。

3.殷允芃、尹萍、周慧菁、李瑟、林昭武 (1992)：《發現臺灣》（上）（下），黎銘書報社，臺北。

4.戚嘉林 (1993)：《臺灣史》（上）（下），自立晚報文化出版部，臺北。

第十三章　臺灣經濟發展的問題與方向

1.小林實 (1990)：〈世界經濟發展與西太平洋經濟圈〉，《臺灣經濟叢刊——宏揚臺灣經驗迎接二十一世紀》，臺灣省政府經濟建設動員會，p. 127～132。

2.〈臺灣地區各生活圈居住需求之研究——三大都會生活圈普查資料分析 (1993)〉，行政院經濟建設委員會都市及住宅發展處。

3.何顯重 (1970)：《國際貿易概要》，三民書局，臺北。

4.張漢裕 (1988)：《西洋經濟思想史概要》，三民書局，臺北。

5. O'Sullivan, P. (1981): *Geographical Economics*, Penguin Books Ltd. England.

第十四章　專題研究㈢：舉行「臺灣經濟地景」圖片展示

1.《臺灣之礦業》(1994)，經濟部礦業司，臺北。

2.臺灣電力公司 (1994)：〈中華民國 83 年電力報告書：電力事業經營現況與展望〉，
　臺北。

3.《臺灣農業年報》(1995)，臺灣省政府農林廳，南投。

4.吳田泉 (1993)：《臺灣農業史》，自立晚報文化出版部，臺北。

5.陳南君 (1995)：〈臺灣酪農業的區域型態——以苗栗、彰化及柳營專業區為例〉，
　國立臺灣師範大學地理研究所，碩士論文。

第十五章　專題研究㈣：產業外移中國大陸對臺灣經濟的影響

1.《中國統計年鑑》(1998)(2003)，中國國家統計局。

2.行政院經建會 (2001)：*Taiwan Statistical Data Book*, pp. 272–273。

3.王洛林 (1997)：《中國外商投資報告》，經濟管理出版社，北京，頁 382；臺灣經
　濟研究院 (2004)：《兩岸經濟統計月報》，臺灣經濟研究院，臺北，頁 26。

4.中國海關 (2003)：《中國海關統計月報》，頁 48～49，56～57。

5.行政院經建會 (2001)：*Taiwan Statistical Data Book*, p233；海基會 (2003)：《兩岸
　經濟統計月報》。

管理學

榮泰生／著

　　本書融合了美國著名教科書的精華、研究發現以及作者多年擔任管理顧問的經驗。在撰寫的風格上，力求平易近人，使讀者能夠很快的掌握重要觀念；在內容的陳述上，做到觀念與實務兼具，使讀者能夠活學活用。本書可作為大專院校「企業管理學」、「管理學」的教科書，以及各高級課程的參考書。對於從事實務工作的人（包括管理者以及非管理者）而言，本書是充實管理的理論基礎、知識及技術的最佳工具。

經濟學

王銘正／著

　　本書特色如下：1.舉例生活化：除列舉許多實例來印證所介紹的理論外，也詳細的解釋我國總體經濟現象。希望透過眾多的實務印證與鮮活例子，讓讀者能充分領略本書所介紹的內容。 2.視野國際化：詳細介紹「國際金融」知識，並利用相關理論說明臺灣與日本在 1980 年代中期之後的「泡沫經濟」，以及 1997～1998 年的「亞洲金融風暴」。 3.重點條理化：在各章開頭列舉該章的學習重點，除可助讀者在閱讀前掌握每一章的基本概念外，也能讓讀者在複習時自我檢視學習成果。

統計學可以很簡單

陳瑜芬；陳階隄／著

　　本書深入淺出的描述統計學相關理論，並結合 SPSS 統計軟體的示範操作，以理論配合軟體的應用，使讀者可以更明瞭統計圖表的表達方式。本書應用「編序教材模式」編寫，特色如下：1.內容以實務和應用為主軸，避免艱深的公式推導。 2.重視「做中學」，引導讀者在解題過程，建構統計概念。 3.強調階段性的學習效果，內文按照難易的順序排列，透過概念闡述、即時性評量、回饋的模式奠定學習的基礎。讀者可應用此書的編排方式逐步學習，減低學習統計學的恐懼，進而提高信心與成功率。你就會發現：原來統計學可以很簡單！

消費者行為

沈永正／著

　　本書特色可歸納為以下三點：1.本書在每個主要理論之後設有「行銷一分鐘」及「行銷實戰應用」等單元，舉例說明該理論在行銷策略上的應用。 2.本書納入數章同類書籍較少討論的主題，如認知心理學中的分類、知識結構的理論與品牌管理及品牌權益塑造的關係、網路消費者行為、體驗行銷及神經行銷學等。 3.本書在每章結束後皆設有選擇題及思考應用題，題目強調概念與理論的應用，期使讀者能將該章的主要理論應用在日常的消費現象中。本書內容兼顧消費者行為的理論與應用，適合大專院校學生與實務界人士修習之用。

自然地理學

劉鴻喜／著

本書為作者研究自然地理學多年之成果，由於自然地理學屬通論地理的一環，故本書開宗明義地說明地理學的涵義和地學通論的性質，並介紹地球的運動及其影響、經緯線和地圖等，接著進入自然地理學的主軸，次第論述了氣候、水文、地形、土壤及生物等主題，有系統地將自然地理學的知識一一呈現，引領讀者進入富麗壯觀的地理天地。

都市地理學

薛益忠／著

本書係作者根據多年來教授都市地理及相關課程的研究與教學心得，加以整理撰寫而成。其內容涵蓋了都市地理學的主要概念、理論，及實證研究結果。本書儘可能列舉國內外實例，作深入淺出的分析，特別著重於臺灣的個案，以比較西方理論與臺灣個案研究結果之異同，並突顯本土化之研究。

歷史地理學

姜道章／著

本書討論歷史地理學的基本理論和方法，展示若干研究實例，並評述美、英、法、日及我國歷史地理學的發展。書末附錄兩篇，一為邵爾的「歷史地理學引論」，另一為哈特向的「地理學中的時間和起源問題」，兩者均是極為重要的歷史地理學文獻，代表二十世紀美國兩位地理學大師對歷史地理學的看法，也代表國際地理學兩大派別的觀點。

地圖學原理

潘桂成／著

地圖以圖像式的表達，詮釋人對環境的觀感與判斷，故能引領人們更直接而深刻的認識這個世界。在科技日新月異的今日，地圖的運用層面相當廣泛：舉凡軍事國防、經濟建設、學術研究、教學方法、日常生活等，在在與地圖有著密不可分的關係。本書附有多達 300 幅的參考圖片與詳實精確的表格資料，搭配簡明清晰的敘述，可謂理論與實務兼備。另外，書中特別強調培育地理素養、將地理觀點納入製圖思維的重要性，此特色在國內地圖學相關書籍中實屬難能可貴，是您不二的選擇！

國際貿易實務

張錦源、劉玲／編著

本書以簡明淺顯的筆法闡明國際貿易的進行程序，內容包括國際貿易慣例與規則、國際貿易交易的基本條件、進出口簽證、信用狀、貨物運輸保險、輸出保險、進出口報關、貨運單據、進出口結匯、索賠與仲裁及 WTO 相關規範等。

本書附有周全的貿易單據，如報價單、輸出入許可證申請書、郵遞信用狀、電傳信用狀、商品輸出報驗申請書、海運提單、空運提單及保結書等，同時提供填寫方式與注意事項等的說明，再輔以實例連結，更能增加讀者實務運用的能力。

最後，本書於每章之後，均附有豐富的習題，以供讀者評量閱讀本書的效果。

國際貿易實務新論

張錦源、康蕙芬／著

本書旨在作為大學與技術學院國際貿易實務課程之教本，並供有志從事貿易實務的社會人士參考之用。其特色有：按交易過程先後步驟詳細說明其內容，使讀者對全部交易過程能有完整的概念；依據教育部頒布之課程標準編寫，可充分配合教學的需要；每章章末均附有習題和實習，供讀者練習；提供授課教師教學光碟，以提昇教學成效。